激励、规范与社会信任：义工组织制度研究

陈婉玲 著

本书为2012年度国家社科基金项目『民间义工组织法律问题研究』（批准号：12BFX037）的最终成果

棠树文丛

法律出版社
LAW PRESS · CHINA

促进法学研究　追求学理本义

——棠树文丛和理因文丛总序

科学研究是高校非常重要的一项功能，也是一所大学综合实力、核心竞争力的主要指标。开展学术活动、产出学术成果、培养学术人才是高校完成人才培养、科学研究、社会服务等使命的主要手段。大学之所以成为大学，学术的兴盛正是主要的标志之一，只有学术水平提高了，才能更好地完成培养人才和服务社会的目标。

党的十八大以来，以习近平同志为核心的党中央高度重视哲学社会科学工作，从改革发展稳定、治党治国治军的高度，肯定了哲学社会科学的重要意义。习近平总书记在2016年5月17日召开的“哲学社会科学工作座谈会”上指出，“要加大科研投入，提高经费使用效率。要建立科学权威、公开透明的哲学社会科学成果评价体系，建立优秀成果推介制度，把优秀研究成果真正评出来、推广开”，为新时期哲学社会科学的发展指明了方向。学术专著是广大教师平时研究成果的精心积累，它的出版则是优秀研究成果推广的重要手段。做好学术著作的组织出版能够提高教师科研活动的积极性，弘扬优秀学术，开拓创新，也能为学校的科研事业作出应有的贡献。

华东政法大学全面贯彻党的教育方针，落实立德树人根本任务，围绕上海教育中长期规划纲要的总体目标，按照建设“双一流”高水平教学研究型、多科型特色大学的战略要求，遵循科研发展规律，加强管理，精益求精，在科研方面取得了不俗的成绩。一直以来，学校的优秀学术成果持续增长，学术影响力有所提升，学校科研工作日攀新高。

法学是华东政法大学的主要学科，是学校的知名品牌。推介法学研究成果是科研管理部门的服务项目和重要职责。这次推出的“棠树文丛”就是华东政法大学法学教师的优秀成果。之所以将法学文丛取名“棠树文丛”，其出处来自《诗经》。《诗经·甘棠》云：“蔽芾甘棠，勿翦勿伐”，这是说周初召公巡行理政，在甘棠树下听讼决狱，断案公正无私，其事流芳后世，歌诗以载。法平如水，民心所向，古今无异，故以“棠树”为法学丛书命名。这次组织出版“棠树文丛”，可以促进提升华政的法学研究水平，提升法学学科的影响力，为实现依法治国的宏伟目标和弘扬法律的公平正义添砖加瓦。

其他学科在华东政法大学也在迅速发展。多科性交叉融合发展也是学校的一个显著特色。华政的政治学、外语、社会学、新闻传播等众多学科在全国大学和科研机构等体系中已产生了广泛的影响力，并占据了重要的学术地位。这次推出的“理因文丛”，则是华东政法大学其他学科教师的优秀成果。之所以将其取名“理因文丛”，其出处来自华政松江新校区的一位古人。约一千七百年前，松江人陆机在其名作《文赋》中写道：“伊兹文之为用，固众理之所因”，文以传理、文以载道，是对学术著述的最高期许。以“理因”二字命名丛书，正是希望这套著作能考众理之妙，释学术之道，追求学术本义，成为展示华东政法大学科研水准与成就的窗口。恩格斯曾经说过：“一个民族要想站在科学的最高峰，就一刻也不能没有理论思维。”理论研究就是要找出事物的发展规律，探寻世界的奥秘，开启人类的智慧。“理因文丛”的出版契合了探究事理本源之意。

高层次优秀科研成果的出版是教师和科研管理部门共同追求的目标，也是我们贯彻落实《华东政法大学学术专著出版资助管理办法》的举措。我们希望通过这次学术专著推进活动，规范学校图书出版工作，进一步激发我校教师的科研积极性，多出成果，出优秀成果，展现华政学术风采。

华东政法大学科研处

2020 年 5 月 20 日

目　　录

前言:研究对象与范畴

文始必开宗,开宗必明义。义工即“volunteer”,也译为“志愿者”,“指任何自愿贡献时间和精力,不为任何报酬,为推动人类发展、社会进步和社会福利事业而参与社会服务的人”。[1] “义工”与“志愿者”在词源上具有同源性,二者并无实质性的差异,但“volunteer”在华语世界却有不同称谓,我国台湾地区称“志工”、我国香港特区和澳门特区称“义工”,而大陆(内地)官方文件则统称“志愿者”。为强调“义工组织”的民间性,本成果在作为国家社科基金项目申报和结项时均以“民间义工组织”作为研究范畴,主要是基于我国志愿者组织发展的路径差异的考量。志愿者组织在我国自20世纪80年代兴起时,即存在民间自发结社形成和政府主导形成的两种不同的发展路径:民间自发结社形成的志愿者组织,亦即本书研究的民间义工组织,它们资金短缺、经费不足、取得法人资格难、独立程度差、政府信任度低,相应的制度安排较为模糊;而政府主导的志愿者组织却资金充足、领属明确、政府控制、易于登记成立,相应的制度供给较为完善,因此,我们把研究的焦点放在民间自发形成的志愿者组织上,即聚焦“草根”志愿者组织的发展问题。我国志愿者运动一直存在“南义北

---

[1] 陈婉玲:《制度困境的破解:义工组织生存不适及改善》,载《福建论坛》(人文社会科学版)2012年第11期。

志”现象,以广东、深圳为代表的南方各省市受香港特区义工文化影响,普遍使用义工称谓,而以天津为代表的北方各地多直接将“volunteer”译为志愿者。“义工”称谓突出我国传统文化的“义”之“仁义、正直与善良”。从整体上看,义工、志愿者称谓不同,但并无实质性区别,义工服务与志愿者服务具有共同的内涵和外延,但由于志愿组织在我国存在两种不同发展路径,为强调本研究对象的“民间性”,本书的“义工组织”区别于官方组织的“志愿者组织”。为简洁起见,研究中直接使用“义工组织”代替“民间义工组织”概念,而义工与志愿者、义工服务与志愿者服务则基于特定语境交互使用,但这并不代表任何含义上的差别。

义工组织在我国指由公民基于公益目的、自发结社组成的社会组织。公民结社权为现代社会公民基本权利,由宪法直接确认和规范。作为一种基于公民结社权集合而成的共同体,义工组织旨在满足其成员向社会奉献其知识、经验、技能和智慧以促进社会服务、提升公益服务水平的价值需求。因此,义工组织的存在既不以特定的地缘或血缘关系为纽带,也不以获得特定利益为目标;既不依靠外部力量或外部利益的驱使形成,也不谋求其组织及其成员的个人经济利益。义工组织是义工群体基于共同的价值目标和信仰,自愿结合,以知识、体能、劳力、经验、技术、时间等服务社会的载体,是公民意识觉醒和社会发展的产物,若善加引导、有效运用,必将对社会公共服务变革和社会管理创新产生巨大价值。

一、义工组织定位

我国义工组织起步较晚,发展相对迟缓。改革开放前,人们对有需要帮助的人予以帮助,一般被称为“学雷锋、做好事”,既无义工或志愿者的说法,也无为国家和社会、他人贡献时间的公民意识。改革开放使义工服务开始兴起,1987 年广州市热心青年借鉴香港特区义工社团的经验,创办“手拉手青少年服务热线”;1989 年深圳市民众探讨社会服务参与方式,逐步认同了香港特区“义工”的提法,“一方面强调职业之外的服务,业余时间的服务,让人很快就与职业挣钱区别开来;另一方面,用‘义’字强调仁义、仗义、义气,突出了中国传统的正直、友善”,[1]并于1990年正式创立了深圳市义工联合会。在深圳市民众探索社会服务参与方式的同时,天津市和平区民政局于1988年首创“为您服务”志愿者小组,1989年3月18日新兴街成立了“街道志愿者联合会”;1993年“春运”伊始,共青团中央在全国铁路系统组织“春运志愿服务”活动中启动“中国青年志愿者行动”,并成立“中国青年志愿者协会”领导全国的青年志愿服务工作,2001年中国青年志愿者协会借“国际义工年”之机,与联合国义工组织建立了正式的合作关系。志愿服务在政府和民间力量的共同推动之下得以迅速发展,南“义”北“志”的格局基本形成。

2008年汶川大地震救灾成为民间社会力量的一次总动员,数百万义工奔赴灾区,有组织地参与灾害救助和灾后重建。2008年同样也可谓“中国志愿者元年”,8月8日开幕的北京奥运会,极大地展现了官方主导的志愿者组织的巨大能量,赛会志愿者、城市志愿者和社会志愿者组成的志愿者队伍圆满完成了北京奥运会公益服务,彰显了政府主导的志愿服务的巨大能量。2008年也成为我国志愿服务事业的“分水岭”,汶川地震震裂了大地,震塌了房屋,却修复了社会的道德裂痕,铸造了国民的人性丰碑;奥运会吹响了社会力量的集结号,响应政府号召、参与赛会服务、奉献自己的力量成为每一个公民的自觉行动。这些都促进了义工服务与志愿服务的进一步融合和分化,更唤醒了中国人的公民责任和公民意识。[2] 最新资料显示,截至2017年12月,全国实名注册的义工或志愿者超过6720万人,注册义工或志愿者服务组织超过41万个,义工服务项目

---

〔1〕 谭建光、朱莉玲、李霞:《志愿服务与义务工作:从分化到多元——中国珠江三角洲志愿事业发展的一个案例》,载上海市慈善基金会、上海慈善事业发展研究中心编:《志愿服务与义工建设》,上海社会科学院出版社2007年版,第17页。

〔2〕 参见陈婉玲:《义工组织法人制度研究》,北京大学出版社2014年版,第13页。

超过103万个，累计记录义工服务时间约为8.1亿小时。[1]

义工组织凝聚义工群体，以面向社会开展慈善活动为宗旨，以时间、知识、技能、经验奉献社会、服务社会为活动方式，在社会建设过程中具有重要的地位。为发展慈善事业，弘扬慈善文化，规范慈善活动，保护慈善组织、捐赠人、志愿者、受益人等慈善活动参与者的合法权益，2016年9月1日，我国慈善事业的基本法——《慈善法》正式实施，该法所称的慈善活动，包括自然人、法人和其他组织以捐赠财产或者提供服务等方式，自愿开展的公益活动。从法律属性考察，义工组织从事提供服务的慈善活动，是我国《慈善法》确立的慈善组织的重要表现形态，具有显著的非营利性社会组织特征。

1. 非政府性

义工组织作为一种非政府组织，“完全是义工的自组织体，起诸民间、发乎爱心，既不代表国家或政府的立场，也独立于任何党政权力系统”，[2]它以无私的公益目的、无偿地奉献自己的劳动，在社会秩序框架内推动和促进社会公益事业发展，具有高度的社会责任感，其存在的价值就在于增进社会公共利益，以凝聚义工群体仁爱之心的方式，参与社会公益事业。义工组织的非政府性首先表现为独立的运行机理和治理结构，依靠社团章程实行组织自治；其次表现为去政治化，不受任何政治势力控制；最后表现为去宗教性，不以宗教信仰为共同的价值观，不受任何宗教势力控制。义工组织在法律和秩序范围内自主存在，其主宗教性、非政府性具有明确的法律支持，各国法律均禁止义工组织参与宗教和政治活动，

---

〔1〕 参见澎湃新闻：《我国实名注册志愿者人数超过6720万，注册服务组织超41万》，载网易新闻，http://news.163.com/17/1219/15/D61FTR0H000187VE.html，最后访问日期：2017年12月25日。不过，因民间自发参与和政府主导的差异以及人口流动性的影响，尤其各类学校学生注册为志愿者的现象较为突出，这些学生毕业就业或离开学校后不再从事志愿服务，我国的志愿者队伍数量存在大量“僵尸义工”，以广东江门市为例，2015年拥有注册义工或志愿者35.8万人，经培训且参与义工服务的义工仅4.6万人，零服务时长人数高达23万人，占注册义工或志愿者总人数比例为64.87%。参见梁绮桦：《市义工联用制度消灭“僵尸义工”》，载全羊网，http://news.ycwb.com/2015-05/04/content_20157723.htm，最后访问日期：2017年10月20日。

〔2〕 陈婉玲：《制度困境的破解：义工组织生存不适及改善》，载《福建论坛》（人文社会科学版）2012年第11期。

例如,日本《特定非营利活动促进法》(2008 年修改)就明确禁止义工组织从事宗教活动、政治活动以及公职人员候选活动。义工组织既独立于政府、宗教、政治势力之外,以维持其草根性为其价值,也不排除政府的支持与监督,需要政府提供秩序框架和制度支持。

2. 非营利性

义工组织在性质上为非营利组织,区别于以营利为目的的私人经济组织,不以营利为目的是各国法律对义工组织的普遍要求。所谓"营利",亦即运用资本谋求其成员的经济利益的增长。义工组织以增进社会福祉、增进公共利益为宗旨,故谋求的是不特定多数人的利益或者社会公共事业的发展,这种基本的法律属性决定了义工组织不以谋取经济利益为目的,由此排除义工组织在传统市民社会私人领域谋取经济利益的可能性。义工组织的非营利性在法律上通常表现为:(1)不以营利为目的,不得从事经营性活动,如德国法在义工组织违反非营利目的限制时,授权登记部门有权撤销其注册登记,剥夺其权利能力。(2)不得向其成员分派盈余,法律明确禁止义工组织以任何形式对其成员分配盈余。值得指出的是义工组织不以营利为目的,并非指义工组织不能收取任何费用、不能接受社会捐赠或者获得政府的经济资助,而是指其所获得的任何盈余均不得以任何方式向其成员进行分配。(3)义工组织解散时,其剩余财产应以章程规定的方式移交给具有相同或近似性质的其他组织,继续用于公益目的,即使章程没有规定剩余财产的归属,也应移交国库或政府指定的公益组织。

3. 独立性

义工组织的独立性是指其自行管理、自主运营,独立享有权利、承担义务,不受任何政治团体、宗教势力或者私人机构控制,尤其不得为任何有组织犯罪及其主要成员控制。简言之,义工组织必须"能控制其自己的活动","有不受外部控制的内部管理秩序"。[1] 各国法律对义工组织明

〔1〕 参见[美]莱斯特·赛拉蒙:《非营利领域及其存在的原因》,载李亚平、于海编选:《第三域的兴起:西方志愿工作及志愿组织理论文选》,复旦大学出版社 1998 年版,第 35 页。

确的各种禁止性要求，其本质上就是要保持义工组织的独立性，防止义工组织为某些利益团体、宗教势力、政治组织所利用，进而影响到国家公共秩序安全和社会稳定。[1] 事实上，国家对义工组织的担忧并不在于其组织及义工本身，而在于担忧义工组织为他人利用，故以法律方式明令禁止，防患于未然。如新加坡法严格把控任何注册社团的目的和活动，禁止一切涉及非法或不利于新加坡公共安全、公共福利、公共秩序的组织进行社团注册；日本法禁止义工组织参与宗教活动、宣传宗教教义，禁止义工组织为任何政党或政治人物发表支持或反对的言论。即使对义工组织监管非常宽松的美国，也严格限制义工组织开展游说和产生政治影响力的活动。从理论上看，义工组织进行任何介入政治、宗教等超越公共事业目的的行为，都是对其目的的违反，逾越其自身的权利能力范围，自应受到法律的禁止。

义工组织的独立性也表现在其法人制度的供给。任何法律制度都不能阻却个人的善行，不能禁止或限制人们做好事。由此，在大多数情况下，义工组织既可选择松散的组织形态，也可选择法律提供的法人形态，例如，德国的义工组织作为非营利社团，不论是否注册登记，均可以从事义工服务。但也存在例外，如新加坡法就实行义工组织强制注册制。而且，各国法律显然更倾向要求义工组织选择法人形态为自己的组织形式，一方面，有利于保证义工组织有独立运作机制和权利义务体系，防止对其成员的过度依赖影响其有效开展活动；另一方面，义工组织选择法人形态能够通过法人制度提升其社会信任度，增强自身从事公益活动能力，其在法律范围内的活动不受政府干预并受法律保护。

义工组织独立性在实践中因受公权与私权等诸多因素影响难以真正独立，政府控制始终是影响义工组织独立性的最重要因素。尽管2014年以来，政府逐渐放宽社会团体注册登记的门槛，尤其是国家鼓励发展的行

---

〔1〕 参见陈婉玲：《促进社会组织发展的法治保障研究》，载上海市行政法制研究所：《政府法制研究》2015年第12期。

业协会类、商会类、科技协会类、慈善类和社区服务类等社会团体设立条件的放宽,但双轨制注册登记制度并未在现行法律框架下完全取消或废止。根据2016年最新修改的《社会团体登记管理条例》,成立社会团体,仍然"应当经其业务主管单位审查同意,并依法向登记管理机关申请登记"。〔1〕 业务主管单位审查同意不仅增加了民间草根群体寻找对应业务主管机关的难度,也强化了义工组织对政府的依附。另外,资金困扰也是义工组织独立发展面临的障碍,义工组织是以仁爱之心集结的社会组织,为社会公益事业提供无偿的劳动,但这并不意味着其运行无须耗费一定的成本。经费不足、资金短缺在客观上导致其对资金或经费的资助者的依赖,政府主导的志愿者组织经费由财政拨款,由此而丧失其应有的独立性就是明显的例证。义工组织的独立性需要国家相关促进政策支持和制度供给,诚如罗伯特·沃森所说:"世界上从来没有足够的资金、足够的工作人员和志愿者来长期担任救援者的角色去帮助受害者,更好的办法是集中力量制定一个有效的策略,把自己从受援助者的角色中解放出来,提供切断那种愤世嫉俗的情绪,把接受者变成给予者,从而达到事半功倍的效果。"〔2〕

4. 自愿性

义工组织是义工群体为实现共同愿景而自发组织并依据章程开展活动的自组织体,从实践看,不同的义工群体有着不同的愿景和善行,或以博爱之心照顾孤寡老人,或以怜悯之情保护动、植物,或感恩社会,或慷慨解囊……不一样的义工群体有着不一样的情怀,加入自愿、退出自由是义工组织自愿性的集中表现,并获得各国法律普遍认可和保护。日本《特定非营利活动法》明确要求义工组织对义工的加入或退出不得赋予不当条件,尤其不得以任何条件或方式限制退出;德国历史上曾实行义务兵役

---

〔1〕 根据2016年2月6日《国务院关于修改部分行政法规的决定》修改的《社会团体登记管理条例》第3条、第9条。

〔2〕 [美]罗伯特·A. 沃森、本·布朗:《美国最有效的组织》,彭彩霞、席瑞雪译,中信出版社、辽宁教育出版社2003年版,第64页。

制,凡拒绝服兵役的适龄人群均必须到社会福利机构完成替代性服役即做义工,即强制以义工服务替代服兵役,[1]但一个适龄者究竟服兵役还是做义工,仍是其自主选择的结果。构成义工退出限制条件的唯一理由是其接受义工组织委派的任务尚未完成,如德国法确认义工组织在这种情况下可限制其在2年内退出。义工组织加入自愿、退出自由体现公民社会对私人参与社会服务、社会建设的尊重,归根结底反映了社会对人的尊严的尊重。[2]

5. 公益性

义工组织的业务以"公益性"为活动范围,受到法律的限制。从各国实践看,法律一般采取列举的方式确立包含义工组织在内的非营利性组织的活动范围,且各国列举的范围大同小异。如英国2006年《慈善法》规定义工组织为了公共利益可以从事下列活动:(1)预防或消灭贫困;(2)推进教育;(3)推进信仰;(4)增强健康和挽救生命;(5)推动公民或社区进步;(6)推进艺术、文化、遗产和科学进步;(7)推动业余运动的进步;(8)发展人权、解决冲突或促进宗教平等或种族多样性;(9)改善环境;(10)救济老弱残幼;(11)动物保护;(12)增强政府警力、救生、救护服务等方面效率;(13)符合该法案相关条款规定的其他目的。在日本,义工组织为特定非营利活动法人,属于公益法人范畴,日本《公益法人法》要求公益法人"要以进行公益目的事业为主要目的","公益目的事业"的范围具体由《公益法人法》附表列举,包括"学术、科学技术之振兴""文化艺术之振兴""援助残疾人、生活贫困者及事故、灾害、犯罪中的被害者"等23项。我国《慈善法》把公益活动界定为:(1)扶贫、济困;(2)扶老、救孤、恤病、助残、优抚;(3)救助自然灾害、事故灾难和公共卫生事件造成的损害;(4)促进教育、科学、文化、卫生、体育等事业发展;(5)防治污染和其他公害,保护和改善生态环境;(6)符合本法规定的其他公益活动,并规定自然

---

〔1〕 参见史春树:《德国社会组织闹"义工荒"》,载《青年参考》2011年9月21日,第A15版。

〔2〕 参见陈婉玲:《制度困境的破解:义工组织生存不适及改善》,载《福建论坛》(人文社会科学版)2012年第11期。

人、法人和其他组织以捐赠财产或者提供服务等方式从事上述公益活动，可依法认定为慈善活动，[1] 义工组织从事的义工服务属于慈善活动范畴，受《慈善法》关于公益范围的限制。

义工组织源于人的慈爱和善良，是现代社会普遍存在的组织形态。作为一种社会组织，无论是正式的还是非正式的，这种以助人、奉献和合作为基本价值理念的民间组织既不同于以营利为目的的营利组织，也不同于政府的公共组织，属于非营利性社会组织范畴。国外学者对于非营利性社会组织多称之为“非营利组织”，泛指介于营利的私人组织与政府组织之间的社会组织。非营利组织与以营利为目的的私人组织有着明确的目的边界，组织存在的目的差异决定其行为性质，故许多国家明确要求非营利组织无论采用何种组织形态，均不得向股东或社员以及其他成员分派红利和财产盈余，非营利组织的盈余只能用于其固有的目的，即使以企业形态为组织形式如社会企业，也不得违反其目的性条件和目的性限制。非营利组织的形成“是一种历史的偶然，但是也有其坚固的基础——市场机制局限中对公共需求的回应，政府机制局限中作为另一种独立的对市场缺陷的回应机制”。[2] 但是，非营利组织存在的目的和形式具有多样性，其划分或区分标准存在严重的交叉和混淆问题。西方国家在确立非营利组织类型时，多以法律方法予以列举，如《美国税法典》第 501 条明确将非营利组织分为宗教、慈善、教育、社会福利、工会和农业组织、环境保护等 25 种，这些非营利组织依据税法享有各种不同的税收减免优惠，也被称为免税组织。欧盟则根据教育、研究与开发、医疗与卫生、其他公众服务以及休闲与文化五大类，将非营利组织分为 18 项子门类。

多样性的非营利组织具有多元化的目的，既有以促进成员互助、互惠、共同发展为目的的互益型组织，也有以促进公益、改善民生福祉的公益型组织。我国现行法没有使用非营利组织的概念，而是把这些介于企

---

〔1〕 参见《慈善法》第 3 条。

〔2〕 [美]莱斯特·赛拉蒙：《非营利领域及其存在的原因》，载李亚平、于海编选：《第三域的兴起：西方志愿工作及志愿组织理论文选》，复旦大学出版社 1998 年版，第 27 页。

业和政府之间的各种社会组织区分为社会团体和民办非企业单位（社会服务机构），分别适用《社会团体登记管理条例》《民办非企业单位登记管理暂行条例》（《社会服务机构登记管理条例》）。[1] 因此，现行法上的非营利组织大致可区分为会员制社会组织和非会员制社会组织，前者如行业协会、商会、科技协会，后者如基金会、民办教育、文化、医疗、福利、培训、评估以及法律服务机构。义工组织以共同缔结的章程确立其行动的目的，其成员以承认章程、自愿参加为原则，在性质上属于会员制社会组织，且义工组织为公益事业或不特定多数人提供无偿服务或帮助，应当属于公益慈善性质的会员制社会组织，其与服务对象之间既无法律上的义务，也无道德或血缘关系上的责任，这与行业协会、科技协会、学术团体等会员制社会组织构成实质性区别。义工组织与非会员制社会组织，虽同属于非营利性社会组织，却具有完全不同的行为性质和目的，非会员制社会组织往往与其服务对象之间存在有偿服务关系，对其服务对象有着法律上的义务和责任，实践中有些非会员制社会组织虽有非营利组织之名，却行营利组织牟利之实，在性质上更接近于营利组织，如民办教育机构、法律服务机构、评估培训机构等，因此，义工组织与非会员制社会组织在行为方式上有着本质的区别。

虽然《慈善法》明确规定"捐赠财产"和"提供服务"均属于慈善活动的重要范畴，但现实生活中，义工组织的义工服务慈善性质并未像"财产捐赠"那样得到政府与社会的重视。一个人向贫困地区捐赠一笔钱款，没有人会怀疑其捐赠行为的慈善性质，但一个人多年无偿地帮助、照顾陷入困境的孤寡老人却通常被冠之为"做好事"，而非以"慈善服务"加以认

---

〔1〕 我国2016年通过的《慈善法》将"民办非企业单位"更名为"社会服务机构"，其第8条规定慈善组织可以采取基金会、社会团体、社会服务机构等组织形式。为了准确反映"社会服务机构"的定位和属性，实现与《慈善法》表述和相关规定的衔接，2016年5月26日，民政部就《民办非企业单位登记管理暂行条例（修订草案征求意见稿）》（以下简称征求意见稿）向社会公开征求意见，决定将《民办非企业单位登记管理暂行条例》名称改为《社会服务机构登记管理条例》。2020年5月28日第十三届全国人大第三次会议表决通过的《中华人民共和国民法典》也采用了"社会服务机构"的表述，其第87条所称非营利法人包括事业单位、社会团体、基金会、社会服务机构等。

识。事实上,慈善是“以人类之爱为基础对他人的同情、怜悯及帮助”,[1]既表现为以一定的钱物给付为载体的捐赠行为,也表现为以一定的时间奉献为特质的无私帮助。由此,慈善活动可具体区分为慈善捐赠(charitable giving)和志愿服务(volunteer service),前者指捐赠人对需要帮助的人无偿给予资金或财产帮助的行为,后者是指无偿贡献知识、技能、时间和精力帮助他人的行为,志愿服务与慈善捐赠具有共同的价值追求和使命,均以弱者救助为中心,只是贡献社会的方式不同,必须受到应有的关注和制度支持。

二、义工组织发展现状

长期以来,人们对义工组织认知不到位,对义工服务也缺乏正确的认识。事实上,民间义工组织为公民参与公益活动和社会服务提供了机会和手段,也为新时期社会道德风尚确立了具体的行动化标准,[2]因此,义工组织越发达,“公民自组织水平就越高,就越有利于社会的良性互动与繁荣发展,越有利于社会和谐稳定和减轻国家或政府公共服务的压力”。[3] 然而,我国义工组织生存与发展的环境远不能与政府主导的志愿者组织相提并论:政府主导的志愿者组织具有浓厚的行政色彩,其资金来源、服务项目、财务管理等都受到政府的直接支持和控制,典型的“背靠大树好乘凉”;义工组织却因经费短缺和缺乏社会认知而发育不良,其合法性不断遭受质疑,相当多的义工组织至今仍游离于灰色地带,生存环境不容乐观。

1. 法人形态环境

社会团体法人是1987年《民法通则》的一项制度创新,也是目前我国

---

[1] 陈婉玲:《转型期中国义工组织社会信任脆弱性探析》,载《苏州大学学报》(哲学社会科学版)2015年第5期。

[2] 参见陈婉玲:《制度困境的破解:义工组织生存不适及改善》,载《福建论坛》(人文社会科学版)2012年第11期。

[3] 陈婉玲:《义工组织法人制度研究》,北京大学出版社2014年版,第19页。

义工组织获得法律主体资格的基本依据。但《民法通则》创设社会团体法人类型的背景，主要为那些业已存在、必须保留的社会组织如各类学术团体、行业协会等提供获得主体资格的法律路径，义工组织选择社会团体法人作为其法人形态，并以相应的登记制度获得生存空间，这只是法人制度的一种"搭便车"现象，其在适应性、合理性上出现较大的差异和掣肘。2017 年 10 月 1 日施行的《民法总则》对我国法人制度进行了重大调整和创新，将"社会团体法人"纳入"非营利性法人"范畴，而 2020 年通过的《民法典》仍然延续《民法总则》的做法，将"社会团体法人"归入"非营利法人"范畴。[1] 非营利法人类型的创设虽然明确了各类社会组织的目的事业范围，但《民法典》第 58 条第 2 款规定"法人成立的具体条件和程序，依照法律、行政法规的规定"，由此，我国《社会团体登记管理条例》仍然是义工组织依法取得社会团体法人资格必须遵循的基本行政法规，对义工组织而言，《民法典》关于非营利法人类型的创新对其法人形态环境并无实质性影响。

从实践看，不同的社会组织的社会团体法人资格取得的难易程度并不相同。民间义工组织由不同专业、不同职业背景的人群构成，"既与政治核心价值保持一定的距离，也不愿意与国家权力体系保持紧密的联系"，[2] 因此并不契合社会团体法人登记制度设计的初衷。《社会团体登记管理条例》"双轨制"中关于"业务主管单位审查同意"的制度安排难以适应形形色色的义工组织现实需求，"一方面业务主管单位担心这些去政府化、去政治化的民间组织难以驾驭，不愿意充任义工组织的业务主管机关，互相推诿；另一方面，义工组织因对挂靠业务主管单位会妨碍其自由

---

〔1〕 我国《民法典》规定，营利法人"以取得利润并分配给股东等出资人为目的"，包括有限责任公司、股份有限责任公司和其他企业法人等（第 76 条）；非营利法人"为公益目的或者其他非营利目的成立，不向出资人、设立人或者会员分配利润"，具体包括事业单位、社会团体、基金会、社会服务机构等（第 87、88、90、92 条）；特别法人包括机关法人、农村集体经济组织法人、城镇农村的合作经济组织法人、基层群体性自治法人（第 96 条）。

〔2〕 陈婉玲：《转型期中国义工组织社会信任脆弱性探析》，载《苏州大学学报》（哲学社会科学版）2015 年第 5 期。

活动与发展心存疑虑,不愿意积极寻找登记所需的业务主管单位”,[1]由此“双轨制”成为形式上阻却义工组织法人化的“罪魁祸首”。事实上,把义工组织注册登记难归罪于“双轨制”并不合理,对义工组织实施“双轨制”也是许多国家和地区的惯常做法。我国台湾地区对义工组织实施由法院登记、目的事业主管机关许可的双轨制,并没有形成所谓的义工组织注册登记难的现象。本书认为,“双轨制”制度设计粗陋所产生的负面结果与政府对义工组织不信任是造成义工组织注册登记难的真正原因。[2]

为破解包括义工组织在内的一些特殊类型的社会组织取得社会团体法人资格的现实难题,注册登记制改革选择了“双轨制”这一切入点。2013 年,党的十八届三中全会通过的《中共中央关于全面深化改革若干重大问题的决定》,明确“协会商会类、科技类、公益慈善类、城乡社区服务类社会组织,成立时直接依法申请登记”,由此,各地方政府依据中央精神进行了“四类社会组织”直接登记改革。江苏省民政厅于 2013 年 6 月在全国率先发布《关于对四类社会组织试行直接登记的通知》,要求各地结合实际情况对上述四类社会组织实施直接登记,并在 2014 年 9 月 22 日出台的《江苏省四类社会组织直接登记管理暂行办法》中,废止四类社会组织申请登记的双轨制,降低其登记条件和限制。[3]

为贯彻中央四类社会组织直接登记的政策精神,激发社会组织活力,民政部也于 2013 年年底在部分地区试行四类社会组织直接申请登记,并着手组织《社会团体法人登记管理条例》的修改准备工作。但是,各种迹象表明激发社会组织活力的改革并不顺利。2016 年 2 月 6 日,国务院颁布《关于修改部分行政法规的决定》,对《社会团体登记管理条例》进行如

---

〔1〕 陈婉玲:《论义工组织法人化的制度障碍》,载《福建行政学院学报》2012 年第 4 期。

〔2〕 参见陈婉玲:《义工组织法人制度研究》,北京大学出版社 2014 年版,第 21 页。

〔3〕 江苏省民政厅出台的《四类社会组织直接登记管理暂行办法》全面更改了《社会团体法人登记管理条例》的相关内容:(1)突破“一业一会”“一地一会”,现在允许“一业多会”,鼓励适度竞争;(2)突破社会团体名称不得使用字号的限制,允许公益慈善类社会团体名称使用字号;(3)降低会员数量标准;(4)降低注册资金标准;(5)取消社会团体筹备审批环节和社会团体分支机构的审批;(6)简化验资手续。

下修改:(1)简化社会组织申请登记程序,删除申请筹备的程序性规定,如第9条“由发起人向登记管理机关申请筹备”修改为“由发起人向登记管理机关申请登记”,第11条“申请筹备成立社会团体”修改为“申请登记社会团体”“筹备申请书”修改为“登记申请书”。(2)第12条修改为“登记管理机关应当自收到本条例第11条所列全部有效文件之日起60日内,作出准予或者不予登记的决定。准予登记的,发给《社会团体法人登记证书》,不予登记的,应当向发起人说明理由”,“社会团体登记事项包括:名称、住所、宗旨、业务范围、活动地域、法定代表人、活动资金和业务主管单位”。(3)新增“筹备期间不得开展筹备以外的活动”的规定(第9条第2款),并设定相应的法律责任。[1] 但是,鉴于社会组织的复杂性和多样性,《社会团体登记管理条例》并未对“双轨制”作出调整。2016年8月1日,民政部公布《社会团体登记管理条例》(修订草案征求意见稿),拟对“(1)行业协会商会;(2)在自然科学和工程技术领域内从事学术研究和交流活动的科技类社会团体;(3)提供扶贫、济困、扶老、救孤、恤病、助残、救灾、助医、助学服务的公益慈善类社会团体;(4)为满足城乡社区居民生活需求,在社区内活动的城乡社区服务类社会团体”四类社会团体实行直接登记制,[2]但该征求意见稿未见结果。目前,义工组织登记制度的确立由《慈善法》完成。《慈善法》第10条第1款规定:“设立慈善组织,应当向县级以上人民政府民政部门申请登记”,其第9条关于慈善组织条件的规定不再有“业务主管单位审批同意”的设立要求。

2. 社会信任环境

公信力是义工组织赖以持续、有效提供服务的社会基础。义工组织

---

〔1〕 参见《国务院关于修改部分行政法规的决定》(国令第666号),载中华人民共和国中央政府网,http://www.gov.cn/zhengce/content/2016-03/01/content_5047740.htm,最后访问日期:2018年3月2日。

〔2〕 参见“民政部关于公开征求《社会团体登记管理条例》(修订草案征求意见稿)意见的通知”,载中华人民共和国中央政府网,http://www.gov.cn/zhengce/content/2016-03/01/content_5047740.htm,最后访问日期:2018年3月2日。

向"无合同关系、无亲属关系、无友情义务的个人或团体提供无偿服务",[1]与其服务对象之间既无法律上的约束关系,也无传统的血缘或情感联系,完全基于彼此间的社会信任,因此,社会信任在客观上决定着义工组织的生存与发展。所谓社会信任,指社会活动主体对各参与方彼此作出符合普遍规则或规范行为的相互信赖,每一个社会活动参与方的彼此相信、信任、信赖构成全体社会成员相互依赖的能力。社会公信力是义工组织与服务对象、社会公众彼此联系的桥梁,对义工组织而言,也是一种社会影响能力,它是社会信任的结果。

义工组织以其无偿、自愿、有效的义工服务赢得社会信任,并基于社会公众的认知、认同和信任形成影响力。每一个人单独地帮助、扶持、照顾他人的行为,只是一般的做好事,但具有共同志愿且在义工组织统一安排下有组织、有计划、持续地从事扶贫、济困、扶老、救孤、恤病、助残、优抚以及防治污染、阻止公害、保护或改善环境等公益事业,那就不是一般的"学雷锋、做好事",而是一种慈善活动,是慈善资源从量的积累到质的飞跃的过程。每一个从事慈善活动的义工,其动机是多样的、差异化的,但这种多样性、差异化的动机并不影响义工善行的性质,法律认定提供义工服务的民间组织为慈善组织,认定其有计划、有组织提供的服务为慈善活动,并不考虑其成员即义工或其组织的动机因素,同样,人们对义工组织的社会信任也只是对其行为结果的认同、信任和信赖。"从某种意义上说,社会公信力是义工组织的生命源泉,义工组织必须以善良的、勤勉的、持续的、有效的义工服务,换取社会公众的高度认同和信赖。"[2]然而,义工组织的社会公信力在现实社会生活中并不令人满意,社会信任的缺失在客观上影响着民间义工组织的健康发展。

首先,社会信任文化缺失使人们失去基本的互信。义工组织提供义工服务只是一种仁爱之心奉献,并无法律或道德上的责任和义务。这意

〔1〕[美]马克·A.缪其克、约翰·威尔逊:《志愿者》,魏娜等译,中国人民大学出版社2013年版,第4页。

〔2〕陈婉玲:《义工组织法人制度研究》,北京大学出版社2014年版,第22页。

味着人与人之间的相信、信任、信赖成为义工组织活动的客观基础。但转型期不信任的因素充斥社会的各个角落，南京“彭宇案”一石激起千层浪，案件的是是非非姑且不论，但其对社会不信任显然是一种催化剂。信任文化的生成是一种历史的经验积累，“一旦不信任文化出现了并牢固地扎根于社会的标准系统中，它就会变成一个强有力的因素，在很多情景中，对于各种社会角色，既影响人们去信任的决心，也影响人们达到信任的要求或很多行动者相互给予或达到信任的要求的决心”。[1]

其次，重特大恶性慈善事件未获有效处理，破坏了社会公众脆弱的信任关系。在一个贫富差距日益加剧、利益分配日益不均衡的社会时期，仇富与炫富始终是不和谐的社会音符，人际间脆弱信任关系因某些突发事件影响而撕裂。2011 年6 月 20 日发生的“郭美美网络炫富”事件，中国红十字会总会虽然于6 月 22 日作出回应，然而，事件的发酵证明郭美美与中红博爱资产管理有限公司存在一定的关联性，而中红博爱资产管理有限公司却为中国红十字会关系企业，由此引发人们对中国红十字会慈善活动和慈善资产管理的强烈质疑和不信任，这种不信任甚至蔓延至对政府调查结论的评估。不信任文化“导致一种强迫性的、妄想狂式的玩世不恭的外部社会氛围，社会生活在很大范围内遍及阻碍人们行动的复杂焦虑、慢性且弥漫的恐惧、怀疑、阴谋诡计、忧虑和不祥的预感”。[2] 2017 年发生的几乎遍及全国的深圳“善心汇”传销诈骗案，涉案人员高达 500 多万人、涉案金额数百亿元、骨干成员 1100 余人。[3] 善心汇打着“扶贫济困、均富共生”的“精准扶贫”旗号，利用人性的善良和贪欲，以慈善的幌子行诈骗之实，极大地摧毁了社会信任关系。[4] 从人们对慈善的不信任

---

〔1〕［波兰］彼得·什托姆普卡：《信任——一种社会学理论》，程胜利译，中华书局 2005 年版，第 90 页。

〔2〕 Banfield, E. C. 1967. (1958), *The Moral Basis of a Backward Society*, New York: Free Press, p. 106.

〔3〕 参见《善心汇真面目：五百多万人参与的传销骗局，涉案金额数百亿》，载凤凰资讯，http://news.ifeng.com/a/20170728/51524664_0.shtml，最后访问日期：2017 年 10 月 15 日。

〔4〕 参见《全国各地清剿“善心汇”：2 个月抓获骨干成员超 1100 人》，载搜狐网，http://www.sohu.com/a/215317171_99942601，最后访问日期：2018 年 2 月 5 日。

情绪来看,生活的世界的不确定、不安全、不清晰和不透明是产生“信任危机”的症结,[1]不法伪善之徒肆意践踏时代人脆弱的善行是“信任危机”的诱因,义工组织虽具有强烈的公益使命,但其生命力必须以受助者及社会公众的认同为前提。

最后,义工组织基于其生存和发展需要,过于关注其行为的影响和社会评价,引发人们的反感和不信任。有些义工组织提供服务时作秀成分远高于服务本身,如选择在“学雷锋做好事”纪念日或者重阳节等节日提供服务、帮贫助残、探视老弱病幼、清理环境等,或请媒体宣传或集体合影更新网站内容,缺乏严谨、系统的服务计划,提供服务敷衍了事、草草收场,助人者轻佻、受助者厌烦;个别义工组织行为极端、标新立异,如帮助残疾儿童募捐时,竟将写有“我有罪”的纸牌子挂在儿童身上,引人关注,助人者心无善念、行为乖张,受助者尊严尽失、颜面无存;还有些义工组织帮助贫困儿童,每次都要受助者感激涕零,助人者高调施舍,受助者卑颜蒙羞。因此,义工组织因缺乏科学、规范和系统的规范和约束,缺乏提供服务的基本标准和操作规程,行为乖背、怪异,难以取得社会的认同和信任。事实上,义工组织的社会公信力是善行积累的结果,是社会对其无私地服务社会、奉献社会的价值观的认同和肯定。

3. 组织建设环境

以组织建设环境为基点考察义工组织的生存环境,其实质是考察义工组织自身的能力建设状况。义工组织的生存环境并不能仅限于其外部因素,组织能力建设也直接关系其生存发展,犹如一个懒汉的穷困并不能完全归咎于外部因素一样,义工组织面临社会不信任、经费短缺、项目匮乏等窘境,既有外部因素的影响,也有自身的发展能力问题。能力是义工组织为实现其价值目标、完成一定的服务活动必须具备的条件,它直接影响着服务活动的效率。当今社会的快速变迁对义工组织的工作提出了越

---

〔1〕 参见陈婉玲:《转型期中国义工组织社会信任脆弱性探析》,载《苏州大学学报》(哲学社会科学版)2015 年第 5 期。

来越多的需求，需求的增长使义工组织的有限资源面临巨大的压力，需求与资源的矛盾促使义工组织必须具备灵活变通性，才能适应外部环境的变化和需要。[1] 义工组织作为公民自组织体，建立一种能够反映其成员共同价值观念和价值目标的组织体系和科学合理的治理结构，确立与义工活动相适应的约束机制和具体服务的操作规程、规则，将直接影响义工组织的行动效率和结果。因此，义工组织能力建设同样是对其生存环境构成重大影响的要素，而章程、治理结构和义工的素质决定着义工组织的能力建设的效率。

章程是义工组织最具约束力的法律文件，义工组织以法律规定的方式和程序制定的确立组织宗旨、性质、目标、任务以及组织机构、活动方式、活动原则、成员权利、义务的规范性文件，是最基本的法律文件和最重要的行为规则。在现行法框架内，章程是每一个义工组织申请成立登记必须提交的法律文件。依据《社会团体登记管理条例》要求，社会团体的章程应包括“名称、住所、宗旨、业务范围、活动地域、会员资格及其权利义务、组织机构管理制度、执行机构产生程序、负责人的条件和产生、罢免的程序、资产管理和使用的原则、章程的修改程序、终止程序和终止后资产的处理等”。[2] 《慈善法》也要求慈善组织的章程应载明下列事项：(1)名称和住所；(2)组织形式；(3)宗旨和活动范围；(4)财产来源及构成；(5)决策、执行机构的组成及职责；(6)内部监督机制；(7)财产管理使用制度；(8)项目管理制度；(9)终止情形及终止后清算办法；(10)其他重要事项。[3] 值得注意的是，《慈善法》给予了义工组织更为灵活的自治权，如取消活动地域限制、取消会员资格要求等都给予慈善组织更大的空间和资源。我国《慈善法》对慈善组织章程的要求与其他国家并无实质性差距，但对于从事“慈善服务”活动的义工组织实践却缺乏针对性，通过对

---

〔1〕 参见[美]玛丽莲·泰勒:《影响志愿机构工作的基本要素》,载李亚平、于海编选:《第三域的兴起:西方志愿工作及志愿组织理论文选》,复旦大学出版社 1998 年版,第 164 页。

〔2〕 参见《社会团体登记管理条例》第 14 条。

〔3〕 参见《慈善法》第 11 条。

采集的一百份义工组织章程分析发现，除名称、住所、活动地域外，内容几乎完全一致，且宗旨描述过于笼统、业务范围过于宽泛，多未涉及组织的具体目标和使命、提供服务方法和途径等，明显缺乏可操作性。

我国《慈善法》要求义工组织依据法律和章程建构其治理结构，“明确决策、执行、监督等方面的职责权限”，但实践中，义工组织从名称到机构的设置五花八门、极不规范，如义工团、义工队、义工联合会，其负责人分别为团长、队长、会长等，“名称太乱”“机构不统一”“管理混乱”几乎成为每一个义工组织或多或少必须面对的问题。即使是规模庞大、运行相对规范的义工组织，其治理结构也存在相当的不适应性。例如，深圳义工联合会章程规定“义工代表大会为最高权力机构，每五年召开一次；理事会是义工代表大会的执行机构，由代表大会民主选举产生；秘书处由秘书长、副秘书长、干事若干名组成，是理事会的办事机构，负责义工联的日常工作；秘书长是义工联的法定代表人”，但调查发现，义工代表大会并不能切实担负起自身的责任，理事会拥有义工联所有重大事务决定权，缺乏应有的权力监督，“近一半的义工认为其义工活动常常‘变味’，沦为有关部门的免费劳动力，目标偏离严重影响民间义工参与义工服务的积极性”。[1] 机构设置不合理、治理结构不健全严重妨碍义工组织能力的提升与发展。

义工素质是衡量义工组织能力的最重要因素。义工组织提供服务是一种自发、自愿行为，不能被迫或附有任何强制因素，也不能有任何功利色彩或者追名逐利的动机，否则，必然会影响义工组织的使命和目标的实现。我们对义工组织调查发现，义工的注册数量往往成为某些个人博取名声、获得政治资本的“政绩”或形式主义的重灾区，某些地方动辄数十万、数百万义工，要求辖区内所有的大学生、机关和事业单位工作人员必须注册为义工，“注水”严重。据《广州日报》2013 年 5 月 10 日报道：“全

---

〔1〕 参见《政府如何“给力”义工组织》，载《南方都市报》，http://epaper.oeeee.com/F/html/2010－11/28/content_1237523.htm，最后访问日期：2010 年 11 月 28 日。

市三分之二义工机构因没有服务时数,成为‘僵尸机构’,市区 21 万余义工中八成没有服务时数,成为‘僵尸义工’”。[1] “僵尸义工”的存在是一种必然,但“僵尸义工”背后的问题却不应被忽略。义工队伍整体素质低、技能低和认知程度低严重制约着义工组织的组织建设和能力建设。我们对义工组织、义工现象 10 余年的调查、观察和研究,深知义工组织生存的不易。没有项目、没有资金、没有培训、没有保险,甚至没有知识、经验和技能,有的只是一腔热血。但是,只有热血的激情到底能持续多久呢?没有正常的义工心态,怎能有正常的义工服务?基本没有培训的义工,怎能有胜任岗位的能力?没有基本技能的义工,又怎么提升义工组织的服务质量?义工组织的良性发展尚须提升义工的整体素质,尚需创造出一套适合自身发展的运行机制。

三、主要研究内容

义工组织是公民以公益为目的自发创设的慈善组织。各国基于不同的社会服务政策,往往赋予义工组织以不同的地位,确立不同的法律制度,或限制或引导或激励,多以特定时期社会公共服务政策为基本的考量因素。如德国基于辅助性理论构建其公共服务政策,义工组织及其他非营利组织构成德国公共服务领域的基本力量;[2] 日本政府早期视义工组织为政府或公共企业的廉价劳动力,但阪神大地震后,其对义工组织的政策作出重大调整,颁行《特定非营利促进法》,明确鼓励义工组织致力于公

---

[1] 参见《唤醒那些僵尸义工》,载《广州日报》,http://gzdaily.dayoo.com/html/2013 - 05/10/content_2239510.htm,最后访问日期:2013 年 5 月 10 日。

[2] 辅助性理论也称辅从性原则(Subsidiarity),指“任何事务,只要能够由一名个人、一个家庭、一个群体或一个组织的力量达成的,就不可以被另一个级别更高一点的机构或国家来主理”。参见[德]康保锐:《德国慈善活动和非政府组织法律法规的发展》,载民政部法制办公室编:《中国慈善立法国际研讨会论文集》,中国社会出版社 2007 年版,第 104 页。辅助性理论在公共服务领域的运用就是公共福利服务应当由社会组织优先解决,只有在社会组织力量不能解决时,才应当由公权力介入解决,凸显了民间义工组织及其他非营利性社会组织的优越性,解决了国家、地方以及社会组织在公共服务领域义务分配的层次问题。

共利益促进和公共服务提供;[1] 英国政府推进公共部门现代化改革,以契约形式确立政府公共部门与义工组织及其他非营利组织的合作伙伴关系。[2] 因此,一个国家的义工组织发展的深度和广度取决于国家对待义工组织的政策和法律,不同的政策和法律决定着义工组织发展质量和水平的高低。

我国2016年颁行的《慈善法》虽然确立了义工组织的慈善组织地位,但基于规范慈善捐赠的立法背景和路径偏好,其制度安排对以提供服务为组织特征的义工组织缺乏足够的支持和针对性,不足以彻底改变义工组织的生存状态,也不足以规范其组织运行。如关于慈善组织设立条件的要求,强调“有必要的财产”,强调募捐管理和财务监督,忽视义工组织慈善服务活动与项目的激励,如《慈善法》第12~14、18条反复强调会计制度和财产管理,甚至不能改变《社会团体登记管理条例》对义工组织的适用。以管制、管理或者限制为特质的《社会团体登记管理条例》(2016年2月6日由国务院令第666号进行小幅修改)仍然是义工组织获得合法地位必须遵循的基本法律规范,该条例对诸如注册资金、地域划分、人数限制等的规定对民间义工组织具有明显的不适应性,一定程度上制约了义工组织的发展。同时,义工组织自身存在的各种“顽疾”与慈善组织的地位存在一定的差距。要改善义工组织生存和发展现状,必须基于我国民间义工组织发展特质进行系统的、多层次的法律制度供给。

本书以国家社科基金项目“民间义工组织法律问题研究”为基础,以

---

[1] 日本义工组织在1995年阪神大地震后得到蓬勃发展(被称为日本义工元年),日本政府在阪神大地震前仅认为民间义工组织及其他非营利组织为政府、企业之外的“第三部门”,强调限制、监管。阪神大地震后,日本政府逐渐改变了对民间义工组织的认识,并着手研拟专门适用于义工组织的特别法,1998年3月19日颁行《特定非营利活动促进法》,确认义工组织的“特定公益增进法人”的地位。参见陈婉玲:《义工组织法人制度研究》,北京大学出版社2014年版,第222页。

[2] 1995年英国克莱尔政府实施公共部门现代化改革,确立政府与民间义工组织为新型合作伙伴关系,如1995年克莱尔政府出版《英国义工服务策略大纲》,确立政府应当帮扶民间义工组织、推动义工服务发展。1998年签署《政府与志愿及社区组织关系协定》,建立了认同、扶持、合作的义工服务政策。参见陈婉玲:《义工组织法人制度研究》,北京大学出版社2014年版,第40页。

“问题”为基本立场和路径，讨论我国义工组织生存与发展中亟需解决的观念、原则与制度等问题，主要内容由正文五章和前言、结语构成。

“前言”以民间义工组织定位为逻辑起点，讨论民间义工组织的法律属性以及概念边界，进而以纵横两条线阐释我国义工组织发展状况：纵向主线简要介绍志愿服务组织在我国的兴起、“南义北志”的称谓差异、政府主导与民间自发的生存路径；横向分别从法人环境、社会信任环境以及组织建设环境考察义工组织生存发展状况及其所面临的法律问题，对研究对象进行准确定位，厘清范畴，有助于课题研究内容的全面、有效开展。

第一章“义工组织主体地位”从义工组织主体制度的域外实践、我国现行法背景下主体制度之检视、治理结构以及权利义务四部分展开，解决课题关于“义工组织合法性及权利问题”的研究目标。域外义工组织主体地位呈多样化特点，如英国的慈善法人、德国的社团法人、日本的特定非营利活动法人，其义工组织取得法人资格类型明确、条件宽松、设立简便；我国现行法框架下社会团体登记管理的“管制思维”仍未彻底改变，《慈善法》对从事慈善活动的义工组织缺乏应有的针对性，极大地限制了义工组织合法性的获得。本章在系统梳理不同国家义工组织治理结构和权利义务体系基础上讨论以下问题：(1)义工组织采用单一的法人形态是否适当？是否应当允许其他非法人形态的义工组织合法存在？(2)义工组织依法取得社会团体法人资格，其法律上的权利义务如何构建、如何平衡？影响义工组织权利义务的基本要素有哪些？(3)义工组织依法取得社会团体法人资格，《民法典》关于非营利法人、《慈善法》关于慈善组织以及《社会团体登记管理条例》关于社会团体法人的规定如何协调与平衡？(4)《社会团体登记管理条例》中有关社会团体法人的规定对义工组织的不适应性如何消弭和化解等问题。

第二章“义工组织社会信任培育”认为转型期不信任的社会环境严重影响和制约了义工组织的健康发展，内外兼修、加强自身能力建设、积极培育社会信任关系是义工组织实现社会价值和公益目标的理性路径选择。本部分围绕民间义工组织能力建设问题，从社会信任与义工组织生命力的关系入手,剖析我国义工组织的社会信任现状,分析义工组织社会信任缺失的各种影响因素,提出只有从制度上加强自身能力建设才能获得充分的社会认同,进而结合域外先进经验,解决"义工组织的组织化、专业化和规范化"问题:(1)针对义工组织治理结构混乱的现实,讨论其规范化运行的制度建设问题。(2)针对义工组织提供服务缺乏计划性、连续性以及缺乏行为标准和具体操作规程问题,讨论义工组织制定统一伦理守则和具体的服务标准问题。(3)针对义工组织业务范围过宽、义工队伍素质偏低,缺乏培训和专业技术、知识问题,讨论义工组织专业化、技能化和品牌建设问题。

第三章"激励、扶持与制度供给"主要检视义工组织与政府间的关系问题。义工组织奉献社会的公益价值观既可以解决一定的社会问题,也可更好地激发人的善行,对义工的激励是将制度的宗旨与人的需求相结合,对义工组织的激励更是与其公益性使命相统一。政府应当充分肯定和认同义工组织的公益价值,对处于发展中的义工组织面临的困境应当采取积极有效的措施,通过引导、扶持等激励措施促进其发展。本章重点讨论:(1)在促进义工组织发展中政府的定位与行为边界;(2)政府对义工组织的激励必须以义工组织公益性使命和慈善资源保护为核心;(3)政府对义工组织的激励以财政扶持、税收减免和项目支持等制度安排为主要路径;(4)政府对义工的激励以权力倾斜激励为主要措施。本部分主要讨论政府对待义工组织的基本政策和立场问题,政府应当积极构建义工组织生存和发展的法律制度,采取有效的措施促进义工组织发展,并对义工组织活动实施有效的监管。

第四章"政府监管、社会监督与自律"。慈善是自愿的,真正的慈善行为不受强制,但"慈善"二字又承载了太多的社会信任和社会资源,为防止靠剥削他人的慈善天性来不正当获利,确保有仁爱之心的人们的信任不被滥用,慈善组织必须接受监督和约束,以保证其活动不偏离宗旨。本章从"志愿失灵"说起,通过对域外义工组织监管经验的考察、提出义工组织政府监管理念与路径调整的具体做法。(1)分析我国义工组织志愿失灵的诱因和政府监管困难的成因，讨论构建自律与他律相结合的综合监管体制的可能性。(2)检视义工组织域外监管的法律实践，获得构建义工组织监管的成功经验，如英国政府与义工组织等签订关系协议，以契约构建政府监管与义工组织自律相结合的监管体制，美国实行以法律方法确立政府监管与义工组织自主管理相结合的监管制度。我国台湾地区和香港特区也有相当成功的经验。(3)讨论政府对义工组织从管制到引导的监管理念和路径转换的具体方法，以及第三方独立评估制度构建的可能性。(4)讨论建立义工组织信息披露制度，确立义工组织的社会交代义务，明确义工组织信息披露义务的法律边界，如何以法律方法合理地界定其信息披露，披露什么、向谁披露、如何披露？义工组织违反信息披露承担责任的性质、方式等。本部分主要解决义工组织规范化发展的制度建设问题。

第五章“法律关系、法律责任与救济”。本章由义工组织法律关系主体、行为及性质、义工服务责任类型化与救济、义工组织责任风险的保险救济等构成，义工组织提供服务在性质上是社会公益服务，其特殊性在于向服务对象无偿提供服务，这种特殊性与其是否承担法律责任没有直接的关联性，义工组织应当承担的法律责任由其行为本身的性质决定。本部分重点讨论义工组织在参与社会公共服务过程时发生的义工组织与服务对象、义工组织与义工以及义工与服务对象间的法律关系，并基于不同的法律关系性质确定法律责任，并在义工组织、义工、服务对象间的合理分配。同时，讨论义工组织违反法律禁止或限制性规定，故意或过失实施违法行为可能承担的法律责任性质以及义工组织、义工是否享有依法减免其法律责任的可能性以及义工组织对成员义工责任的关联性和认定标准问题，并提出相应的救济制度和救济措施。本部分围绕义工组织、义工以及服务对象间关系，讨论志愿服务过程中的法律责任配置问题，解决“义工组织运行过程责、权、利关系”问题。

结语“社会企业：义工组织的发展趋势与路径”通过社会企业源流与价值及定位的考察，认为义工组织与社会企业具有高度的契合，而社会企业是义工组织未来的发展方向。义工组织的公益目标追求与社会企业的社会目的完全一致,义工组织可转化为社会企业,采用商业化手段实现其可持续发展。同时,义工组织转型为社会企业,不得改变其公益目的,法律可通过禁止义工组织利润和剩余资产分配的途径,调适义工组织转化为社会企业时的公益目标和经济利益的价值冲突。

作者自该课题获国家社会科学基金立项后,即组织课题组开展义工组织的专题研究,发表以"义工组织"为研究对象的一系列学术论文,并于2014年出版著作《义工组织法人制度研究》(北京大学出版社2014年版),建立目前该领域处于国内领先的研究团队,形成系统性成果。积极参与各地义工组织理论研讨与实践活动,例如2013年8月15日至16日应邀参加由宁夏回族自治区义工联合会主办的、在银川举行的"中国义工志愿者(宁夏)发展研讨会",就义工组织规范化、制度化建设作了主旨演讲,并对8省市共同发布《银川宣言》进行理论指导。课题组成员吕慧娜、丁娜、楼晴昊、李琦和李允红等参与了本书资料收集、整理和实践问卷调查工作,并形成相应访谈记录和调查报告(见附录)。目前,国内从"组织"角度研究民间志愿服务的学术成果尚处于空白,大量相关成果主要集中于对"志愿服务"的一般讨论或理论介绍。本书立足组织制度建设,以"激励、规范与社会信任——义工组织制度研究"为题,在全面梳理义工组织生存发展状况和法律制度供给状况的基础上,选择直接影响义工组织发展的主体地位、法人制度、社会信任、能力建设、激励监管、法律责任等基本问题进行深入分析,无论是著作选题还是研究内容都具有较强的理论价值和现实意义,必将对我国义工组织健康发展观念的形成与制度建设提供有益的指导。

第一章　义工组织主体地位

基于宪法赋予的结社权利，社会公众获得了自愿结合并以组织体的形态奉献社会的自由。民间义工组织将一批充满仁爱之心和社会责任感的公民聚集在一起，以组织的形式向社会提供各种慈善服务。由于服务活动具有内容广泛性和服务对象的不确定性特征，大量社会关系随之产生，并被赋予复杂的权利义务内容。只有明确其法律上的主体地位，民间义工组织才能作为一个整体获得独立参与社会活动的正当性和合法性，因为“团体一旦被认可为法律人格，其中一个最为显著的后果是权利义务均由作为一个整体的团体承担，个人完全湮没在集体人格中”。[1] 依据我国《慈善法》第 8 条的规定，义工组织作为慈善组织的一种表现形态，属于“非营利性组织”范畴，可以以基金会、社会团体、社会服务机构等组织形式存在。[2] 从活动范围看，义工组织向社会提供慈善服务本质上属于民事活动，应依民法规定取得民事主体资格。为适应中国特色社会主义发展的需要，全方位保护各种民事主体的合法权益，我国《民法典》对民事主体类型作了全面多层次的界定和架构。根据《民法典》确认的民事主体类型，义工组织究竟以何种路径和形式获得主体地位？现行法关于其权

---

〔1〕 周清林：《主体性的缺失与重构：权利能力研究》，法律出版社 2009 年版，第 192 页。

〔2〕 参见我国《慈善法》第 8 条关于慈善组织的定义。另外，我国《志愿服务条例》第 8 条也进一步明确“志愿服务组织可以采取社会团体、社会服务机构、基金会等组织形式”。

利义务分配的规定是否适应其需求？社会团体法人是否是义工组织唯一的法人形态？由于义工组织的主体准入受《民法典》《慈善法》《志愿服务条例》《社会团体登记管理条例》等法律、行政法规的调整与约束，这些法律、法规存在立法层次、立法时间与立法旨趣上的差异，导致从事提供义务服务的民间组织合法性地位的诸多尴尬和障碍。只有细致梳理，发现问题，借鉴先进，深入解构，才能破解义工组织主体性缺失的难题。

一、义工组织主体制度的域外实践

义工组织在不同国家和地区有着不同的属性和定位，各国立法在确认义工组织的主体地位时，往往受其历史文化、法律传统和相关法律制度的影响，并直接与国家的政治权利、福利政策和法治状况相关联。受不同的立法体制影响，大陆法系国家与英美法系国家对义工组织的主体地位的制度供给存在较大的差异。

（一）英国：慈善法人

英国法对义工组织的组织形态并无严格要求，选择法人或非法人形态完全是义工组织基于组织设立目的考量的结果。协会和信托是英国义工服务最早的非法人组织形态：为体现结社自由原则，凡具有共同目标、自愿结合从事义工服务，即可订立章程，确立协会的目标、宗旨、权利和会员制度，自由成立慈善协会；而作为最早的慈善方式，慈善信托在英国具有悠久的历史，通常指在特定慈善目的之下，委托人将信托财产交由受托人控制，受托人按照有关信托协议的约定，将信托财产用于信托文件所指定的慈善事业而形成的一种法律关系，因而“仅仅表明一种关系或者一种行为而不是组织体的概念”。[1] 慈善信托的设立方式较为简便，主要适用于资助型慈善活动，不涉及会员关系。

根据《英国慈善法》的规定，除可免税组织、临时存在的慈善组织以及净收入不超过5000英镑的慈善组织以外，任何慈善组织都必须进行登记

〔1〕 杨道波：《公益性社会组织约束机制研究》，中国社会科学出版社2011年版，第39页。

注册,由此,大部分以慈善服务为宗旨的义工组织并无登记注册的法律义务,但基于自身规范发展的需求,英国义工组织多主动选择登记注册,以慈善法人形态从事慈善服务活动。一方面,通过登记注册获得慈善法人资格,可依法享有各种形式减免税待遇;另一方面,登记注册为法人可受到法律或各种管理条例规范,既可提高义工服务质量、效率和信用,也可实现义工服务制度化、连续化,彰显其组织魅力,获得更多的社会信任和机会。慈善法人是《英国慈善法》为慈善组织专门设立的一种法人形态,在本质上属于世俗法人范畴。义工组织若选择登记注册为慈善法人,则必须依照《英国慈善法》向慈善委员会申请,通过严格的审查才能获得资格。[1] 其在设立条件、权利能力和行为能力的范围与限制、法人监督和撤销以及内部治理结构等方面必须遵守《英国慈善法》关于慈善法人的规定。

英国法对以慈善法人登记注册的义工组织的具体组织形式没有明确的规定,义工组织可基于章程定位、效益最大化和资源最优化选择任何适合自己的法人组织形式,公司制是慈善法人最主要的组织形式。[2] 慈善公司(Charitable Incorporated Organization, CIO)是2006年《英国慈善法》专门为英国慈善组织设计的具有正式法律地位的公司制组织形式,[3] 其本质上是一种社会企业,[4] 即"不以营利为目的的企业或者将营利用于社区利益而非私人利益的企业"。[5] 以公司制运行的义工组织必须在政

---

〔1〕 2006年《英国慈善法》规定,任何一个或者一个以上的人可以向慈善委员会申请组建一个慈善法人组织,申请者必须向委员会提供拟组建的慈善法人组织章程的副本、其他为内阁部长预先制定的档案或者信息以及委员会认为为申请之目的而需要的文件和信息。

〔2〕 参见汤玉枢:《英国义工组织慈善化及其制度供给》,载《兰州学刊》2016年第11期。

〔3〕 2006年《英国慈善法》明确引入"慈善公司"——从事慈善事业的公司的概念,并将其作为一项全新的民间公益性组织形式。当义工组织以公司作为其组织形式时,必须同时受《公司法》和《慈善法》的制约,具体的活动要接受慈善委员会的监管和认可,任何关于公司目的条款、公司财产使用或运用方式的修改必须经慈善委员会事先同意,涉及慈善公司相关交易是否无效的裁决也必须取得慈善委员会的认定。

〔4〕 关于社会企业,本书将在余论中作为义工组织发展趋势进行拓展讨论。

〔5〕 参见[英]贝琳达·普莱顿:《论英国慈善机构相关法律制度以及慈善机构与政府的关系》,载民政部法制办公室编:《中国慈善立法国际研讨会论文集》,中国社会出版社2007年版,第113页。

府的注册登记处注册，其业务活动要受《英国公司法》的制约，有限（担保）责任公司是义工组织较为常见的公司形式。以公司制运行是英国包括义工组织在内的慈善组织治理的一大特色，公司法人独立人格的确立和公司治理结构效能的发挥，有利于明晰义工组织与义工成员之间的法律关系，降低组织运行风险，提高义工组织服务社会的效率，进而获得更为充分的社会公信力。

（二）德国：社团法人

《德意志联邦共和国基本法》（Grundgesetz für die Bundesrepublik Deutschland）第9条确立“所有的德国人都有结社的权利”，德国人的结社自由权不受国家公权限制，也不受任何私权的限制。因此，具有不同知识、专业、技能和经验的德国人基于无偿奉献、服务社会的共同价值观，自发结社组成民间义工组织，完全符合《德国基本法》结社自由的基本精神，基于结社自由的宪法精神和政府对“辅从性原则”的政策认同，德国法律并不强制义工组织必须获得法人资格。无论社团或财团均可以以登记和非登记的形式存在。《德国民法典》规定：法人因国家许可或因登记于规定的官方登记簿而获得其法人资格。未获许可的或未登记的人之结合与具有特殊目的的财产组织，仅具有临时的权利能力；对没有到登记机关登记的或者不愿意进行登记之人的结合，如具备一定的独立地位，也可经由“诉讼法院”的承认而获得权利能力。

由于义工组织社员制组织特征较为显著，社团成为大多数义工组织最为适合的组织形式。《德国民法典》把社团划分为营利社团、非营利社团和外国社团三种类型。非营利社团“不以营利为目的”，其追求的是社会利益而不是经济利益，即使有时会从事一定的经济活动，但其不向成员分配盈余，社团解散时剩余财产一般也会移交给其他非营利社团，义工组织是典型的非营利社团。在德国，并非所有的社团均必须登记，非营利社团“通过在主管初级法院的社团登记簿上登记而取得权利能力”[1]，获得

〔1〕 参见《德国民法典》第55条。

法人资格，而未登记社团为“无权利能力的社团，适用关于合伙的规定。以这种社团的名义向第三人采取的法律行为，由行为人负个人责任；行为人为数人时，全体行为人作为连带债务人负其责任”。[1] 在德国，约有 50 万的非登记社团，其中就包括大量未登记的义工组织。[2]

德国义工组织也可以以公益型自主性财团的形式取得法人资格。财团法人是以捐赠财产为基础、为一定目的而存在的财产集合体。[3]《德国民法典》第 89 条规定：“设立有权利能力的财团，除捐赠行为外，需得到财团住所所在州的许可。如果财团不在任何一个州内有住所，需要得到联邦参议院的许可。”[4] 在德国法中，财团包括法人财团和非法人财团，非法人财团并不具有法人身份，而且财团依据目的不同也被区分为公益财团和私益财团，为宗教科学、研究、教育、课程、艺术教育、古迹维护、乡土维护、自然生态环境的维护、运动以及社会任务或其他有助于共同利益的目的而设立的财团为公益财团。[5]

（三）日本：特定非营利活动法人

《日本民法典》将法人类型化为营利法人与公益法人两种，在此框架下，日本根据法人法定主义原则，制定了因应不同组织需要的法律，如《农业协同组合法》《劳动组合法》以及适用于传统公益组织的宗教、慈善、学校、医疗等特别法。但这些特别法针对性强，不能满足社会生活中非营利组织发展的多样化需求，因此，日本义工组织等其他民间非营利组织曾长

---

〔1〕 参见《德国民法典》第 54 条规定。

〔2〕 参见［德］鲁佩特·格拉夫·施特拉赫维茨：《德国的社团和基金会——服务提供者还是市民社会主体？》，载中国慈善公益网，http://www.worlduc.com/e/blog.aspx? bid = 29655，最后访问日期：2013 年 4 月 25 日。

〔3〕 财团一词来源于德文“Stiftung”，有译为“财团”的，也有译为“基金会”的，本书仍以财团称之。

〔4〕《德国民法典》对财团设立采取许可主义，各州政府往往在民法典之外另行制定自己的财团法。这些财团法也经常对财团的设立增加额外的条件，因此，德国财团法人在实践中可能因所在的州不同而面临不同的设立要件。2002 年德国展开对民法典有关财团规定的修改，对财团的设立实行认可主义，明确要求各州政府不得以自己的财团法变更民法典关于财团的设立条件，只要财团设立申请符合《德国民法典》第 80 条规定的条件，各州负责财团监督的机构必须给予认可。

〔5〕 参见陈惠馨：《德国财团法人制度的发展——以德国民法典及柏林邦财团法为中心》，载《中国非营利评论》2011 年第 1 期。

期游离于法律之外，难以依法取得法人资格。1995 年阪神大地震中，数以百万计的义工及义工团体在地方政府几乎瘫痪、传统公益法人机构反应迟缓的情况下，自发、无偿、迅速投入赈灾救援和灾后重建工作，由此掀起改善社会组织结构、完善公益法人制度、推进民间义工组织合法化的潮流。1998 年日本颁行《特定非营利活动促进法》，创设“特定非营利活动法人”形态，用以满足义工组织及其他非营利组织需要。特定非营利活动法人以不特定多数人的社会公共服务为事业领域，以民众自愿、自由结社为基础，奉献社会、服务社会，在法律性质上属于公益法人。然而，日本公益法人体系混乱，公益法人的认定缺乏明确而统一的标准，其结果只能由主管机关自由裁量，〔1〕“行政机关可以对公益法人的资金及事业内容等要求进行实质审查，甚至以这种裁量权作为交换人事安排的条件，在客观上形成了‘公益被国家垄断’的局面”。〔2〕 2002 年日本政府开始对公益法人制度进行改革，并分别于 2003 年、2004 年通过了《关于公益法人制度的彻底改革的基本方针》和《今后行政改革的方针（公益法人制度改革的基本框架）》两份文件，确立了由以公益活动为目的的非营利法人共同承担公共服务，建立鼓励非营利法人发展的新制度的目标。为配合公益法人制度的改革，明晰各种法人类型的边界，日本政府相继颁布《关于一般社团法人以及一般财团法人的法律》（以下简称一般法人法）、《关于公益社团法人以及公益财团法人认定等法律》（以下简称公益法人法）、《伴随实施关于一般社团法人以及一般财团法人的法律和关于公益社团法人以及公益财团法人认定等法律、有关相关法律完善等的法律》（以下简称相关法完善法）等，义工组织统一纳入特定非营利活动法人范畴，并定性为增进公益法人。

---

〔1〕 “公益”一词在日本，从学术概念到法律法规，均有相对繁多的表述，但不管是具体的，还是抽象的，公益都是一个缺乏统一定义的概念。行政法上的“公益”的判断属于行政机关自由裁量的范畴。

〔2〕 民政部“日本 NPO 法律制度研修”代表团、文国锋：《日本民间非营利组织：法律框架、制度改革和发展趋势“日本 NPO 法律制度研修”考察报告》，载《学会》2006 年第 10 期。

日本义工组织作为一种增进公益法人,其具体的法人形态包括财团法人与社团法人。当义工组织以财团法人形式出现时,应当满足日本民法关于财团法人的规定。但问题在于,日本义工组织以社团法人形式出现时,会产生社团法人和特定非营利活动法人的选择问题。从实践看,日本公益法人采取许可制,除传统的赈灾、慈善、文化、教育等公益事业外,对其他公益活动的认定控制得相当严格。1998 年《日本特定非营利活动促进法》实施后,其义工组织更多地选择特定非营利活动法人作为自己的法人形态。

(四)新加坡:严格注册制与多样化选择

新加坡政府对民间组织实施较为严格的社会控制,其《合作社法》授权政府对公开活动的社团进行管理,所有社团必须领取执照才能进入公共领域活动。1966 年,新加坡议会以修订 1889 年《社团条例》为契机通过了《社团法》,确立了对社会组织严格管理的原则:一方面,严格控制和限制注册社团的目的和活动,禁止注册一切涉及非法或不利于新加坡"社会安宁、福利和良好秩序或者违反国家利益"的组织,社团主管机关有权随时要求注册社团提供其认为必要的社团信息、资料、财务报表或书面报告;另一方面,实施强制登记注册制度,规定未经登记的任何社团都将被认定为非法社团,除非登记官认为该社团属于完全的境外组织,且从不在新加坡境内从事任何活动。[1]

但在严格管制的前提下,新加坡也为民间义工组织提供了多样化的活动主体形态,新加坡继承了英国义工服务慈善化的传统,将其民间义工组织依法纳入慈善组织范畴。依据不同的法律,义工组织可选择以社团、信托或公司等组织形式取得从事义工服务的主体资格:(1)可依《社团法》登记注册取得社团资格,在新加坡,社团被赋予更加广泛的内涵,除法律明确排除的营利性公司、有限责任合伙、互助性的协会、商会、合作社以及其他互益组织外,社团是指"任何性质或者目的的、具有 10 个或 10 个

---

〔1〕 参见《新加坡社团法》第 4 条、第 14 条。

以上成员的俱乐部、公司、合伙或者协会”。[1] 因社团性质差异，在社团强制注册程序中，社团被区分为非敏感性社团和敏感性社团，前者可以直接采取简易自动注册，后者因涉及宗教、政治、人权等，施行普通注册。民间义工组织为非敏感性社团，登记申请仅需提交社团拟定章程的复印件，并根据登记官要求的格式，就社团的目标、宗旨或者活动作出说明，登记官在申请人缴纳规定的费用后直接登记为社团。(2)可依《新加坡公司法》注册取得“担保有限公司”资格。《新加坡公司法》规定的公司类型包括私人公司和公共公司，公共公司的形式又分为股份有限公司和担保有限公司。其中，担保有限公司是指以国家和公共利益为目的而设立的从事非营利活动的公司。[2] 义工组织申请设立担保有限公司的程序极为简单，在商业注册局规定的网站递交资料并缴纳注册费用后立即成立。以担保有限公司形式注册登记的民间义工组织将受到商业登记局的管理，并接受其监督。(3)依《新加坡信托法》注册取得“信托”资格。通过信托形式注册成立的民间义工组织仅可基于信托从事相应的义工服务，因此为非法人组织。

新加坡法律对义工组织实施严格的管制和强制登记管理，但其提供的登记制度也是全方位、多层次的，义工组织基于法律规定，办理登记取得相应的义工服务主体资格非常简便。在新加坡注册登记不仅是一项法律义务，更多的是一项权利。不管采用何种组织形式，义工组织依法登记注册后均可依据《新加坡慈善法》取得慈善组织(charity)资格，可依法豁

---

〔1〕 新加坡2006年修订的《社团法》第2条规定，“社团”包括任何性质或者目的、具有10个或者10个以上成员的俱乐部、公司、合伙或者协会，但是不包括：(一)根据在新加坡生效的与公司相关的成文法登记的公司；(二)根据成文法组成的公司或者协会；(二)A根据2005年有限责任合伙法登记的有限责任合伙；(三)根据在新加坡生效的与商会有关的成文法登记或者被要求登记的商会；(四)根据成文法登记的合作社；(五)根据在新加坡生效的与互益组织相关的成文法登记的互益组织；(六)成员不超过20人，只是为了从事使公司、协会、合伙或者各自成员获益的合法经营而成立的公司、协会或者合伙。(六)A根据保险法第二A部分制定的外国人承保计划，在新加坡开展保险业务的作为外国承保人的阶层、社团或者协会；(七)根据在新加坡生效的与学校有关的法律组成的学校或者学校管理委员会。

〔2〕 参见新加坡公司与商业注册局网站，http://www.acra.gov.sg/Company/Starting_a_Company/Types+of+Companies.htm，最后访问日期：2015年7月2日。

免缴纳企业所得税，还可申请取得公益机构（Institution of a Public Character，IPC）资格，并因此以获得更多的税收优惠。

二、现行法背景下我国义工组织主体制度之检视

目前，我国关于义工组织主体制度的立法设计主要由《民法典》和2016年9月1日实施的《慈善法》、2016年2月6日修改实施的《社会团体登记管理条例》、2017年12月1日实施的《志愿服务条例》共同完成。根据现行法对法人制度的类型划分，义工组织的公益性和非营利性特征完全契合《民法典》关于非营利法人的要求，其具有非营利法人地位的法律依据是清晰明确的。但是，由于义工组织主体资格的获得受多部立法的制约，在内容上存在诸多的交叉与衔接问题，导致其获得合法性的道路并不平坦。

（一）义工组织的社会团体法人资格

根据《民法典》第87条第2款的规定，非营利法人包括事业单位、社会团体、基金会、社会服务机构等，社会团体法人即“具备法人条件，基于会员共同意愿，为公益目的或者会员共同利益等非营利目的设立的社会团体”。[1] 义工组织以人的结合为基础，基于全体义工的共同意愿结合而成，目前，大多数符合条件的民间义工组织通过社会团体法人路径获得登记。虽然《民法典》第90条放宽了社会团体法人强制性登记的要求，指出“为公益目的或者会员共同利益等非营利目的设立的社会团体，经依法登记成立，取得社会团体法人资格；依法不需要办理法人登记的，从成立之日起，具有社会团体法人资格”，但根据《社会团体登记管理条例》第3条“成立社会团体，应当经其业务主管单位审查同意，并依照本条例的规定进行登记”的规定，依法注册登记是义工组织取得合法资格的必经程序。

众所周知，《社会团体登记管理条例》确立的“归口登记，双重管理”（社会团体登记双轨制）模式已经远远不能适应新时代特殊类型社会组织

---

〔1〕 参见《民法典》第90条之规定。

发展的需要,也严重阻碍我国社会团体管理体制改革的步伐。2016 年,国务院令第 666 号对《社会团体法人登记条例》的部分修改虽然在一定程度上简化了各类社会组织申请登记程序,但民间义工组织注册登记难的境况并无实质性改变,与国家激发社会组织活力、落实“四类社会组织”直接登记的政策要求尚存在较大的距离。因此,在实行修改后《社会团体登记管理条例》的同时,民政部于 2016 年 8 月 1 日向社会发布《关于公开征求〈社会团体登记管理条例〉(修订草案征求意见稿)的通知》(以下简称《征求意见稿》),从其内容看,各地贯彻中央政策性要求、以地方法规的方式推行的四类社会组织直接申请登记的做法获得了充分的肯定,其第 3 条规定:“成立以下社会团体,依照本条例的规定直接进行登记:(一)行业协会商会;(二)在自然科学和工程技术领域内从事学术研究和交流活动的科技类社会团体;(三)提供扶贫、济困、扶老、救孤、恤病、助残、救灾、助医、助学服务的公益慈善类社会团体;(四)为满足城乡社区居民生活需求,在社区内活动的城乡社区服务类社会团体”,除此之外的社会团体以及法律、行政法规和国家规定必须有业务主管单位的全国性行业协会商会,应当经其业务主管单位审查同意,并依照条例规定进行登记。[1] 但民政部的《征求意见稿》时至今日仍未尘埃落定。目前,义工组织直接申请社会团体登记,只能依靠其所在省市的地方性法规寻求突破。但这种以地方性法规突破国务院颁行的行政法规的方法存在诸多的法理问题,地方性法规不得同宪法、法律、行政法规相抵触,亦即行政法规的法律位阶高于地方性法规,这是基本的法理和常识。在《社会团体登记管理条例》废止双轨制之前,以地方性法规确立义工组织直接登记制度,存在明显的以下位法变更上位法规定的问题。

那么,2016 年 9 月 1 日施行的《慈善法》能否解决义工组织直接登记问题?我国《慈善法》虽然以专章形式对慈善组织的设立、章程、内部结构

---

〔1〕 参见民政部《关于公开征求〈社会团体登记管理条例〉(修订草案征求意见稿)意见的通知》,载民政部网,http://www.mca.gov.cn/article/zwgk/tzl/201608/20160800001364.shtml,最后访问日期:2016 年 8 月 6 日。

等问题进行了规定,[1]其第8条第1款指出“本法所称慈善组织,是指依法成立、符合本法规定,以面向社会开展慈善活动为宗旨的非营利性组织”,第10条要求“设立慈善组织,应当向县级以上人民政府民政部门申请登记”,由此可见,《慈善法》以慈善组织性质的认定和登记为其立法任务,而慈善组织的认定以“依法成立”为前提,《慈善法》并不解决这些组织如何“依法成立”和获得社会团体法人资格的问题。因此,义工组织要想合法取得社会团体法人资格,首先必须遵循《社会团体登记管理条例》关于社会团体法人的条件和登记程序进行办理。换言之,《社会团体登记管理条例》规定的社会团体经“登记成立,并取得社会团体法人资格”是义工组织获得法定主体资格的依据,而《慈善法》规定的“直接登记”仅是“依法成立”的义工组织申请被认定为“慈善组织”的法律程序,前者解决义工组织法律主体资格问题,后者解决义工组织的慈善组织属性问题。

综上所述,义工组织依法取得社会团体法人资格仍应适用《社会团体登记管理条例》的规定。依据《社会团体登记管理条例》第3条、第9条的规定:“成立社会团体,应当经其业务主管单位审查同意,由发起人向登记管理机关申请登记”,业务主管机关经审查同意登记仍是社会团体依法申请登记的前置条件。在现行法框架内,社会团体取得社会团体法人资格有两条不同的路径:一是批准成立,即社会团体经业务主管机关批准即依法成立,社会团体自“批准成立之日起即具有法人资格”免予登记;[2]二是业务主管审查同意设立,登记机关对发起人提交的文件进行审查,作出准予或不予登记的决定,社会团体自登记成立之日取得社会团体法人资格,法律规定为“准予登记的,发给《社会团体法人登记证书》”。[3] 可见,

---

[1] 参见《慈善法》第2章的规定。

[2] 指《社会团体登记管理条例》第3条第3款规定的三种免予登记的情形。

[3] 按《社会团体登记管理条例》第3章规定为“成立登记”,但对于义工组织而言,实应为登记成立,即登记才能成立,未经登记,不得成立。这一立法意旨观诸《社会团体登记管理条例》第9条、第10条、第11条和第12条之规定,即可获得明确的结论;“成立登记”仅限于其第15条规定,“依照法律规定,自批准成立之日起即具有法人资格的社会团体”;亦即《民法典》第90条“依法不需要办理法人登记的,从成立之日起,具有社会团体法人资格”,故其向登记机关是申领《社会团体法人资格证书》。

除法律的特殊规定外，尚无任何其他社会团体能够绕开《社会团体登记管理条例》直接登记取得法人资格，即使国家政策明确鼓励、优先发展的四类社会组织也不例外。地方性法规突破行政法规的限制在法治思维和法治国家建设中并不可取；由民政部发布指导意见为四类优先发展的社会组织在现行法制度中开一个缺口，允许优先发展的四类社会组织直接登记，这种做法更不可取。因为，选择性执行法律对于中国法治建设将是一种极大的破坏。

（二）现行法关于义工组织的法人条件

《社会团体登记管理条例》第3条第2款规定："社会团体应当具备法人条件"，据此，社会团体的"法人条件"应从哪一类型、哪一层级的法律规定获得依据？基于对不同类型的法人所应具备的法人条件多样性和差异性的考虑，我国《民法典》摒弃了《民法通则》统一法人条件的做法，《民法典》第58条第2款明确指出："法人应当有自己的名称、组织机构、住所、财产或者经费。法人成立的具体条件和程序，依照法律、行政法规的规定"，由此，根据义工组织的社会团体法人属性，其获得法人资格的具体条件将由《社会团体登记管理条例》厘定。《社会团体登记管理条例》第10条规定：成立社会团体，应当具备下列条件：(1)有50个以上的个体会员或者30个以上的单位会员；个人会员、单位会员混合组成的，会员总数不得少于50人；(2)有规范的名称和相应的组织机构；(3)有固定的住所；(4)有与其业务活动相适应的专职工作人员；(5)有合法的资产和经费来源，全国性的社会团体有10万元以上活动资金，地方性的社会团体和跨行政区域的社会团体有3万元以上活动资金；(6)有独立承担民事责任的能力。[1] 若民间义工组织还需被认定为慈善组织，还必须符合《慈善法》第9条规定之条件：(1)以开展慈善活动为宗旨；(2)不以营利为目的；(3)有自己的名称和住所；(4)有组织章程；(5)有必要的财产；(6)有符合条件的组织机构和负责人；(7)法律、行政法规规定的其他条件的

〔1〕 参见《社会团体登记管理条例》第10条。

要求。[1]

各国对义工组织取得法人资格均有一定的条件要求，如美国法要求义工组织取得法人资格必须具备合法目的、有包含“禁止分配”描述内容的章程或章程细则、董事会及董事为无经济利害关系的多数人，且必须履行注册备案程序；英国法上的法人设立以取得国王的默示和明示为绝对必要，申请设立法人必须具有自己的名称和机构；德国法对义工组织设立的规定具体、明确，义工组织若仅以普通社团存在，只需要有共同的章程（具有社团能力），即使要登记注册为社团法人，也仅需具备法定的人数和签署共同的章程两个条件；日本法上义工组织若要申请成立特定非营利活动法人，必须具备：(1)以公益为目的；(2)不以营利为目的；(3)会员自愿加入或退出，不得赋予不当条件；(4)不得参与宗教或政治活动；(5)会员人数不得低于 10 人；(6)非为暴力团体或其成员所成立的团体等条件，[2]实际上，若剔除目的性条件和禁止性条件，日本义工组织申请成立特定非营利活动法人，仅有会员人数不得低于 10 人一个条件而已。以我国《社会团体登记管理条例》规定的社会团体法人条件与国外相比较，其在资金、会员人数等方面的要求对义工组织而言过于苛刻严厉，具有极大的不适应性，具体表现为：

1. 会员人数条件缺乏针对性

我国现行法意义上的社会团体与西方国家所称的社团在内涵和外延上并不完全一致。政府控制着社会团体自由流动资源和自由活动空间，许多社会团体在总体性社会控制条件下或多或少具有服务于政治的色彩，带有自治或自主性特征的社团生存空间极其有限，行业协会、商会、各种学术团体以及科技协会对政府的依附性也在客观上印证了这一结论。《社会团体登记管理条例》规定社会团体法人设立的条件之一是 50 个以上的个人会员，较之西方发达国家社团法人的人数，如德国为 7 人、日本

[1] 参见《慈善法》第 9 条。

[2] 参见陈婉玲：《义工组织法人制度研究》，北京大学出版社 2014 年版，第 237～239 页。

为10人明显偏多。显然，总体性社会控制思维下的社会团体法人形态并非为民间义工组织而设，而是为带有一定官方色彩的行业协会、商会、科协及各类学术团体而设，对这些社会团体而言，其社会团体的特性要求需要有一定代表性和广泛性的会员，50名个人会员或30个单位会员的要求不存在任何问题。但义工组织由具有仁爱之心和助人情怀的社会公众组成，具有明显的去政治化、去政府化倾向，其人数多寡与代表性并无实质性的关联，不宜将其与行业协会、学术团体等相提并论，《社会团体登记管理条例》关于社会团体法人人数的要求显然不适合义工组织的情况。

2. 关于"规范的名称和相应的组织机构"

义工组织的名称由其自主决定，各国法律均没有对义工组织名称必须规范的要求。德国法要求章程必须记载其名称，且社团名称应与同一地域或同一乡镇已注册的名称构成明显区别。"规范的名称"是否具有客观的统一的判断标准，这是一个应当考虑的问题。《社会团体登记管理条例》规定：社会团体的名称应当符合法律、法规的规定，不得违背社会道德风尚。社会团体的名称应当与其业务范围、成员分布、活动地域相一致，准确反映其特征。全国性的社会团体的名称冠以"中国""全国""中华"等字样的，应当按照国家有关规定经过批准，地方性社会团体的名称不得冠以"中国""全国""中华"等字样。[1] 显然，对社会团体名称烦琐复杂的规定对民间义工组织而言，并无实质价值。因为《社会团体登记管理条例》第4条已有要求社会团体"必须遵守宪法、法律、法规和国家政策"和"不得违背社会道德风尚"的禁止性规定，义工组织名称"符合法律、法规的规定"当为应有之义；名称应当"与其业务范围、成员分布、活动地域相一致，准确反映其特征"，其结果只能是义工组织名称的同质化。规定以"规范的名称"为法人成立条件，对义工组织规范化并无实际的规范效果，

---

〔1〕 参见《社会团体登记管理条例》第10条第2款。

却容易使审查机关和登记机关“拥有更大的自由裁量权”,[1]以名称不规范为由拒绝义工组织登记成为一种法律上的可能。

《社会团体登记管理条例》虽然对社会团体法人有必须具备“相应的组织机构”的规定,但2016年修改却删除其原第14条关于会员大会或者会员代表大会、执行机构、负责人、法定代表人等内容,故社会团体设立条件的中关于“相应的组织机构”的具体内容,现行的《社会团体登记管理条例》没有任何规定。在现行法框架内,《民法典》《慈善法》《志愿服务条例》均没有明文规定何为社会团体的“相应的组织机构”。因此,义工组织究竟应当设置哪些机构?其内部机构的权限应如何分配?分别应当按照什么程序工作?法律也均未明确。实践中义工组织的组织机构五花八门,负责人称谓诸如队长、团长、主席、理事长等,就是缺乏相应法律规定的结果。没有相应法律规定,却要求义工组织成立必须具备“相应组织机构”的条件,这种立法要求并不合理,也不严肃。

3.关于义工组织的固定住所

“有固定的住所”是任何法人成立的一般要件,其立法目的在于开展法人活动和接受管理。法律并未限定住所的权属,在解释上自有住宅或租赁、借用房屋均属“有固定的住所”范畴。只有义工服务实践存在网络义工组织现象,对网络义工组织是否需要注册登记为社会团体法人,又或是否需要固定的住所问题,值得持续观察。网络义工组织以虚拟空间建立固定的联系群,并以网络方式招募义工,在约定的时间和地点,集中开展义工服务活动,存在相当的不确定性,也给义工组织社会团体法人制度的设计带来了诸多的挑战。

4.关于与义工组织业务活动相适应的专职工作人员

“专职工作人员”的官方解释是“社会团体根据其业务活动的需要及规模、经费、财产状况,应配备相应数量、专业知识结构、工作经验的专职

---

〔1〕 参见葛云松:《论社会团体的成立》,载《北大法律评论》1999年第2期。

工作人员，以保障其业务活动的正常开展。社团专职工作人员主要是指专门从事社团工作，由社团自有资金解决其工资、保险和福利待遇，没有其他正式工作的人员”。[1] 由此推知，专职工作人员为正式工作的人员，有固定的岗位且工资收入、劳动保险、社会福利待遇与政府、事业单位和企业用工并无差异。判断社会团体有无专职工作人员，最重要的标准就是能否以自有资金支付其工作人员的工资、能否以自有资金为其工作人员购买保险、解决其工作人员福利待遇。这一条件对于社会性控制的社会团体如行业协会、商会、学术团体、科技协会也许是适合的，对社区服务组织也无实质性问题，这些社会团体的经费或源于会员企业捐助，或享受政府拨款、补贴，依法招聘、录用专职工作人员在经费上应当没有问题，但对义工组织而言，却极为苛刻，也无现实基础。义工组织为草根阶层组成奉献爱心的社会团体，奉献的只是知识、技能、经验和时间，既无稳定的财政拨款，也无固定的收入来源，更不能从事营利性或经营性活动，不得向服务对象收取任何费用，其专职工作人员工资、保险等福利根本无法保障。

5. 关于合法的资产和经费来源

《社会团体登记管理条例》对社会团体登记成立的财产性要求一是必须有合法的资产和经费来源，二是“全国性的社会团体有 10 万元以上活动资金，地方性的社会团体和跨行政区域的社会团体有 3 万元以上活动资金”，[2] 显然这是《民法通则》影响的结果。但义工组织一方面不从事经营活动以获利，也没有固定的政府财政支持和社会捐助；另一方面，其以劳力、技能的无偿付出为手段，除了适当的专职人员薪资和义工、项目管理费用外，其更多地是以行为获取社会资本。对于义工组织而言，有的是爱心，缺的是金钱，《社会团体登记管理条例》关于合法资产和经费来源的强制性规定，将使许多义工组织望而却步，人为地阻断人们结社行善

---

〔1〕 国务院法制办政法司、民政部民间组织管理局编著：《〈社会团体登记管理条例〉〈民办非企业单位登记管理暂行条例〉释义》，中国社会出版社 1999 年版，第 31～32 页。

〔2〕 参见《社会团体登记管理条例》第 10 条第 5 项。

之路。

上述关于社会团体法人的成立条件分析表明，现行《社会团体登记管理条例》为社会团体创设的法定条件对诸如行业协会、商会、学术团体、科技协会等社会团体并无不妥，但对义工组织的成立登记却极为严厉、苛刻。同时，其所规定的社会团体成立条件内容模糊、逻辑混乱，业已构成义工组织登记成立取得社会团体法人资格的障碍。实践中，义工组织大量游离于灰色地带，其根本原因就是法律制度设计和供给的缺陷。因此，依法构建符合义工组织要求的成立条件刻不容缓。

（三）注册登记的程序简化与“双轨制”的存废

综观我国现行法关于社会团体主体制度的规定，依法登记成立、取得法人资格是义工组织合法性的基础。从各国实践看，义工组织成立社团的程序极为简约。德国法并不强行要求非营利社团履行设立程序，未经登记社团同样具有法律赋予的权利能力和行为能力；但《德国民法典》鼓励和引导非营利社团“在社团住所所在地的初级法院的社团登记簿上登记注册”，登记是其非营利社团取得法人资格的必备程序，且义工组织在德国只有登记为正式的非营利社团，才能依法获得免税资格。《新加坡社团法》对所有的以社团为组织形态的义工组织实行强制注册制度，但义工组织仅需提交社团拟订的章程复印件并应登记官要求的格式就社团的目标、宗旨或者活动作出说明，在缴纳注册费后即可由登记官直接登记为社团，取得法人资格。英国法除免税组织、临时存在的慈善组织以及规模较小的慈善组织外，均必须登记注册，但登记注册程序简单、便利，申请人只需提供备忘录、章程、登记申请表等材料，分别按照公司法、信托法规定登记注册。可见，登记制是大多数国家社团取得法人资格的共同程序，但登记程序的繁简程度却直接影响到义工组织取得合法性地位的难易程度。

2013 年，根据全国人大《关于国务院机构改革和职能转变方案的决定（草案）》的精神，关于“行业协会商会类、科技类、公益慈善类、城乡社区服务类”四类社会组织直接登记制度改革进入立法论证和地方实践阶段，“双轨制”及其管制思维有望改善。对于义工组织而言，“双重管理”

的桎梏将转变为向民政部门直接申请登记，“依法自治”“自主独立”可能成为一种现实。然而，2016年2月6日修改施行的《社会团体登记管理条例》除删除筹备阶段相关规定外，并未像上海、河北、湖北、江苏等通过地方性法规明确义工组织直接向民政部申请登记成立那样，提及社会组织的直接登记问题。民政部发布《社会团体登记管理条例(修订草案征求意见稿)》后至今尚未完成立法程序，“双轨制”存废在立法完成前仍存在相当的变数。

“双轨制”以业务主管单位审查同意为前置程序，因存在义工组织常常无法确定业务主管机关或者业务主管机关相互推诿的现象，这种前置程序被指是义工组织登记难的“罪魁祸首”。其实，无法确定业务主管单位和相互推诿均非“双轨制”本身之过，前者是制度设计的缺陷，后者是管制思维和官僚本位作祟，即使废除“双轨制”，义工组织登记注册同样必须面对各种障碍，如湖北某地实行社会组织直接登记后，登记机关要求申请人必须出示证据证明所有成员义工最近5年无犯罪记录。我国台湾地区对义工组织登记成立也采用“双轨制”。“凡涉及各目的事业主管机关职掌者，由各目的事业主管机关办理。主管机关即各目的事业机关主管义工的权利、义务、招募、教育训练、奖励表扬、福利、保障、宣导与申诉之规划及办理”。[1] 以地方各级政府为义工组织主管机关，政府负责协调、解决义工组织的目的事业机关，则就义工组织活动社团法人资格问题，既不会发生主管机关推诿、无法确定的状况，又可以对义工组织实施有效的监管、指导。以社会团体登记成立的准则主义取代核准主义，以明确、合理的条件取代苛刻、繁杂的要求，必可解决义工组织登记成立难的问题。

“社会是一切权利与权力的原始的和最终的根源”，[2] 国家权力来自社会，但国家本位却最终使得国家权力吞噬社会权力。我国传统的社会团体政策以国家为本位，以维护社会秩序稳定为依据，对社会团体实施管

---

〔1〕 参见我国台湾地区“志愿服务法”第5条之规定。

〔2〕 郭道晖：《社会权力与公民社会》，凤凰出版传媒集团、译林出版社2009年版，第63页。

制政策。由管制思维出发,社会团体要具备独立的参与社会活动的能力,必须符合严格的条件、历经繁杂的程序,“严防死守,杜绝社会团体成为扰乱社会的消极因素,甚至成为引发社会动乱的破坏性因素”。[1] 2016 年修订后的《社会团体登记管理条例》彻底删除了苛刻的筹备审查程序,意味着社会团体在取得业务主管单位审查同意文件后,即可依法向登记机关申请登记成立。尤其国家实施鼓励和优先发展四类社会组织政策,对社会团体的管制必将进一步放松,义工组织通过申请社会团体直接登记成立,也将会极大地激发义工群体奉献社会、服务社会的热情。

(四)义工组织:组织形态的拓展

通过上述对义工组织主体制度域外立法的考察发现,一些国家和地区立法赋予义工组织法人资格旨在与其免税制度相配合,其本身并不具有强制性,义工组织可以选择依法登记注册为法人并获得免税资格,也可以选择以非法人形态存在。但在我国,“登记成立”并取得社会团体法人资格是义工组织取得合法性的最主要方式,未经登记或者被撤销登记以及依法取缔的义工组织均不被法律所认可,其以社会团体名义开展慈善服务都将面临被取缔的风险,[2] 可见,义工组织获得服务社会和组织化运作的法律通道较为狭窄。那么,除社会团体法人外,义工组织能否通过其他的组织形态或法人类型获得合法性?

首先,非法人组织能否成为义工组织的合法组织形式?其实《慈善法》第 8 条第 2 款列举的慈善组织可以采用的组织形态并不仅仅针对社会团体,还包括基金会与社会服务机构等,可见,义工组织作为慈善组织的表现形式,理论上其可以选择的组织形态是多样化的,只不过大部分的义工组织更加愿意彰显其社团的属性。根据《民法典》第 87 条的规定,事业单位、社会团体、基金会、社会服务机构都被纳入“非营利性法人”的范畴。综合两部法律的相关规定,义工组织能否以非法人组织形态提供义

---

〔1〕 郭道晖:《社会权力与公民社会》,凤凰出版传媒集团、译林出版社 2009 年版,第 71 页。
〔2〕 参见《社会团体登记管理条例》第 32 条。

工服务？答案应当是否定的。

其次，捐助法人能否成为义工组织的合法组织形式？捐助法人是我国《民法典》规定的非营利法人的一种形态，其第92条规定："具备法人条件，为公益目的以捐助财产设立的基金会、社会服务机构等，经依法登记成立，取得捐助法人资格。"捐助法人与社会团体法人在性质上存在极大的区别，前者以财产的结合为基础，为财团法人；后者以人（会员）的结合为基础，为社团法人。故捐助法人在一般情况下并不契合义工组织以义工为主体的会员制特征。但义工组织凝聚义工群体的方式并不局限于人的结合，以财产结合为基础以运用义工群体的方式提供义工服务在一些国家与地区也有相应的做法。我国台湾地区义工组织或依法采用人的结合方式申请登记为社团法人，或以财产结合方式申请登记为财团法人，故我国台湾地区义工组织或冠之为财团法人，或冠之为社团法人。义工组织"以财团法人作为组织形式，均基于一定的财产捐助或遗嘱捐助。这类义工组织通常仅为特定的捐助目的而存在，只不过捐助目的指向特定的志愿服务而已"，[1]我国台湾地区"志愿服务法"将这种以财团法人形式存在的义工组织称为"志愿服务运用单位"。[2] 我国2017年颁布实施的《志愿服务条例》并没有将社会团体法人作为民间义工组织唯一的法人形态，其第6条第2款规定，志愿服务组织"是指依法成立，以开展志愿服务为宗旨的非营利性组织"。因此，义工组织只要依法成立且以开展志愿服务为宗旨，不管是申请登记成立社会团体并取得社会团体法人资格，还是申请登记成立基金会等并取得捐助法人资格，均为合法的法人形态，因此，义工组织可以以财产捐助方式依法登记取得捐助法人资格。

三、义工组织的治理结构

社会组织的治理结构源于以追求营利目的的公司治理理论，其以制度

---

〔1〕 陈婉玲：《义工组织法人制度研究》，北京大学出版社2014年版，第327页。

〔2〕 依据我国台湾地区"志愿服务法"第3条解释，义工组织当然为义工运用单位，但义工运用单位也包括"运用志工之机关、机构、学校、发爱人或经政府立案团体"。

构建科学、合理的组织结构和权力配置,并通过权力的分配和制衡,实现组织的有效管理。法律视角下的公司治理结构是连接并规范股东会、董事会、监事会、经理等公司组织机构之间权利、利益、责任关系的法律制度安排。其追求的目标在于通过法律制度安排,达到相关利益主体之间权责利相互制衡,实现效率和公平的合理统一。[1] 义工组织以志愿精神为基础,以实现公益为价值目标,其担负着更高的社会责任。一方面,相对于营利性的公司组织或互益性社会组织,社会公众对义工组织等慈善组织抱有更多、更高的期望;另一方面,义工组织以义工群体为不可或缺的人力资源,唯有良好的治理才能吸引更多、更高素质的义工加入,因此,义工组织也需要建立治理机制来科学决策、有效运行和提高业绩。现行《社会团体登记管理条例》和《志愿服务条例》均未涉及义工组织治理结构问题,《慈善法》虽然规定:"慈善组织应当根据法律法规以及章程的规定,建立健全内部治理结构,明确决策、执行、监督等方面的职责权限,开展慈善活动",[2]但对慈善组织治理结构的具体架构并没有明确的要求,实践中义工组织内部治理结构的安排十分混乱,需要加以统一和规范。本部分通过对域外义工组织治理结构制度安排的分析,结合我国相关立法与实践,进一步解决我国义工组织治理结构的体系化、制度化构建问题。

(一)英国:理事会领导制治理结构[3]

英国义工组织以公司制为最重要的组织形态,其组织治理结构实行理事会领导制。理事会集中行使权力机构、执行机构和监督机构的职能,决定义工组织运营管理,是义工组织的最高决策机构。理事会由一定数量的理事组成,理事则由所有加入组织的义工或者义工代表选举产生,任期一般为3年至5年。英国民间义工组织理事会的基本职责为:(1)在保

---

〔1〕 参见周江洪、范晓宇:《构建有效的中国公司治理结构——从法学与经济学的角度考察》,载《兰州大学学报》(社会科学版)2001年第4期。

〔2〕 参见《慈善法》第12条。

〔3〕 关于英国义工组织治理结构,参见汤玉枢:《英国义工组织慈善化及其制度供给》,载《兰州学刊》2016年第11期。

证慈善目的的前提下委任总干事并支持、评估其工作，围绕组织使命制定组织的发展规划和整体活动计划；(2)以资产管理为核心，确保组织财务健康运转等。英国义工组织理事会下辖若干专门工作委员会，各专门工作委员会受理事会领导，对理事会负责；同时，基于业务的管理需要，理事会可设立监事会，对义工组织的业务活动等进行专项监管。因此，英国义工组织理事会对其组织行为和资产负有完全责任，这种集统权与分权于一身的义工组织内部治理机构，对保障英国社会公益服务、防止公共资产滥用发挥着关键作用。

基于慈善法人的法律地位，英国义工组织可获得政府资助、社会捐赠、商业收入乃至各种投资收入，具有多元化的资金来源渠道。随着社会企业的兴起，英国义工组织不断引入商业模式，商业收入在其总收入所占的比重越来越高，而且国家的税收优惠和社会的慈善捐赠也不断为义工组织注入动力。因此，《英国慈善法》特别重视义工组织的资财管理，明确要求理事会必须制定财务管理报告，严格分类记录组织的各项资金开支，明确划分募集资本的成分和基金，并真实披露各种不规则的资金动向；理事会在每年的年度报告中也必须指出资金的发放情况、投资方向和资产的保留计划，所有的资金运用均必须由独立第三方推荐的会计人员严格记账。对于固定资产，英国法明令禁止义工组织买卖、租赁以及其他方式处置其持有或者信托持有的土地等固定资产，义工组织若需处分土地等固定资产，必须拥有法院或慈善委员会的命令，且必须以明示方式表明其处分的土地等固有资产为其合法持有或信托持有，并表明其豁免组织身份。

(二)美国：基于章程约束的理事会负责制治理结构

美国的义工组织是以人的结合为基础的公益法人。章程作为表达组织内所有成员共同意愿的行为准则，记载着组织的社会目标、组织结构、运行机制以及人员配置、资财使用、行为禁止等最基本的内容，既是义工组织及其成员义工的基本行为准则，也是义工组织自我规范、自我管理、自我约束的基本法律文件。因此，美国义工组织治理结构在设计上追求自治理念、遵循章程约束、强调治理技巧。基于这种价值追求基础，美国民间义工组织实行以章程约束为基础的理事会负责制。

美国以章程约束为核心的治理结构首先着眼于章程对组织行为和组织成员的约束，通过提高工作能力和服务水平赢得社会信任。《美国非营利和慈善组织道德规范与价值宣言》为所有的义工组织确立了共同的行为标准，它要求组织的所有成员，包括理事会成员、志愿者等在开展活动时都要诚实、正直和公开。[1] 在此基础上，每一个义工组织都会在章程中确立一定的管理标准和原则，以规范义工服务行为和组织活动。理事会作为美国义工组织的内部治理机构，依法对义工组织的行为负责，担负保证义工组织在法律的框架内有序运行、实现价值的责任。理事会的选举方式由义工组织内部"章程细则"规定，[2] 一般采用会员投票、在任理事投票或指定与任命决定。理事会作为义工组织的内部治理机制的核心，与营利性公司的董事一样，都必须对组织负有信赖、注意、忠实等义务，其主要义务为：(1)决定组织的使命和目标，定期审核组织的使命，看它是否需要更新、修改和重申；(2)选择和支持首席执行官；(3)检查和监督首席执行官的管理；(4)规划未来；(5)批准和监督组织的项目和服务；(6)规范完善财务管理，监督预算执行情况和实现收支平衡；(7)争取财务援助；(8)提高组织的公众形象；(9)确保组织的法律和伦理统一性；(10)招募和培训新的理事会成员。[3] 因此，义工组织向社会提供优质的志愿服务，离不开组织内部机构职能的发挥和相互配合。理事会作为最高决策者和管理者，带领并监督执行者和义工完成组织的使命。

---

〔1〕 参见[美]菲利普·科特勒、艾伦·R. 安德里亚森：《非营利组织战略营销》，孟延春等译，中国人民大学出版社 2003 年版，第 301 ~ 302 页。

〔2〕 在美国，以法人形式组建的义工组织有两个基本治理文件：一是组织创建为法人时的文件，称为"法人章程"；二是义工组织内部治理结构的文件，称为"章程细则"。

〔3〕 Richard T. Ingram, *Ten Basic Responsibilities of Nonprofit Boards*, Nonprofit Governance & Management Center, 1998.

(三)加拿大:以董事会为中心的治理结构[1]

加拿大义工组织形态多种多样,有法人型的公司、非法人型的共同体和被视为法人的信托组织。[2] 但正式的义工组织均以公司形式取得法人资格,故加拿大义工组织的治理结构与其商事公司大同小异。作为一种慈善组织,义工组织必须标明"慈善目的"并"无意于为其成员谋取金钱利"的意旨,[3]"除应具备满足客户需求的能力外,其生存和发展同时取决于自身履行公共义务的能力"。[4] 加拿大义工组织治理结构实行董事会中心主义,但董事会治理的基本依据则是全体成员必须共同遵守的章程。事实上,章程对于任何一个自治团体而言都是"在法律规定范围内对其成员有约束力的内部规范。除确定的社团宗旨和名称外,章程尤其还有规定社团内部形成决议和对外以社团名义进行活动的规范"。[5] 加拿大法律规定任何义工组织均必须制定其章程,缺乏符合法律规定的章程,不得注册登记,同时,确认章程可以记载法律允许记载的内容,任何违反章程规定的行为均为严重的违法行为。

加拿大义工组织的组织结构由权力机关(会员大会)、执行管理机关(董事会)和监督机关(监事会)构成,由此形成以董事会为中心的治理结构。加拿大法律明确规定所有的法人型义工组织均须设董事会,董事的人选、数量为义工组织申请注册登记的法定条件。董事会的基本职责是设计义工组织的使命、制定义工组织政策,领导、监督、激励义工组织开展

---

[1] 关于加拿大义工组织治理结构,可参见宗慧敏:《加拿大志愿组织的内部智力问题探究》,载《黑龙江省政法管理干部学院学报》2013 年第 6 期。

[2] 加拿大的法人型公司制义工组织的组织形式具体可细分为慈善法人和非营利法人,前者在公司成立后向慈善主管机关申请核准为慈善机构,后者没有申请核准为慈善机构,除在捐赠人能否享受税前扣除的税收优惠方面有所差别外,其他完全一致,故以法人型公司统括;非法人型共同体也有称为非法人型社团,并非一种严格的法律上的组织体,更多地表现为义工的自由结合;信托型义工组织虽然并不是严格的法人组织,但在法律上被视为法人,具有独立的法律地位。

[3] See *Creating a non-profit legal person*, Translation of the Guide (July 6, 2013), http://www.registreentreprises.gouv.qc.ca/documents/guides/le-50.c5.01.6-v(2007-04).pdf.

[4] [加]陈国樑:《从质量提升视角看慈善组织的生存和发展》,载民政部法制办公室编:《中国慈善立法国际研讨会论文集》,中国社会出版社 2007 年版,第 215 页。

[5] [德]卡尔·拉伦茨:《德国民法通论》(上册),王晓晔、邵建东等译,法律出版社 2001 年版,第 16 页。

义工服务。董事会由义工(会员)大会选举产生的董事构成,董事人数一般为5人至15人,明显高于一般的商事公司,其目的在于最大限度让义工参与组织管理。董事在法律上应当承担谨慎、勤勉义务,维护义工组织的良好声誉,忠实于义工组织的利益。《加拿大公司法》确认的董事具体义务包括:(1)董事应审慎运用其技能,以最大限度增加义工组织利益;(2)为防止董事损害义工组织利益,严格禁止董事以牺牲义工组织利益为代价进行谋私活动;(3)董事与义工组织的交易受到严格限制,一般不允许董事与义工组织进行交易活动;[1](4)董事不得与第三方进行任何使义工组织失去获得某特定财产机会的交易。

《加拿大义务工作法》[2]对义工组织治理结构的不同角色定位予以了细致的描述:董事会及其成员对义工组织必须创造、领导和确保一个有利于义工参与的文化和环境,围绕章程确立的使命、目标和慈善目的,制定各种能够达成组织核心功能和资源的战略计划和运营政策;执行董事、经理或其他义工组织领导人必须根据组织的使命,贯彻实施董事会制定的政策和发展战略,有效管理义工活动,落实董事会区分治理的政策。因此,"加拿大义工组织治理结构的核心是确保董事会在治理中的中心地位",[3]这在客观上要求章程在规定组织的根本目标和使命的同时,必须确保董事会能够有效地领导组织运行,并约束董事会在运用过程中不得以任何方式偏离组织目标和慈善目的。不过,加拿大义工组织治理实践正在经历着一场观念的嬗变,这种观念的嬗变主要表现为:一是董事会越来越重视从"运作"到"治理"的观念和行动进行转变,"董事会治理的基

---

[1] 董事不得与公司从事交易活动,这是世界各国公司法普遍性的要求,并非加拿大公司法特例,但加拿大公司法规定在特殊情况下,董事也可以与公司进行交易,唯该项交易涉及利益必须公开、透明,且相关董事不参与讨论,更不得参与表决。

[2] 2001年12月,加拿大政府以"国际义工年"为契机,颁布《义务工作法》内容包括背景、义工参与守则、义工参与守则的遵守、术语汇编、附加资源5部分。《义务工作法》并非常规意义上的法律,而是诠释义工精神的一部宣言、一份指导义工服务方法的说明,对加拿大义工组织发展有重大的影响。

[3] [加]李济富:《不以营利为目的的治理》,载民政部法制办公室编:《中国慈善立法国际研讨会论文集》,中国社会出版社2007年版,第268~269页。

础是信托责任，董事会成员作为义工组织各方利益的代表，必须履行服从本组织最高利益、避免利益冲突和严守机密信息的基本义务”，[1]因此，在确认董事会中心地位的同时，必须从根本上解决组织决策的准确性，防止领导人的擅权专断；二是董事会社会责任的强化，董事会在义工组织设立、注册或运作过程中必须遵守法律，在为组织谋取税收优惠时必须遵守税收法律，在组织雇佣员工[2]或招募、运用义工时必须遵守雇佣法律和人力资源管理法律，为义工提供组织能够提供的满足法律规定的卫生及安全条件的工作场所、在组织资金运作过程中遵守财务管理法律。[3] 强化董事会的社会责任意味着董事将负有更多的法律义务和责任，“当违反某一法律时，会处以罚款、限制权力或者被监禁；当违反一个具有法律约束力的合同时，必须通过某种行为纠正合同或者给予经济补偿；无论是有意还是无意的行为造成伤害或损害他人时，以经济补偿的方式予以补救”。[4]

（四）德国：以章程为核心的治理结构[5]

德国法以民主、自治精神确立义工组织的权责配置和运行机制，其对义工组织的治理要求既不如营利性社团严格，也较其他非营利社团更为宽松。由此，德国义工组织治理结构基本由章程加以确立，凡章程有规定的事项，均可不适用《德国民法典》诸如董事会任命、决议、业务执行以及社员大会决议程序等规定。德国义工组织治理结构由社员大会和董事会构成，在某些特殊情况下，也可设特别代理人执行其一般事务，义工组织

---

〔1〕［加］陈国樑：《从质量提升视角看慈善组织的生存和发展》，载民政部法制办公室编：《中国慈善立法国际研讨会论文集》，中国社会出版社 2007 年版，第 215 页。

〔2〕加拿大义工组织作为加拿大社会与政府部门、私人部门并列的第三部门，可以雇佣授薪员工，因此，它与其他非营利组织一起，为加拿大提供了巨大的就业机会。纵观各国义工组织的发展，义工组织雇佣员工的做法并不陌生。一方面义工组织雇佣员工有利于推动义工服务规范化、常规化发展，另一方面也避免了义工组织与有工作需求的人争“饭碗”的尴尬。

〔3〕参见［加］陈国樑：《从质量提升视角看慈善组织的生存和发展》，载民政部法制办公室编：《中国慈善立法国际研讨会论文集》，中国社会出版社 2007 年版，第 215～216 页。

〔4〕*Directors' Liability: A Discussion Paper on Legal Liability, Risk Management and the Role Of Directors in Non-Profit Organizations*, From http://volunteer.ca/download/file/fid/105.

〔5〕关于德国义工组织治理结构，参见陈婉玲：《义工组织法人制度研究》，北京大学出版社 2014 年版，第 203～208 页。

社员(义工)大会为权力机构,董事会由社员大会任命与撤销。民主、自治是德国义工组织治理结构的精髓。

1. 德国义工组织董事会的职权与责任

《德国民法典》第 26 条规定:“社团必须设置董事会”,故董事会为义工组织必设机关。由于章程居于治理的核心地位,不仅董事会代表权限取决于章程规定,董事会代表行为是否超越代表权范围,也应当根据章程规定具体确定。章程是判断义工组织董事会代表权大小以及具体代表行为是否合法的唯一依据。因此,《德国民法典》把章程作为社团最重要的法律文件,其章程副本必须置于登记机关备查,社团章程以及对章程的每一次变更均必须在规定的报纸上公告,以章程限制董事会代表权对外可以对抗任何第三人。[1]

德国义工组织董事会依法具有业务执行权,有权决定义工组织章程规定的各种事务,具体负责义工组织运行和义工服务活动的开展。关于义工组织董事会业务执行权,准用《德国民法典》第 662 ~ 670 条有关委托的规定,义工组织董事会(包括其任何一名董事)接受社员大会任命,亦即接受了社员大会关于业务执行的委托,由此负有无偿处理义工组织业务活动的义务。董事会的业务执行权原则上不得转托他人,即使董事会转托业务执行权的请求获得社员大会同意,也应对其具有过失的行为负责,对其转托的人,董事会也应在法律规定范围内承担相应的责任。[2] 德国义工组织对董事会的任命必须采用证书形式,证书必须由至少 7 名社员签字证明。董事会以决议方式确定义工组织的业务执行,并以多数同意作出决议。德国法要求其义工组织对董事会所为的业务执行活动负责,董事会或董事

〔1〕 义工组织章程由有管辖权的初级法院注册登记后即在规定的报纸上公告,由此可以产生对抗任何第三人的效力,但章程变更时,对变更公告所产生的对抗效力与章程的原始公告有所不同,变更的内容已经登记且第三人明知有关事项已变更时,章程变更的内容可以对抗第三人,但如虽已为变更登记且第三人不具有过失时,则对第三人不产生对抗效力。

〔2〕 德国法中,社团的业务执行权原则上必须由董事会亲自行使,但必要时征得社员大会同意,也可以转托于第三人。受转托的第三人称为助手,董事会对于其助手所犯的过失“应与自己的过失负同一范围的责任”。参见《德国民法典》第 278 条之相关规定。

会成员所为的业务执行只要属于其职权范围，基于其行为所发生的一切权利和义务均由义工组织享有或承担。董事会及其成员在权限范围内的业务执行行为致使第三人受到损害的，义工组织应承担赔偿责任。

德国法要求义工组织董事会对其业务执行活动必须勤勉、谨慎，忠实于社团的利益。为保证组织目的和组织使命的实现，董事会在章程规定的权限内执行业务，并可根据实际情况裁量处理，如果发生偏离义工组织章程或社员大会授权范围的事项，董事会只要基于即使组织知悉情况也会允许偏离其指示的判断，就有权偏离指示。[1] 但董事会作出具体的偏离指示前应当通知组织，并在拖延不致引起危险的情况下，等待社员大会的决定。董事会违法实施业务执行行为致使义工组织遭受损害时，应当对义工组织承担赔偿责任。

2. 社员大会的职权与决议

社员大会也称“社团成员大会”，依《德国民法典》的规定，社员大会有权以决议方式决定“董事会或者社团其他机构处理范围之外的所有社团事务”，[2]德国义工组织在实践中多以章程确立社员大会的最高权力机构地位，且德国法也承认章程这种逾越法律行为的效力。社员大会拥有的基本职权包括：(1)任命董事会，对董事会及其成员的任命作出决议，在发生董事会违反义务特别严重或者缺乏通常的业务执行能力等重大事由时，可以以决议方式随时撤销董事会的任命；(2)变更组织章程或者目的；[3](3)解散义工组织；(4)其他不属于董事会或者社团其他机构职责

---

[1] 《德国民法典》有关偏离指示的规定集中于社团、财团的机关和受托人。无论社团、财团的执行机关还是受托人，在法律上均必须在章程和法律设定的权限范围内执行其事务，任何超越章程或法律规定权限范围的行为均属于偏离指示。对于偏离指示的法律效果，德国持较为宽松的态度，允许基于实际情况自由判断并灵活作出处置措施。但这种处置措施作出的前提条件是：(1)发生了突发情况；(2)不立即处置会引起危险，否则，应等待有权机关或委托人的决定。

[2] 参见《德国民法典》第32条之规定。

[3] 德国义工组织章程制定只要具备7个以上自然人或法人对章程内容协商一致，参加章程制定的成员必须在章程上签字并申报登记，《德国民法典》并没有要求其召开社员大会决议通过的规定。在解释上义工组织草创之初，凡发起成立义工组织的成员均须参与章程的制定和决议，且该项决议应以一致同意为前提条件。义工组织对章程的决议必须制作会议记录并由公证人公证，否则，负责社团登记的初级法院有权拒绝其登记申报。

范围内的事务。[1] 德国义工组织的社员大会由全体义工组成，凡接受义工组织章程、愿意承担义工组织分派的义工服务任务的人均可以以参加或加入的方式取得社员资格，“社员资格不得转让或继承，基于社员资格所产生的权利不得委托他人行使”，[2]义工组织的任何一个社员有权退出社团，义工组织可以在章程中约定社员退出的方式和退出的时间。社员大会的召集程序、方式和召集时间由义工组织章程规定。

3. 特别代理人的设置

德国义工组织作为登记社团，有权以章程规定的方式任命特别代理人，[3]特别代理人的地位在法律上并无明确的规定，在解释中类似于公司的经理人。特别代理人的职权应由章程明确规定，在章程授权范围内处理义工组织的事务。特别代理人应当忠实于义工组织，勤勉、谨慎、妥当地处理章程所授权的事务，义工组织对其在职权范围内处理事务所造成的对第三人利益的损害承担赔偿责任。

（五）日本：权力分立型治理结构

日本义工组织依法取得特定非营利活动法人资格，其由会员大会、理事和监事会构成。《日本特定非营利活动促进法》没有强行要求义工组织必须组织理事会，理事作为义工组织负责人，负责具体的运营和管理工作，“在一切事务上代表特定非营利活动法人”，因此，日本义工组织理事原则上可以为一切业务活动，且所有的理事均有对外代表义工组织从事业务活动的权力。但义工组织“章程可以限制理事的代表权”，[4]以防止

---

〔1〕《德国民法典》基于私法自治和结社自由的宪法精神，极其重视义工组织章程在社团法人治理中的地位，董事会任命、业务执行、董事会决议方式、社员大会决议事项、范围以及章程变更决议方式、社员资格限制等均允许义工组织以任意条款的方式在章程中规定，凡章程对前述各事项有规定的，则按章程规定办理。

〔2〕参见《德国民法典》第38条之规定。

〔3〕特别代理人的权限、职责以及地位取决于章程的规定。义工组织以章程规定的方式，既可授权特别代理人行使董事会某些业务执行的权力，也可授权特别代理人处理组织的一般事务，还可以授权特别代理人行使对董事会的监察、督导的权力。故特别代理人的设置是一个相当灵活、特殊的制度设计，具体是否设置特别代理人，完全取决于义工组织独立的意志。

〔4〕参见《日本特定非营利活动促进法》第16条。

理事各自执行业务可能发生的牵制和干扰。《日本特定非营利活动促进法》要求“特定非营利组织法人应当设置理事 3 人以上”,[1]其第 17 条同时规定:“特定非营利活动法人的事务,由理事过半数决定”。可见,除章程另有规定外,理事会仍为义工组织的集体领导机关,应当以会议方式讨论决定各种运营事务。

日本义工组织设 1 人以上监事,主要职能是监督理事的业务执行情况,监督特定非营利活动法人的财产状况,在特殊情况下也可充任义工组织负责人。监事履职时如若“发现理事有业务活动、财产的不当行为或者违反法律、法令或者章程等重要情况”时,应当向会员大会或者政府主管机关报告,在必要时,有权召集会员大会,纠正理事执行业务或财产处分行为。[2] 因此,日本义工组织的监事是保障义工组织运营及业务执行的监督机构,不得同时担任理事或者义工组织的其他工作人员。

日本义工组织的会员大会在性质上应为义工组织的权力机构。一方面,义工组织由义工群体结社设立,会员作为义工本身,具有共同的价值取向和无偿奉献精神,应当有权力决定本组织一切重大事项;另一方面,虽然义工组织运营由理事或理事会负责,其业务活动和财务状况由监事或监事会监督,但不足以制约和平衡理事或理事会的权力,需要由会员大会对理事或理事会、监事或监事会各自的业务执行、财产使用的状况实施监督和控制。义工组织会员大会的基本职权包括修改章程,《日本特定非营利活动促进法》第 25 条规定“对章程的修改应当根据章程规定由会员大会作出决议”,以决议方式决定组织解散或合并等重大事项,《日本特定非营利活动促进法》把会员大会决议解散列为最重要的解散事由,且无须报请政府主管机关批准直接清算等。

(六)新加坡:董事会监管治理结构

新加坡义工组织以公司制为组织形态,参照公司治理结构框架,其治

---

[1] 参见《日本特定非营利活动促进法》第 15 条。

[2] 参见《日本特定非营利活动促进法》第 18 条。

理结构一般由股东会、董事会和执行董事或高级执行官[1]组成。成员大会是新加坡义工组织的权力机构,[2]其以决议形式行使法律或章程规定的权力;董事会被视为受托人,对公司负有忠实、勤勉的信托义务;执行董事或高级执行官为公司管理者或代理人,不得利用其地位所获得的信息,以间接或直接的方式为自己或他人谋取利益,或者损害公司的利益。与公司治理有所不同的是,义工组织为慈善组织,其治理的内驱力源自于精神利益,"不进行盈余和剩余利润的分配,也缺乏类似于股东的受经济利益驱动的监督群体,即使是带薪的管理人员,其薪酬也受合理标准的限制",[3]这种根本性差异决定了义工组织治理结构更加关注权力约束和制衡。《新加坡慈善团体与公益机构监管准则》规定董事会为义工组织的监督机构,执行董事或高级执行官负责业务开展和运营,对义工组织具有行政控制权。[4]

董事会是新加坡义工组织的监督机构,执行董事和职员主要负责慈善组织的日常运营。董事会的成员可能同时兼任受托人。董事会设主席、副主席、名誉秘书、名誉财务等职位。董事会主席主要职责包括:(1)确保董事会在监管与支援组织时的行动效率,同时监督董事会的事务;(2)通过与执行主管的伙伴关系来完成组织的使命;(3)领导董事会实现组织设定的目标;(4)主持并召集董事会会议;(5)监控财务策划和财务报表;(6)主导筹款活动;(7)对组织活动实施常年评估和监控,督促执行管理人员的业务执行。[5] 副主席主要职责是辅助主席开展工作;名

---

[1] 从《新加坡公司法》规定来看,高级执行官既可以是董事,也可能是公司聘用的高级管理人员,通常情况下,董事可以行使法律规定应由股东会行使的职权以外的其他所有的公司管理权。

[2] 《新加坡公司法》使用"成员"或"股东"的概念,"成员"对公司承担有限责任,公司具有独立于其成员之外的身份,在公司解散时,其成员对公司的责任是有限的,因此,新加坡公司法上的"成员"与"股东"应当具有相同的法律属性,并非一般意义上的社员大会。

[3] 李芳:《慈善性公益法人研究》,法律出版社 2008 年版,第 147 页。

[4] See COC: *Code of Governance for Charities and Institutions of a Public Character*, Singapore: The Commissioner of Charities.

[5] 新加坡义工组织董事会及主席职责在法律上有细致的规范,参见陈婉玲:《义工组织法人制度研究》,北京大学出版社 2014 年版,第 284 页。

誉秘书主要负责确保有关董事会事务的记录完整保存，并有效管理组织内部重要文件的保存系统等相关工作；名誉财务负责协调处理董事会对财政事务所进行的检讨，以及针对董事会的财务募集职责采取的行动，有时必须直接与簿记人员或相关职员一起拟订及实施财务的程序与系统，负责财务审计。

同时，新加坡义工组织的董事会也承担了一定的管理职能，如筹款、制定活动计划等。董事会的角色重叠有可能导致出现董事会成员利用受信人的地位获取个人利益的情况。尤其新加坡实施义工组织慈善化、慈善组织商业化的运作模式，利益冲突成为困扰新加坡义工组织发展的最大问题。自2005年，新加坡发生“国家肾脏基金会奢靡丑闻”[1]以来，公益慈善领域各种滥用公款、利益输送等利益冲突问题凸显，新加坡慈善理事会于2011年修订实施的《慈善团体和公益机构监管准则》，建立了处理慈善利益冲突的一般原则。该等原则涉及：(1)董事会成员和职员应该以慈善团体的最佳利益为根本行为原则，组织的任何决定、决策以及管理措施均应优先考虑慈善团体的最佳利益；(2)建立公开、透明、合理的管理制度原则，董事会应制定处理利益冲突的政策和程序；(3)建立回避制度，有实际或潜在利益冲突的董事会成员或职员应该在第一时间向董事会呈报可能存在的利益冲突，不得参与可能存在利益冲突问题的决策；不管何种级别的慈善组织，董事会成员或职员都不应该参与决定自己的薪酬。

(七)我国义工组织治理结构的构建

义工组织治理结构的域外实践展示了一些共同的经验：(1)均以自治、效率、制衡为基本价值和判断标准，尊重义工组织自治、赋予章程社会团体“根本法”地位是现代国家惯常做法，只要章程不违反法律、国家安全和社会秩序，不违反目的性限制条件，国家则认可章程对义工组织的至高

---

[1] 新加坡国家肾脏基金会长期致力于为肾病患者提供肾病透析治疗。2005年7月基金会主席杜赖及董事会全体成员因享受与正常收入不符的奢华生活以及基金使用缺乏透明引起公愤集体辞职。《新加坡头号慈善机构腐败丑闻曝光》，载新浪网，http://news.sina.com.cn/w/2005-07-15/16006445854s.shtml，最后访问日期：2015年4月20日。

效力和绝对效力。由此章程必须置于权威机关如登记机关、法院存放备查，对章程修改也设有严格程序并需经主管机关审查，否则不发生效力。(2)公司治理结构被普遍引入义工组织治理，英美法系国家义工组织可依法直接采用公司法人形态，直接适用公司法，大陆法系国家或以非营利社团法人或以特设新的法人为义工组织形态，但其治理结构仍未摆脱权力分立和制衡的公司治理模式，引入公司治理结构完善义工组织治理是一种有效的途径。(3)义工组织治理结构在不同国家有着不同的制度安排，或采会员大会或成员大会中心主义，或董事会或理事会中心主义。而在权力分立与制衡关系中，或以权力分立把义工组织机构划分为会员大会、理事会和监事会，各司其职；或以董事会(理事会)中心主义为指导，赋予其决策、执行权，抑或以董事会、理事会为义工组织监督结构。

我国《民法典》第 91 条规定："设立社会团体法人应当依法制定法人章程。社会团体法人应当设会员大会或者会员代表大会等权力机构。社会团体法人应当设理事会等执行机构。理事长或者会长等负责人按照法人章程的规定担任法定代表人"；《慈善法》第 12 条第 1 款规定："慈善组织应当根据法律法规以及章程的规定，建立健全内部治理结构，明确决策、执行、监督等方面的职责权限，开展慈善活动"，从上述《民法典》和《慈善法》的规定看，我国义工组织宜构建以章程为基础，以权力分立和制衡为中心的治理结构。

1. 确立章程在治理结构中的基础地位

我国义工组织取得慈善组织性质必须以社会团体登记成立为前置条件，故义工组织依法取得社会团体法人资格时，其章程内容首先应符合《社会团体登记管理条例》第 14 条的规定，即章程必须记载名称、住所；宗旨、业务范围和活动地域；会员资格及其权利、义务；民主的组织管理制度、执行机构的产生程序；负责人的条件和产生、罢免的程序；资产管理和使用的原则；章程的修改程序、终止程序和终止后资产处理以及应当由章程规定的其他事项。《慈善法》第 11 条规定与上述规定内容略有不同，增加"组织形式""财产来源及构成""内部监督机制""项目管理制度"，其他内容大致相同。现行法对义工组织章程基础性法律文件的地位没有确认，对章程修改程序也没有特别要求，这在一定程度上会削弱义工组织自治的能力，因此，应当依法明确规定章程的法律效力，明确义工组织活动在法律没有规定的情况下适用章程的规定。同时，法律也应进一步明确章程的目的性宗旨和禁止分配的描述，突出义工组织公益、慈善的组织属性。

2. 以章程明确组织的治理结构

根据《民法典》的要求，首先，义工组织应当成立由全体义工组成的会员大会，义工人数较多时也可成立会员代表大会，由会员大会或会员代表大会为义工组织的权力机关。现行法对义工组织权力机构职权并没有明确的规定，也未明确授权义工组织得以章程明确各组织机构的职责和权限。会员大会或会员代表大会既然为义工组织权力机构，应当有权决议章程变更、理事及监事任免、监督理事会及监事会职务的执行，以及有正当理由时开除义工的会员资格等基本权力，理事会、监事会分别由会员大会或会员代表大会依照章程规定的程序和方法选举产生的理事、监事组成。值得指出的是，把章程修改、变更纳入会员大会权限并授权义工组织以章程构建治理结构，既是义工组织民主、自治、合作价值理念的必然要求，也有利于弘扬社会团体法人的人合本质和义工的参与精神。其次，理事会为义工组织的执行机构，具体负责义工服务计划的制定、执行、考核与评估工作，直接领导义工组织提供服务活动。理事、理事长作为义工组织高级管理人员，应当适用《慈善法》的资格限制条件，“无民事行为能力或限制行为能力人、因故意犯罪被判处刑罚自刑罚执行完毕之日起未逾五年的人、在被吊销登记证书或者被取缔组织担任负责人自该组织被吊销登记证书或者被取缔之日未逾五年的人等，不具有被选举的候选人资格”。[1] 最后，《慈善法》第12条第1款规定：“慈善组织应当根据法律法规以及章程的规定，建立健全内部治理结构，明确决策、执行、监督等方面

---

〔1〕 参见《慈善法》第16条。

的职责权限,开展慈善活动”,[1] 因此,义工组织内部治理结构应当包含权力分配与制衡要求,监督权与决策权、执行权同等重要,设立监事或监事会应为建立健全义工组织内部治理结构的应有之义。章程应明确监事由会员大会或会员代表大会选举产生,全体监事组成监事会,负责集体或单独行使监督权。

四、义工组织的权利义务

目前,我国正在推进社会团体登记管理改革,义工组织的设立监管即将被过程监管替代,这使得义工组织及其发起人设立中的相当多的义务将获得免除,义工组织只要满足社会团体法人的设立要件,即可依法取得社会团体法人资格,无须经过业务主管机关审查,这样,“因无法找到挂靠和管理的业务主管机关而处于灰色地带的状况也将得到根本性扭转”。[2] 义工组织作为一种独立的社会团体法人,可以以自己的名义独立地享有权利、承担义务,但是,简化注册登记并不意味着义工组织由此获得了良好的发展秩序,要使义工组织健康有序地发展,必须依法建立以义工组织权利义务为核心的发展机制。义工组织参与社会服务涉及多方主体,其与政府、义工、捐赠人、服务对象之间形成的法律关系具有层次性和多元性,既可能是外部性权利义务关系,也可能构成组织内部关系,这在一定程度决定了义工组织权利义务结构的复杂性。我国《慈善法》和《志愿服务条例》对义工组织及其利害关系人的权利义务作出了较为详细的规定。

首先,义工组织有权要求政府依法给予奖励、支持和保护。义工组织提供慈善服务具有公共性质,既不谋求团体自身利益,也不谋求义工群体的利益,义工组织向不特定的服务对象提供的服务构成国家公共服务的一部分,这在客观上决定了义工组织有权享有国家对公共服务提供者的

---

〔1〕 参见《慈善法》第 12 条。

〔2〕 汤璐、陈婉玲:《政府职能担当与义工组织规范化发展》,载《重庆社会科学》2012 年第 9 期。

政策支持和激励。义工组织提供服务可有效降低国家公共服务成本、节约政府财政开支，政府作为公共服务的承担者和责任人，也是义工服务的直接受益者，有责任或以精神激励，或以物质奖励，采取各种措施如财政补贴、税收减免、项目扶持，对义工组织的发展予以支持和保护。

其次，义工组织有权接受社会捐赠、捐助。义工组织作为非营利性的公益慈善组织，各国法律均明令禁止其从事以营利为目的的经营性活动。然而，义工组织要维持其正常提供服务的能力，必然需要一定的资金支持，以补充消耗的成本。从发达国家实践看，义工组织获取资金的渠道无外乎五种：(1)政府资金支持；(2)承接政府项目获得财政补贴；(3)接受社会捐赠、捐助；(4)提供经营性服务适当收取费用；(5)举办社会企业。义工组织具体以哪种方法取得资金在不同国家也有差异，如美国义工组织多以政府服务计划获得政府资金支持；德国义工组织因提供服务而接受政府财政补贴；英国义工组织有近一半的资金是举办社会企业获得的经营性商业收入，剩余的资金则是从社会获得的捐赠、捐助。我国《慈善法》第 38 ~ 40 条对慈善组织接受捐赠行为进行了规范。

最后，义工组织有权对义工参与社会服务实施指导、监督和管理。义工组织通过义工的具体活动向特定的群体和对象无偿提供服务，义工素质、服务质量以及服务水平直接关系着义工组织的形象与社会评价。义工组织有权对加入或参加的义工进行岗位培训、指导，对义工受委派提供的服务质量进行必要的监督和管理。义工组织对义工劳动、服务实施培训与指导，既是其权利，也是其义务；义工组织对义工劳动、服务进行管理和监督，则是其作为独立的社会团体法人自我管理、自我约束的应有之义。

义工组织依法承担的义务应当包括一般义务与特殊义务。从现行法律看，社会组织必须遵守宪法、法律、法规和国家政策，不得危害国家的统一、安全和民族的团结，不得损害国家利益、社会公共利益以及其他组织和公民的合法权益，不得违背社会道德风尚等，这些构成了义工组织的一般法律义务。社会组织主要基于结社权创立，而结社自由作为一项基本的政治权利，在历史上曾被用以对抗社会、对抗国家，由此曾被认为是“政府权力或现有社会秩序的潜在威胁”。[1] 因此，各国法律大多以禁止性条款对社会组织课以相应的政治义务，如《德国基本法》规定“如果结社的目的或行动违反了刑法、抵抗宪法秩序或国际协定，那么应当被禁止”；[2]《新加坡社团法》授权登记官对“可能被使用于非法目的或者被使用于有悖于新加坡的社会安宁、福利或者良好秩序的目的或者其登记违反国家利益”的社团申请予以拒绝。[3] 我国《社会团体登记管理条例》《慈善法》和《志愿服务条例》也对慈善组织的一般法律义务作了明确规定。

基于义工组织性质与任务的特殊性，其特殊义务包括：(1)依法遵守目的性限制义务。义工组织为公益慈善组织，其存在的价值在于致力于公共利益的增进，故义工组织必须以章程明确其公益目的和业务范围，并确保其章程规定的目的和业务范围符合法律规定的公益范围。各国法律对公益目的和公益范围规定虽不完全相同，但大同小异。我国《慈善法》确定的公益活动包括扶贫、济困、扶老、救孤、恤病、助残、优抚以及救助自然灾害、事故灾难和公共卫生突发事件造成的损害[4]等，超越第3条规定的公益范围将不得认定为慈善活动。因此，遵守章程规定的公益目的和目的性限制构成义工组织的基本义务。除此之外，义工组织的目的性限制义务还包括不得从事营利性经营活动(《社会团体登记管理条例》第4条第2款)；不得向出资人、设立人或者会员分配所得利润、财物(《民法总则》第87条)；不得以志愿服务名义进行营利性活动(《志愿服务条例》第25条)等。上述各法律、法规的规定均为目的性限制条件，同样构成义工组织应当遵守的目的性限制义务。(2)义工组织依法必须承担义工培训、教育以及提高义工服务技能的义务。义工组织提供服务的质量依赖于义

[1] 何勤华、魏琼主编：《西方民法史》，北京大学出版社2006年版，第288页。
[2] 参见《德意志联邦共和国基本法》第2条、第3条。
[3] 参见陈婉玲：《义工组织法人制度研究》，北京大学出版社2014年版，第272页。
[4] 参见《慈善法》第3条。

工提供服务的能力，义工无偿向社会奉献自己的时间、经验、技能、技巧和体力，并不意味着义工提供服务无任何条件要求。我国《志愿服务条例》第 17 条第 1 款规定："志愿服务组织应当为志愿者参与志愿服务活动提供必要条件，解决志愿者在志愿服务过程中遇到的困难，维护志愿者的合法权益"，由此，义工组织必须为义工提供服务、履行岗位职责提供必要的岗位培训、教育，对服务岗位、服务对象及可能遇到的风险履行真实、准确、完整的信息告知义务，若义工履职岗位需要一定的专门技能，义工组织应当对义工开展相关培训。[1] 义工组织安排义工参与可能发生人身危险的志愿服务活动前，应当为志愿者购买相应的人身意外伤害保险。

从现行法规定来看，义工组织在从事义工服务时还承担以下各项具体义务：(1) 保密义务，未经义工或服务对象同意，不得泄露义工和服务对象涉及人尊严的隐私；(2) 告知义务，对义工服务岗位可能存在的风险必须如实告知，并采取相应的措施；(3) 不得向服务对象收取或变相收取任何费用；(4) 档案信息录入和保管义务；(5) 如实出具义工服务证明的义务；(6) 依法承担损害赔偿的义务。这些具体义务在以后各章有所涉及，此处不再赘述。

义工组织负责人在行使职责中负有特别义务。义工组织负责人是指依法具有决策、领导和监督义工组织运行职权的人，通常包括会长、副会长、秘书长、理事、理事长、监事、监事长等，他们有权参与义工服务计划的制定、执行及其效果评估，依法行使义工组织决策权、执行权和监督权。义工组织负责人的职权分配、产生程序、议事规则在世界各国立法例中，多以章程决之，故各国法均未明确规定义工组织负责人的职权范围。从实践看，现代各国义工服务立法多引入公司治理理论，强化义工组织负责人的社会责任，对义工组织负责人课以谨慎、勤勉义务：(1) 负责人应审慎运用其技能，以最大限度增加义工组织利益，提升义工服务质量和社会信

---

[1] 《志愿服务条例》第 16 条第 1 款规定："志愿服务组织安排志愿者参与的志愿服务活动需要专门知识、技能的，应当对志愿者开展相关培训。"

任度;(2)为防止负责人损害义工组织利益,严格禁止负责人以牺牲义工组织利益为代价谋取个人私利或其他组织利益;(3)义工组织负责人与义工组织的交易受到严格限制,严格禁止负责人代表义工组织与自己经营的企业进行交易活动;(4)义工组织负责人不得与第三方进行任何可能危害义工组织声誉和利益的交易。

任何一个国家法律都非常重视对义工人力资源的保护,这种保护通常以人的尊严保护为基础,承认和认同义工的无私奉献精神,充分肯定义工服务对民生福祉的提升价值,并以立法方法明确国家对义工服务引导、扶持、激励和辅导政策,赋予义工相应的权利和特别的保护措施。如《西班牙志愿服务法》设"义工"专篇对义工的权利义务进行明确规定,其第6条确认义工依法享有下列8项权利:(1)接受入门或常态性信息、训练、引导、支持,以及必要的有形工具来行使指派之职务;(2)一视同仁,尊重其自由、尊严、隐私及信仰;(3)积极参与入会组织的活动,并依照其适用章程或规范,协助计划之拟订、设计、执行与评估;(4)享有因从事志愿工作直接造成的意外及疾病的平安保险;(5)履行工作时支出的费用可以核实报销;(6)拥有证明其义工身份的识别证件;(7)根据工作的性质与特点,在适当的安全与卫生条件下从事活动;(8)因其贡献的社会价值,获得尊重与肯定。[1] 当然,义工在义工服务过程中,也依法承担相应的法律义务。我国《志愿服务条例》对义工权利没有采用列举方式,也就更无从谈论以志愿服务主体角度专章规定"义工"权利义务问题,这是立法理念和宗旨上的重大缺陷。因此,我们在此根据《志愿服务条例》关于"志愿服务活动"的相关规定,结合其他国家或地区相关的立法,讨论义工的一般权利类型。

1. 接受岗位教育培训的权利

义工秉诚心以知识、专业、技能、经验等贡献于社会,相较于其本职工

---

〔1〕 参见《西班牙志愿服务法》第6条。《西班牙志愿服务法》于1996年1月15日施行,内容分总则、义工、义工与入会组织关系、促进志愿服务慈善4编16条,为国际上最早的义工服务专门法。

作,毕竟未接受过系统的职业训练,且义工服务具有多样性,必须满足不同的、多元的、多层次的需求。对义工实施必要的岗位教育训练,既是为了使义工更好地开展志愿服务,也是对服务对象的关心与爱护。《志愿服务条例》第16条规定:志愿者参与的志愿服务活动需要专门知识、技能的,应当对志愿者开展相关培训。[1] 就义工与义工组织对应关系而言,义工组织具有岗位培训的义务,也可视为义工享有接受岗位教育培训的权利,但《志愿服务条例》没有正面、明确确认义工的权利,难免会造成某种误解。事实上,接受岗位教育培训应当是义工依法享有的首要权利,例如,我国台湾地区"志愿服务法"不仅明确规定义工有接受教育训练的权利,而且确认义工服务主管机关、目的事业主管机关具有教育训练的职责,明确义工组织对义工的教育训练包括基础教育训练和特殊训练课程。

2. 基本人权受保护的权利

我国《志愿服务条例》第20条规定:"志愿服务组织、志愿服务对象应当尊重志愿者的人格尊严;未经志愿者本人同意,不得公开或者泄露其有关信息。"[2]但《志愿服务条例》并没有从权利角度对义工的基本人权加以保护。事实上,义工群体是一个特殊的社会群体,其向社会无私奉献仁爱之心,其基本人权理应受到社会的尊重和法律的保护。从条例规定看,凡涉及义工的自由、尊严和隐私及信仰的信息均应属"有关信息"的保护范畴,非经义工本人同意,不得公开和泄露。

3. 劳动安全权

义工在向社会无偿服务的过程中,其人身安全和健康应当获得社会的充分尊重和法律的应有保护。义工向服务对象提供服务,有可能受到自然或社会的风险的威胁,为义工提供必要的安全保障既是义工组织的责任,也是政府的职责。《志愿服务条例》第12条规定:义工组织在招聘义工时"应当说明与志愿服务有关的真实、准确、完整的信息以及在志愿

---

[1] 参见《志愿服务条例》第16条。

[2] 参见《志愿服务条例》第20条。

服务过程中可能发生的风险”，第14条规定：“志愿者、志愿服务组织、志愿服务对象可以根据需要签订协议，明确当事人的权利义务，约定志愿服务的内容、方式、时间、地点、工作条件和安全保障措施等”，这里的“安全保障措施”即劳动安全权范畴，从权利角度看，义工从事义工服务应当依法享有劳动安全权，正因如此，《志愿服务条例》第17条要求“志愿服务组织安排志愿者参与可能发生人身危险的志愿服务活动前，应当为志愿者购买相应的人身意外伤害保险”。通过这种权责配置确保义工的人身安全与健康免受志愿服务过程中可能发生的危险因素的侵害。

4. 劳动知情权

《志愿服务条例》第12条规定义工组织招募义工时，“应当说明与志愿服务有关的真实、准确、完整的信息以及在志愿服务过程中可能发生的风险”，其第13条也规定需要义工服务的组织和个人也必须依法提供与服务“有关的真实、准确、完整的信息，说明在志愿服务过程中可能发生的风险”，同时确认义工组织必须对信息进行核实。这些规定实际是对义工组织劳动知情权的保护，即义工从事志愿服务有权知道与自己劳动或服务相关的全部信息的权利。劳动知情权是义工权利的基础，只有及时、准确了解有关信息，才能更好地去行使其他的权利，才能有效保护自身利益和安全。从理论上看，义工劳动知情权应当包括：(1)知悉义工服务计划的权利；(2)知悉服务场所可能存在的影响其健康与安全的危险因素、危害后果以及应当采取的防护措施；(3)受服务者或者服务岗位的具体信息，包括但不限于其基本信息、特殊要求、服务时间和服务地点等。对于义工服务信息的真实性，《志愿服务条例》要求义工组织应当核实，但我国台湾地区“志愿服务法”却确认主管机关应当对需要义工服务的组织或个人提供的信息派专人督导落实，其中蕴含的政府对义工服务的态度可谓天壤之别。

义工在义工服务过程中的义务相对较为简单，主要包括：(1)遵守伦理守则的规定；(2)遵守使用义工服务单位制定的规章；(3)参与岗位教育、培训；(4)妥善使用义工服务证；(5)提供服务时尊重受服务者之权利;(6)对因服务而取得或获知的信息负有保守秘密的义务;(7)拒绝向受服务者收取报酬。基于义工服务的特殊性和义工的奉献精神,法律应更多地关注义工权利的保障,加强对义工服务提供的各种优惠措施与激励机制的制度供给,弘扬社会正气,促进良好社会风尚的形成。

第二章　义工组织社会信任培育

"信任"作为社会资本的重要范畴,其直接影响社会秩序与社会进步。转型时期,我国信任资源缺失问题日趋严重,慈善捐赠信任风波不断,对慈善公信力的质疑同样殃及以提供服务为慈善方式的义工组织。目前,我国民间义工组织存在能力不强、社会信任度有待优化等问题,与慈善捐赠不同,义工组织以向社会提供无偿的劳务救助为宗旨,其公益使命的实现依赖社会的需要,即"他们的作为必须对于特定或不特定对象有所助益,必须以参与者、受助者的积极认同为前提,其生存发展以社会合作与信任关系的建立为基础"。[1] 在创新社会治理的新时代背景下,义工组织发展空间广阔,积极加强自身规范化、专业化建设,提升组织能力,培育社会信任关系是义工组织健康发展首先必须面临的课题。

一、社会信任与义工组织生命力

"信任是社会关系的一个重要维度,是与社会结构和文化规范紧密相关的社会现象"。[2] 信任是社会关系持久维持的前提,其重要性"直接源

---

〔1〕 陈婉玲:《转型期中国义工组织社会信任脆弱性探析》,载《苏州大学学报》(哲学社会科学版)2015 年第 5 期。

〔2〕 郑也夫、彭泗清等:《中国社会中的信任》,中国城市出版社 2003 年版,第 4 页。

自于人作为社会动物的天性，人只有通过协同与合作的活动方式才能满足自己的绝大部分需求”。[1] 社会信任就是社会交往主体之间的相互信任，德国社会学家西美尔指出，信任是“社会中最重要的综合力量之一”，离开社会信任，“社会自身将变成一盘散沙”。[2] 现代社会是一个相互依赖与合作的社会，信任作为一种社会行为，有助于产生社会合作，推动公民社会健康和谐发展。[3]

(一)义工组织社会信任关系架构

义工组织是由公民自发组成的以从事一定社会公益服务事业为使命的社会共同体，这种社会共同体既非基于特定的地缘或血缘关系，也不以营利或其他个人利益为目的，更不是依靠某种外部力量推动或特殊需要设立的带有强迫性的组织，而是社会成员基于共同价值观或信仰自下而上自愿结成的民间公益组织，具有典型的“草根”属性。义工组织与民间社会公益力量存在天然的联系，能够动员不同阶层、不同地位、不同职业的群体最大限度地参与社会建设和社会服务，其常态化的公益服务机制能够满足多元化社会群体的不同需求，有利于社会的良性互动与繁荣发展，也有利于社会和谐稳定和减轻政府公共服务的压力。

但是，义工组织提供无偿服务的对象为“无合同关系、无亲属关系、无友情义务的个人或团体”，[4]其实现组织目标的前提是获得社会的承认与合作，即社会信任是义工组织产生、存续和发展的必要条件。虽然信任最初是一种单方面的期望和承诺，但它最终以直接或间接的交换关系的建立为结果。[5] 经济学家一般将信任看成是人们为了规避风险、减少交易成本的一种理性计算，即两个理性行动者之间的博弈与互动过程，并依

---

[1] Benn, S. I. and Peters, R. S. 1997, *Social Principles and the Democratic*, State, London: Allen & Unwin, p. 279.

[2] [德]西美尔：《货币哲学》(第1版)，陈戎女译，华夏出版社2002年版，第178～179页。

[3] 参见陈婉玲：《义工组织社会信任培育构想》，载《东南学术》2016年第5期。

[4] [美]马克·A.缪其克、约翰·威尔逊：《志愿者》，魏娜等译，中国人民大学出版社2013年版，第4页。

[5] 参见[波兰]彼得·什托姆普卡：《信任——一种社会学理论》，程胜利译，中华书局2005年版，第79页。

据行动者的主动与被动，把互动双方分为委托人和受托人。信任关系是委托人与受托人的互动关系，若受托人信守诺言，委托人则信任他并继续与其合作；若受托人靠不住，委托人将终止与其的互动。义工组织通往社会信任关系的道路有两条，一条是正式和非正式的社会交往，另一条是与政府的合作，政府和社会公众（义工服务的受助者、志愿者，或称为利益相关者）是义工组织信任关系的委托人，义工组织则是信任关系中的受托人。为获取信任赢得组织生命力，作为社会信任关系的受托人，义工组织应不辜负社会与公众对其寄予的信任——达到委托行动所表达的期望。[1]

在社会交往中，与通过契约和市场约束来实现营利目的的企业组织不同，义工组织只有赢得社会信任，才能获得组织基本要素并发挥社会功效。对于义工组织来说，受助者是其服务对象，志愿者则是其运行的人力基础，没有潜在的、现实的受助者、志愿者，义工组织就无法实现其社会公益目的，而受助者往往是社会上深陷困境、需要帮助的弱势群体，志愿者则是扎根于社会具有为集体分担责任的使命感和合作互助精神的有志之士。义工组织首先必须从社会或社区招募并运用义工获得社会资本，反过来为社会提供产品或服务，即社会或社区是义工组织社会资本的基础或源泉，也是其为社会提供服务的载体。信任是一种态度，它表现为对自然与社会的秩序性、对合作伙伴承担的义务和对某角色的技术能力的期待。[2] 美国马里兰大学帕克学院（College Park）政府与政策教授埃里克·尤斯拉纳在通过社会普查考察信任与志愿行动的相关度后认为，当“你在和不同与你的人表示善意时，更重要的是信任在起作用，而不是乐于助人的精神，更不是公平”。[3] 义工服务一方面能够有针对性地解决

---

〔1〕 Zand, D. E. 1972, *Trust and Managerial Problem Solving*, in: Administyative Science Quarterly, Vol(17). p. 230.

〔2〕 参见郑也夫:《信任论》，中国广播电视出版社 2006 年版，第 19 页。

〔3〕 [美]埃里克·尤斯拉纳:《信任的道德基础》，张敦敏译，中国社会科学出版社 2006 年版，第 85 页。

受助者的实际困难,弥补政府社会保障和救助机制的不足;另一方面,能够传递爱心,减少受助者的自卑感和疏离感,增强社会弱势群体对社会的信心和归属感,同时也传播文明,唤醒并激发公民互助互爱的品质。义工组织社会使命的完成有赖于社会信任关系的形成,因为“信任的在场,可以使交往关系成为相互理解、相互尊重的关系,并能生成共同行动的合作行为;信任的缺场,则会使交往关系成为相互猜忌的关系,并会在共同行动中增加行为成本”。[1]

政治权威的存在有助于社会信任的建立。政府是最具权威的组织,对信任关系有很大的决定权,政府对义工组织的现实接受程度直接影响其社会信任关系的建立。因此,政府的认同是义工组织获取社会信任的基础,义工组织要提高社会信任度必须正确处理与政府的关系,合理定位,争取政府的信任与支持。在分类控制体系中,政府根据各类社会组织的能力提供公共物品的种类持有不同态度,实施不同的管理方式,工会、协会、社区组织等都是特定利益集团的代表,这些功能性的团体具有很强的集体行动能力,潜在挑战性最强,政府一般按照“准政府组织”严格控制;而公益性的民间组织,对政治权威并没有显著的挑战性,相反,在公共物品的提供上能够为政府分忧解难,政府一般不会加以干预。义工组织以奉献爱心、提供无偿服务为宗旨,能够有效弥补市场机制和政府机制的内在缺陷,具有积极的社会效应。政府一般通过收集义工组织的信息决定它的可信度,其活动效果和自律能力是政府在考虑是否应当相信它时所必需要搜集的信息。为了获得政府的政策和制度支持,进而增强社会信任度,义工组织必须重视并处理好与政府的关系,既要防止沦为政府的“附庸”,更要积极与政府沟通,防止与政府产生不必要的对立,通过政府的信任和支持赢得民众的了解。

(二)信任文化与义工组织生命力

信任度高低直接影响到社会长期稳定和经济增长乃至社会经济效率,

---

[1] 张康之:《有关信任话题的几点新思考》,载《学术研究》2006 年第 1 期。

也直接影响到义工组织等社会公益组织的生命力。信任可以有效降低交往成本,信任是社会关系的胶合剂,“在有信任感的社会里生活是愉快的,而大多数人都不相信他人的国度争吵的气氛就极其浓厚。在不信任的气氛充斥的社会里,日常生活也能成一种为生存而进行的战斗。”〔1〕福山把不同的文化分为高信任度文化和低信任度文化。在高信任度的社会或文化中,自发性的社会交往发达,中间层的社团丰富而又多样化,它无须借助政府力量就可以由民间自动发展出强大而向心力高的大规模组织;而在低信任度社会中,人们的自发性社交能力很弱,如果离开强有力的高度中央集权政府,民间往往不能发展出有效率的大规模组织,〔2〕前者指超越血亲关系的社会,后者指依赖血亲关系的社会。福山指出,“高信任及以此为基础的自发性社会交往,往往造就发达的社会中间组织——教会、商会、工会、俱乐部、民间慈善团体、民间教育组织以及其他自愿团体”。〔3〕

美国曾经是一个具有高水平的正式和非正式社会交往和政治参与的国度,也同时具有更多的信任感。在美国,基于“互帮互助”的传统信任文化哺育了美国的志愿精神,造就了公众广泛参与和政府积极支持的发达的义工组织。“信任不能在一个等级文化中生根”,〔4〕早期来自不同地方的人们移居美洲大陆,共同组建一个没有等级分化的“互帮互助”的国度,人人都具有同等的重要性,人人都是自己命运的主人,没有强势的阶级划分和称霸的群体,基于彼此的信任解决聚居和依赖问题,构建了美国居民社会化和共同生活的网络,〔5〕“当人们相互之间视为具有平等社会地位

---

〔1〕 [美]埃里克·尤斯拉纳:《信任的道德基础》,张敦敏译,中国社会科学出版社 2006 年版,第 12~13 页。

〔2〕 张维迎:《信息、信任与法律》,三联书店 2003 年版,第 277 页。

〔3〕 [美]弗朗西斯·福山:《信任:社会美德和创造经济繁荣》,彭志华译,海南出版社 2001 年版,第 4~5 页。

〔4〕 Seligman. Adam B, 1997. *The Problem of Trust*. Princeton : Princeton University Press. pp. 36 – 37.

〔5〕 1620 年 11 月,第一批来自英国的清教徒乘坐“五月花”号船登陆科德角开始新的生活,为了建立一个大家都能受到约束的自治基础,他们在上岸之前签订了“五月花号公约”,表达了人们对通过互助合作达到建设新家园的承诺,签署人立誓创立一个自治团体,这个团体是基于被管理者的同意而成立的,“五月花号公约”成为人们所有行动的准则,这是美国历史上第一份重要的政治文献。

时,他们就感到易于相处,而且更容易相信陌生人,更容易形成社会凝聚力,这种凝聚力对各种合作力量的形成有促进作用。”[1]美国社会这种互帮互助的信任文化造就了世界上独一无二的志愿部门。作为一个义工发达的国度,志愿活动是美国公民重要的社会参与途径和社会行为方式,义工组织及其活动是美国社会中的普遍现象,他们活跃于政治、经济、文化、体育、宗教、环保,尤其是社会福利和慈善领域,为调节政府与社会之间的关系发挥重要作用。就像美国原总统尼克松所言:“志愿服务是美国生活方式的标志之一”,[2]当美国人遇到困难的时候,首先想到的不是政府,而是他们身边的义工组织,他们更信任这些组织,美国人生活的每一个领域都闪现着志愿者的身影,凝结着他们的努力。以“9·11”事件为例,最先行动起来,并且在心理慰藉、医疗、难民救助、献血、发动志愿者方面发挥重大作用的正是这些义工组织。

义工也是新加坡社会不可或缺的力量,从国家法定机构到慈善组织,从执政党中央机构到社区基层组织,到处活跃着数量众多的义工,义工组织汇集了不同种族、不同民族、不同层次、不同身份的义工资源。作为一个移民国家,多元种族、文化和语言构成了新加坡社会的一大特征,为了促进新加坡的统合,改变各种族隔离居住互不往来的局面,新加坡政府十分重视信任文化的培养,不管肤色、种族、语言、文化,唯有和平共处才能安定共生,唯有合作与相互扶助才能发展兴国。这种共同价值观的培养营造了整个社会的互信环境,为新加坡的义工服务奠定了坚实的思想基础,“奉献、友爱、互助”成为植根于新加坡社会土壤的一种教养和共识。新加坡国家义工和慈善中心(National Volunteer and Philanthropy Centre, NVPC)关于公民奉献的最新社会调查结果显示:在新加坡,15岁以上的公民参与义工活动的人数比例达23.3%,公民做义工的时间累计8900万

---

〔1〕 [美]埃里克·尤斯拉纳:《信任的道德基础》,张敦敏译,中国社会科学出版社2006年版,第66、110页。

〔2〕 Richard Nixon: *Proclamation* 4288 – *National Volunteer Week*, 1974, April 20. http://www.presidency.ucsb.edu/ws/index.php? pid = 77158.

小时。

全球化、信息化、工业化不仅带来社会进步,也将人类带入充满复杂性和不确定性的风险社会,“经济不平等的增长给实利主义的增长开启了阀门,而实利主义的增长发生在那些生活富裕的人们中间,而且还伴随对信任有巩固作用的公共精神的衰落”。[1] 信任文化的社会生成是历史经验积累的产物,“一旦不信任文化出现了并牢固地扎根于社会的标准系统中,它就会变成一个强有力的因素,在很多情景中,对于各种社会角色,既影响人们去信任的决心,也影响人们达到信任的要求或很多行动者相互给予或达到信任的要求的决心”。[2] 信任被破坏到一定程度,所有的合作性事业必定倾向于失败。在信任缺失的社会背景下,对义工组织寄予信任,即下赌注于义工组织所提供的服务的不确定性和不可控制性,总是会伴随着风险,因此,不信任的社会环境在一定程度上将阻碍社会公众和政府对义工组织活动的信心。

(三)慈善信任风险对义工组织社会价值认知的挤出效应

种种迹象表明,转型期中国社会正处于社会信任缺失问题的高发时期,社会结构转型“不仅是一种事物、环境、制度的转化,或一种基本观念和艺术形态的变化,而且几乎是所有社会规范准则的转化——这是一种发生在人自身、灵魂和精神中内在结构的本质性转化;它不仅是一种在其实际的存在中的转化,而且是一种在其价值判断标准中发生的转化”。[3] 虽然,对中国目前是否已处于信任危机状态存有不同观点,但从工业化进程中社会互动的“匿名性、短暂性和不确定性”引发生活世界的不安全、不清晰和不透明来看,中国社会存在爆发“信任危机的真实可能性”却是现实。

---

〔1〕[美]埃里克·尤斯拉纳:《信任的道德基础》,张敦敏译,中国社会科学出版社 2006 年版,第 265 页。

〔2〕[波兰]彼得·什托姆普卡:《信任——一种社会学理论》,程胜利译,中华书局 2005 年版,第 90 页。

〔3〕[德]马克斯·舍勒:《资本主义的未来》(第 1 版),罗悌伦译,三联书店 1997 年版,第 207 页。

慈善活动包括捐赠财物和提供服务，义工组织是以奉献时间、劳务为特征的慈善组织，[1]但大量的慈善捐赠不规范行为及其风险营造出不信任慈善环境，对以提供服务从事慈善活动的义工组织产生强烈的负面影响。当慈善捐赠质疑之声不绝于耳、慈善组织真假难辨、慈善捐赠绕道而行的时候，义工组织的慈善行动不管具有多高的道德基调，计划实施起来总会遇到意想不到的困难。在现实中，人与人相互帮助、无私奉献的精神显得不太"管用"，在火车站里没有人放心一个陌生人给自己拎很重的行李，马路上自告奋勇的帮助可能引来异样的眼光，有记者在郑州街头"学雷锋"，结果令人尴尬——两天内出手帮助 14 次，竟 13 次遭到直接或婉言的拒绝，还一度被误认为别有企图，甚至有一次差点被当成贼。[2] 支撑义工行动的是内心强大的正能量，然而，对慈善的信任危机必定让义工的积极性大打折扣。[3]

中国当前的慈善救助活动出现回归"人格信任"的现象，即信任以"亲疏关系"为基础实际上是不信任文化的结果。信任危机导致许多人产生"人心不古"的感慨，而慈善组织的无效率、腐败和缺乏诚信管理更使其陷入社会的整体消极对抗。义工组织作为公民社会迸发出来的新型社会力量，虽具有强烈的公益使命特性，但其正当性仍是立足于社会的需要，即他们的作为必须以受助者的积极认同为前提。信任是人们理性选择的结果，无论信任与否，总是与主体的安全需要，包括对利益安全的考虑联系在一起。从义工组织社会信任关系看，受助者对陌生的组织提供的免费服务寄予信任，托付身心照料或帮助，意味着下赌注于陌生人未来行动的不确定性和不可控制性，总是存在冒风险而招致危险的可能。例如，养

---

[1] "volunteer"在我国大陆主要局限在以"志愿者"为名的制度安排，但我国香港特区称"义工"、我国台湾地区称"志工"，由此我国义工组织有的称义工俱乐部、有的称义工联合会，还有的称志愿者联合会，不同的称谓并不是单纯的地区差别，它折射出制度缺失和理念混乱对义工组织发展的影响。

[2] 参见《回顾"南京彭宇案件"，再来看"小悦悦事件"！》，载淮安论坛，http://bbs.huainet.com/thread-857978-1-1.html，最后访问日期：2013 年 1 月 6 日。

[3] 参见《公益还是功利》，载思科信息学院网，http://campus.gdufs.edu.cn/html/jiaoliu/rehuati/2012/1223/7557113.html，最后访问日期：2013 年 1 月 6 日。

老院的孤寡老人可能因义工不当护理带来人身伤害、街头行人可能因相信陌生人的帮助而最终陷入骗子陷阱等,信任风险的存在使得公众给予信任变得谨慎甚至吝啬。在信任缺失社会背景下寻找生存空间,义工组织必须以足够的安全感和确定性来支持社会公众和政府对其的预期信任,这集中地表现为义工组织制度和能力建设等方面必须考虑社会信任关系的培育和储备。

二、资源供给乏力影响义工组织的社会动员能力

信任预示着风险,社会对义工组织的角色认同必须建立在安全感和确定感的判断上。义工组织的生成与成长是在外部环境作用下其内部制度产生与固化的过程。我国义工组织起步较晚,国内公众对于义工服务的了解还不广泛、也不深刻,全民参与比率很低,义工组织在社会的影响力、号召力和权威性不足,这与义工组织资源供给乏力导致能力不足有关。

(一)义工组织登记管理配套制度资源混乱

我国目前规范与促进义工组织活动的主要法律依据是《慈善法》《社会团体登记管理条例》及国务院和各省市颁布的志愿服务规范性文件等。但《慈善法》侧重于对慈善捐助行为的规范,而《社会团体登记管理条例》许多规定对义工组织缺乏针对性,义工组织尚未作为一个整体受到法律政策的关注,难以享受政府在财政和税收上提供的必要支持和优惠,即他们"像一盘散沙,几乎没有浮出水面,没有人知道它的真实面貌",[1]其社会认同度受到极大影响。

根据国务院2016年2月公布的《国务院关于修改部分行政法规的决定》(国务院令第666号)而修改的《社会团体登记管理条例》并未落实《国务院机构改革和职能转变方案》提出的改革社会组织登记管理制度的

---

〔1〕 陶传进:《社会公益供给——NPO、公共部门与市场》,清华大学出版社2005年版,总序第10页。

精神，虽然民政部门正在协调国务院法制办修订出台《社会团体登记管理条例》等行政法规，制定《四类直接登记社会组织认定标准》和《全国性社会组织直接登记暂行办法》，并积极推动地方开展直接登记，但包括义工组织在内的慈善组织认定和直接登记制度尚无直接的法律依据。[1] 我国传统立法对社会团体的设立确立了"双轨制"程序，即"成立社会团体，应当经其业务主管单位审查同意，并依法向登记管理机关申请登记"。[2] 法律对业务主管机关的资格要求不仅很高而且不够明确，"国务院民政部门和县级以上地方各级人民政府民政部门是本级人民政府的社会团体登记管理机关，国务院有关部门和县级以上地方各级人民政府的有关部门、国务院或者县级以上地方各级人民政府授权的组织，是有关行业、学科或者业务范围内社会团体的业务主管单位"。[3] 显然，在目前的法律框架下，社会团体的生成方式是政府选择模式，其制度设计和准入存在明显的政府偏好，从民间自发形成的社团往往因为难以找到合适的业务主管单位无法"合法地"纳入体制中。[4]

尽管《慈善法》突破了"双轨制"限制，改采慈善组织"直接向民政部门依法申请登记，不再需要业务主管单位审查同意"的改革措施，[5]"双

---

〔1〕 2016年8月1日，民政部在其官方网站公布《社会团体登记管理条例》（修订草案征求意见稿）（以下简称《征求意见稿》）及其说明全文，征求社会各界意见。《征求意见稿》第3条特别提出四类组织的直接登记问题："（一）行业协会商会；（二）在自然科学和工程技术领域内从事学术研究和交流活动的科技类社会团体；（三）提供扶贫、济困、扶老、救孤、恤病、助残、救灾、助医、助学服务的公益慈善类社会团体；（四）为满足城乡社区居民生活需求，在社区内活动的城乡社区服务类社会团体"，但该稿目前仍处于征求意见阶段。

〔2〕 2016年2月根据《国务院关于修改部分行政法规的决定》（国务院令第666号）修订的《社会团体登记管理条例》仍然采用社会团体设立的"双轨制"模式，其第3条规定："成立社会团体，应当经其业务主管单位审查同意，并依照本条例的规定进行登记"。

〔3〕 参见《社会团体登记管理条例》第6条。

〔4〕 参见郭剑平：《社团组织与法律秩序研究》，法律出版社2010年版，第230页。

〔5〕 《慈善法》第10条规定："设立慈善组织，应当向县级以上人民政府民政部门申请登记，民政部门应当自受理申请之日起三十日内作出决定。符合本法规定条件的，准予登记并向社会公告；不符合本法规定条件的，不予登记并书面说明理由"。

轨制”的制度设计带给义工组织的合法性困境得到破解,[1]但是,登记核准制仍是公益慈善类组织获得合法性资格的前提,现行《社会团体登记管理条例》关于社会团体的准入条件规定较为严格,这不仅体现在社会团体成立需要“3 万元以上活动资金和固定的住所、相应的专职工作人员”的要求,而且还必须符合具有 50 名以上注册成员的条件限制。[2] 同时,《社会团体登记管理条例》还规定“在同一行政区域内已有业务范围相同或者相似的社会团体”,登记机关有权以“没有必要成立”为由不予登记,[3]这意味着规模小、松散灵活的社会团体难以获得登记。如果严格按照《社会团体登记管理条例》的要求,则大量义工组织并无生存空间。但我国《慈善法》对成立慈善组织并无明确的财产要求,[4]而大部分省、市制定的志愿服务规范性文件或者未涉及志愿者组织登记问题,或者仍然要求在民政部门登记的志愿者组织必须具备《社会团体登记管理条例》规定的条件,[5]这给各地贯彻落实社会治理创新和社会组织登记制度改革带来了混乱。

义工组织以无偿提供公益社会服务为价值取向,其诞生具有社会发展的合理性。制度保障乏力导致义工组织无论在资源获取、项目审批,还是信息公开、税收优惠、人员监管等方面都存在一定的困难,因无法整体

---

〔1〕 在“双轨制”模式下,义工组织与业务主管机关的关系并不融洽,存在相当大的隔阂。业务主管机关因担心去政治化、去政府化的义工组织难以驾驭,不愿意充任义工组织的业务主管机关,义工组织的业务审查成为相互推诿、扯皮的“游戏”;而义工组织也担心挂靠业务主管机关会妨碍组织的自由活动与发展,在心理上也不愿意积极寻找登记所必需的业务主管机关。这种复杂、纠结、潜在对立的心态在客观上导致大量的民间义工组织因无业务主管单位而难以合法化,甚至有些组织因为业务主管单位的退出而非法化。

〔2〕 参见《社会团体登记管理条例》第 10 条。

〔3〕 参见《社会团体登记管理条例》第 13 条。

〔4〕 《慈善法》第 9 条规定:“慈善组织应当符合下列条件:(一)以开展慈善活动为宗旨;(二)不以营利为目的;(三)有自己的名称和住所;(四)有组织章程;(五)有必要的财产;(六)有符合条件的组织机构和负责人;(七)法律、行政法规规定的其他条件。”

〔5〕 如《广东省志愿服务条例》(2010 年 7 月 23 日公布)第 8 条规定:“具备《社会团体登记管理条例》规定条件的志愿者组织,应当在县级以上人民政府民政主管部门依法进行登记,接受其监督和管理。”《吉林省志愿服务条例》(2015 年 7 月 30 日修订)第 8 条规定:“志愿服务组织具备国务院《社会团体登记管理条例》规定条件的,由县级以上人民政府民政部门依法注册。”

被纳入正常的社会控制体系而导致绝大多数游离于制度之外。中国自古有言:“名不正则言不顺,言不顺则事不成”,不成熟的制度环境、不清晰的资格认定对义工组织的社会公信力造成了很大的负面影响。公信力的形成与整个国家对民间公益组织的总体评价和为之创造的生存环境密切相关,在国家整体上对于义工组织的登记注册、管理、监督、审计等重要问题还未有明确清晰的态度前提下,义工组织或为有没有合法地位而忐忑,或为未来的发展方向而迷茫,连生存都很困难,更毋论公信力的塑造与提升。

（二）志愿精神弱化和异化导致义工组织边缘化

义工组织活动主要受三大因素的影响:志愿精神、志愿者和时间,而志愿精神是从事义工活动的价值基础。志愿精神“是一种长期的、有计划地、由个人意志决定的亲社会行为,它使陌生人受益,并且在组织的情境中发生”。[1] 原联合国秘书长科菲·安南在“2001 国际志愿者年”启动仪式上的讲话中指出,志愿精神的核心是服务、团结的理想和共同使这个世界变得更加美好的信念。义工组织的内在驱动力不是利润,也不是权力,而是以“奉献、友爱、互助、进步”为内涵的志愿精神。在西方社会,现代义工事业的兴起虽然与传统的基督教神学伦理思想有关,但人道主义博爱观对人格平等和公民权利的尊重却是义工志愿精神的重要思想源泉。现代社会为保护弱者的人格尊严和生存权,将扶助弱者视为国家责任与公民责任,而非强者对弱者的施恩。因此,现代意义上的志愿精神“已经不是古代的‘功德’,而是社会常态。因为人民,已非帝王的‘臣民’,而是社会的‘公民’,是现代社会的主人翁。行善不仅是慨一时之情,更是为建设家园应履行的公民责任,无关感恩,无关回报。躲之,乃不得已;履之,则理所应当。总以美德来衡量慈善,说明我们的慈善理念还很幼稚”。[2] 中国文化虽然滋养了助人为乐、乐善好施、扶贫济困的传统

---

〔1〕 Penner, L. A. *Dispositional and Organizational Influences on Sustained Volunteerism: An Interation Perspective*. Journal of Social Issues, 2002, 58(3), pp. 447－467.

〔2〕 龚丹韵:《别再以感恩来理解慈善》,载《解放日报》2007 年 9 月 8 日,第 5 版。

美德，但中国的慈善观是由血缘人伦向外推及的慈善，它使人难以产生对素不相识的人、被认为对他没有行为道德责任的人的关怀，即中国传统的慈善观念缺少现代志愿精神利他主义与互助主义的公益基因，缺乏对个人价值、权利意识的重视。这与西方超越血缘基础而形成的普遍人文关怀和人道主义不同，中国传统文化特点导致志愿精神的先天不足。

在社会转型中，传统的社会价值体系和道德伦理观念受到巨大冲击，一方面乐善好施、助人为乐这种传统公益观念变得模糊；另一方面新的社会价值、行为准则、社会信任等正在磨合和架构。信任取决于信息和经验，在整个社会信任环境恶化导致人性的信念动摇，尤其是行善义举认同感出现障碍的背景下，政府对志愿精神的弘扬和引导至关重要。目前，对志愿精神在社会建设中的重要性估计不足、宣传弱化更导致了志愿精神的后天不足。首先，以资财捐赠济贫作为慈善活动的重心，缺乏对无偿奉献时间、义务提供服务的慈善活动的关注。慈善捐赠是携带社会公众财富服务社会的活动，而义工服务则完全是无偿地捐献个体的时间和劳务，两者的运行基础、资源供给和组织形式不同，但在整个公益慈善领域，对慈善组织讨论最多、聚焦最集中的是慈善捐赠，是善款的来源、劝募、使用、管理和基金会等组织形式的架构[1]，作为志愿服务实践载体和依托的民间义工组织的生存、运营、管理等问题并不成主流。其次，志愿服务教育主要集中于大、中学生群体，志愿者成员单一。虽然近年来各地形成了青年志愿者、社区志愿者、慈善机构志愿者、民间组织志愿者和境外驻华机构志愿者五大类志愿者队伍，但志愿者精神的培育主要作为学校的育人机制内容进行建设，而青年志愿者的行动经常由共青团中央发起，志愿服务丧失全民化、社会化、去政府化和民间性意识，形成“志愿者就是学生的事”的思维定式。最后，对志愿精神的误读，我国志愿活动政府介入太多，政治总动员色彩浓厚，志愿精神的工具性思维蔓延。例如，有的地

---

〔1〕 现有法律基本围绕慈善捐赠进行立法，如《基金会管理条例》《慈善捐赠法》。

方教育部门要求中学生在毕业之前要累计完成一个月的社会公益服务,[1]有的学校规定学生必须从事20小时社区义工活动并折合成学分,有些地方规定公务员每年累积做义工时间不少于20小时,并将此纳入晋升或职称评定的考核内容。义工活动还常常作为“绩效工程”“纪念活动”对待,或抓数字走形式,或一窝蜂扎堆出现。据报道,有的医院竟然有207所大专院校与之建立结对子“爱心小屋”,而病人只有100多人,“爱心”远远超过了需要爱心的人,一个病房最多竟然挂起7个院校的牌子。[2] 志愿精神的培育需要政府的宣传和引导,但不是政府力量的直接参与与强制,志愿服务根源于私人的意思自治,本应具有自愿性,政府的直接参与将扼杀公众的志愿热情,导致志愿精神异化。

志愿精神代表着善意关怀,相互扶持,它的普及有利于鼓励公民守望相助,协同解决共同关心的问题,促进社会融合。义工的“义”,既是义务工作的“义”,也是道义的“义”,其核心是“自愿、利他、不计报酬”,义工是排斥任何政治符号的,是人性的本能冲动和内心选择,志愿精神只能倡导、激励而不能强制。一些国家的政府更是将弘扬志愿精神、鼓励公众参与公共服务看作国家社会、经济发展的原动力。在美国经济深受金融危机困扰的时候,时任总统奥巴马认为:“面对挑战,美国人民不是问题的起因,而是解决问题的力量”,为此,他希望通过强化美国人对志愿精神的基本信念,共同克服经济难关,“政府将促请各年龄段、各社会阶层和拥有各种技能的人们做出贡献”。2009年4月,奥巴马签署《爱德华·肯尼迪服务美国法》,[3]旨在倡导志愿精神,鼓励美国民众服务和回报自己的国

---

〔1〕 参见2004年中共北京市委教育工作委员会、北京市教育委员会下发《关于进一步加强和改进中小学校学生思想道德建设工作的意见》。

〔2〕 参见罗雪挥:《“义工精神”的中国嬗变》,载《中国新闻周刊》2004年第25期。

〔3〕 《服务美国法》(Edward M. Kennedy Serve America Act)于2008年9月12日由美国民主党参议员爱德华·肯尼迪和犹他州参议员、共和党人奥林·哈奇共同发起,旨在大量增加志愿项目,鼓励美国人参与国内外社区组织的工作。根据法案,美国参与公共服务的人数将增加3倍,从每年的7.5万人增加到25万人,服务的重点领域将包括救助穷人、改善教育、鼓励节能、加强保健和帮助老兵等多个方面。为此,美国政府将在未来5年内投入57亿美元推动民众参与志愿公共服务活动。此外,法案还鼓励全美各年龄层的人,包括学生、工人、退休人员参与社区志愿服务。

家,为度过危机时代做出自己力所能及的贡献。志愿精神的缺失或异化将不可避免地影响到义工组织的绩效和行动的开展。首先,志愿精神缺乏,无法形成互帮互助的公益精神和使命感,义工组织将难以寻求到足够的志愿者付出大量的时间和精力奉献爱心,“巧妇难为无米之炊”,义工组织将无法向社会提供无偿的劳务服务。其次,志愿精神异化,将导致公众对义工组织的冷漠和抵触。志愿服务不是施舍,更无关感恩,志愿精神体现人格的尊重和平等,义工组织在提供无偿服务的同时也意味着对社会承担着相应的公共责任。我国义工组织的公共责任理念还不强,组织行为不规范,有些义工组织甚至产生了营利倾向,或者假借公益服务的牌子而欺骗公众,为本部门牟取私利。志愿服务异化和公共责任意识的缺失使义工组织的公益形象大打折扣。[1]

(三)经费不足制约义工组织有效运行

基于志愿精神建立起来的义工组织要实现公共利益职能必须具有较强的社会动员和活动能力,而能力建设必须建立在组织资源充沛的基础上。虽然义工组织本身具有公共性、志愿性、非营利性等特征,义工服务是一种不求报酬的利他行为,但义工服务工作也是一种劳动,是另外一种形式的生产性劳动,不计报酬的劳动同样消耗资源,使用能量、时间和金钱,也需要一定的技巧,即服务的志愿性和组织的非营利性并不意味着组织运行不需要行政成本,服务项目的设计研发、组织实施以及专业的法律或会计服务乃至最终的绩效评估等都是需要支付费用的。另外,是否应该提供给义工成员活动支出的报销(如路费和餐费)也是一个需要关注的问题。尽管义工劳动不计报酬是维护非营利组织道德纯洁性的保障,但参加义工活动有时也需要一定的经济成本,这样一来,义工组织就存在职能担当与经费获取上的悖论,经济成本将成为义工组织规模化、专业化、规范化运行的重要障碍。

---

[1] 参见陈婉玲:《转型期中国义工组织社会信任脆弱性探析》,载《苏州大学学报》(哲学社会科学版)2015年第5期。

目前,我国大部分义工组织都面临着严重的活动经费短缺问题。义工组织的活动经费供给主要依靠政府资助和组织自筹。资金来源上依赖于政府拨款,容易使义工组织沦为政府的政策执行机构,背离设立初衷,而基于对"草根"组织的不信任,政府也不愿意分散自身的权力,向民间机构大量购买服务,因此,义工组织获得政府资金支持的比例和机会非常小。义工组织也可以依靠自身技术向政府、企业和社会提供服务收费或者其他营利收益弥补组织的项目支出和公益服务,以减少对外部资金的依赖,但由于对义工组织"无偿性"服务观理解过于传统和僵化,认为公益组织的"非营利性"就是不能从事营利性活动,否则就违背了"公益"属性,义工组织缺乏项目服务收费的意识,自我造血功能微弱,自力更生解决资金问题的义工组织极少。[1] 目前,大部分义工组织日常活动的费用主要是由义工成员自己承担,而网站宣传、运作等公共活动支出则是靠成员集资或借助媒体向社会募捐,随着组织活动的日渐规模化、专业化,活动成本的逐渐增加使得义工组织的资金负担越来越重,经费不足严重制约其可持续的发展。[2]

(四)人力资源短缺影响义工组织可持续发展

慈善活动组织化的重要效用是聚集慈善资源为社会服务,义工组织从事慈善活动的主要资源是人力资源,通过组织化运作将具有相同慈善目标的义工个体集合在一起,可以起到效用最大化,但义工的素质、机能等人力资本也直接影响义工组织的公信力。相对于义工服务发达的国家与地区,我国民间义工组织无论是义工的质量、数量都处于明显劣势,如我国香港特区义工人数高达数百万人,德国义工组织承担国家大部分的

---

〔1〕 实际上,义工组织并不是不能开展营利活动,而是组织的营利性收入不能用于利润的分配。国际上很多非营利组织都很重视创造收益,许多国家提倡公益组织以企业的运营方式获取收入,为社会提供公益服务。北京顺义区太阳村利用自己近500亩爱心桃园和枣园进行产业化经营,其收入不仅弥补了自身组织的项目开支,还可以为其他地区太阳村的成立提供资金的支持,是公益组织解决资金"瓶颈"的大胆尝试。

〔2〕 参见陈婉玲:《转型期中国义工组织社会信任脆弱性探析》,载《苏州大学学报》(哲学社会科学版)2015年第5期。

公共服务,而我国6700万的注册义工不仅存在大量的"僵尸"义工,而且大都存在技能、经验、知识等能力不足问题。很长时间以来,义工组织都是由社会热心人士组成,由于组织缺乏足够资金,他们当中的大多数都没有得到过正式的培训,他们参加志愿活动大多是凭着自己的一腔热情。目前,提高义工组织服务专业化极为迫切,但是,由于参加义工服务没有报酬,而其他的激励机制又没有有效建立,加之社会大众对于义工组织的误解,很难吸引专业人员加入队伍当中来,导致义工组织成员单一,缺乏专业性。另外,义工组织过分重视服务活动的形式而忽略了服务活动的持久效益,使得很多的义工仅仅满足于参加一两次的活动而非长久的活动,人才流失严重,其结果是义工服务流于形式,沦为作秀。[1]

能力不足妨碍义工组织健康形象树立。民间组织专业化服务能力和规范化管理是其健康可持续发展的根本性要求。规模小、资金筹措能力低、动员社会资源能力弱,加上组织管理不规范、不透明、不民主,又缺乏评估和社会监督,义工组织能力与目标之间的差异导致其适应力、组织力和提升力不能有效运用。

三、基于信誉的信任:能力建设彰显义工组织公信力

社会学家将信任的来源分为基于信誉的信任和基于制度的信任。在信任关系中,给予信任往往建立在被信任者的"可信性"基础之上,对"可信性"的评估有一种知识论的性质:"它们归结为信任者获得的关于被信任者的一定的知识和信息",[2]而信誉就是这些知识或信息的集中反映。信誉是一种社会资本,好的名声帮助一个社会交往减少交易成本,克服信息不足,促进有效合作,缺乏合作有时不是因为坏声誉,而是因为缺少声誉。公信力反映一个组织在社会中的影响力、号召力及其权威性,被信任

〔1〕 参见陈婉玲:《转型期中国义工组织社会信任脆弱性探析》,载《苏州大学学报》(哲学社会科学版)2015年第5期。

〔2〕 [波兰]彼得·什托姆普卡:《信任——一种社会学理论》,程胜利译,中华书局2005年版,第94页。

者信誉的增加将提高其公信力。义工组织的公信力是社会、服务对象、政府以及捐赠方等对其认可及信任程度,是义工组织的生命线。建立和维持信誉是在理性上有正当理由的策略,通过自身能力建设赢得良好信誉,是义工组织获得社会信任的直接方式。

(一)统一伦理守则,以自律行动赢取社会信任

信任的实质是一种期望。社会对义工组织给予信任,尤其是受助者的信任更倾向于期望他们在道德上是无私的、负责任的;期望他们是好心的、温和的、仁慈的;期望他们是诚实的、可信的、有效率的等。[1] 社会使命和公众期望要求义工组织必须具有比法律要求更高的行业标准。鉴于义工组织提供服务与一般慈善捐赠行为的区别,有必要针对义工组织特点为其提供一个统一的、规范的行动纲领和伦理操守,并以此作为其能力建设的指南。

行业共同的伦理守则往往由行业的联合组织或独立部门制定。例如,"美国联合之路"和"美国华盛顿非营利研究与咨询机构"(以下简称"独立部门")是当前美国志愿服务组织较有影响的独立行业组织,其推出的行业行为标准和道德规范准则对许多义工组织的行为都产生了示范效应和推进作用。"美国联合之路"于 1994 年 3 月颁布了义工组织行为规范,包括人员正直、专业知识优秀、志愿者职责、义务和效率、利益冲突、信息保密等 13 个部分,为义工组织的行为评估提供了标准,已经成为美国义工服务领域最重要的行为准则。2004 年,"独立部门"董事会批准《非营利和慈善组织价值宣言与伦理道德准则》(Statement of Value and Code of Ethics,SVCE),具体提出了 9 项标准:(1)无私奉献;(2)道德承诺;(3)公益使命优先;(4)尊重个人的价值和尊严;(5)包容社会的多元性并维护社会公平;(6)对公众负责任;(7)公开和诚实;(8)慎用社会资源;(9)服从法律。鼓励其成员组织以此为基础,起草、采用或修订自己的

[1] 参见[波兰]彼得·什托姆普卡:《信任——一种社会学理论》,程胜利译,中华书局 2005 年版,第 71 页。

伦理规范与价值宣言,并把它与每年的财务审计放在同等重要的位置。“独立部门”的道德规范要求其成员组织尊重共同的价值基础,即承诺提供公共服务、向公众负责、承担超越法律之外的义务、尊重每一个人的价值和尊严、恪守包容性和社会公正、尊重多元化和多样性、透明、正直和诚实。要求义工组织作为负责任的资源管理者,必须承诺卓越和保持公众信任,因为公众的信任是组织合法性的基础,对公共关注的问题保持透明、公开和回应是包括义工组织在内的非营利组织的内在属性。可以说这些规范标准,不仅约束着其成员组织,也对整个社会道德产生了良好的影响。

我国台湾地区“公益团体自律同盟”于2005年发布“公益团体自律公约”,其旨在“为提升社会大众对非营利组织的认识及信任,协助捐款人了解非营利组织运作状况,同时,鼓励非营利组织承诺及实践组织的公信力及责信,以增进非营利组织之公益形象及社会使命”,其内容包括:(1)组织的非营利原则;(2)组织治理与监督;(3)募款诚信;(4)服务绩效;(5)财务透明;(6)资讯公开;(7)利益回避。我国香港特区负责发展义工服务工作的专门性独立机构——香港义务工作发展局也制定了“香港义工约章”,其宗旨是阐明义务工作的精髓和价值,为所有义工服务和义工运用组织确立良好的服务准则。

2003年,我国非营利组织(Non-Profit Organization,NPO)信息咨询中心制定了《中国非营利组织公信力标准》,首次为我国非营利组织提供了一个较为完整的公信力分析框架。2008年4月,《中国公益性NPO自律准则》正式发布,主要内容集中在使命、利益冲突、内部治理、筹资、财务、项目、人员、非营利组织的协作关系、信息公开等方面,其旨在通过建立自律准则,规范NPO行业发展,提高公信力。[1] 虽然,非营利组织自律准则

---

[1] 2006年1月,扶贫基金会、中国青基会、爱德基金会联合发起了中国NPO自律行动,由NPO信息咨询中心为执行机构,研究开发了《中国公益性NPO自律准则(草案)》。2008年4月27日,《公益性非营利组织准则》在“民间组织问责国际会议”上正式发布,成为中国非营利组织在“自愿、自律、自救”共识下的第一次集体行动。

适用于包含义工组织在内的志愿者团体,[1]但是,这些行动准则的设计大都围绕慈善捐赠组织的行为特性,如募款诚信问题、财务监督等问题展开,对义工组织的针对性不强。我国《慈善法》和《志愿服务条例》强调"慈善组织应依法成立行业组织",[2]旨在加强慈善组织行业交流。义工组织共同的行动纲领和自律守则应围绕志愿精神、组织定位和目标、组织的公共责任、正当的作为和工作秩序、优先权项设置责任,即服务对象的相关性和适当性等展开。[3]

行业自律规范为义工组织建立自己的品牌指明了方向,义工组织以此为核心通过品牌建设创造声誉赢得社会公信力。品牌是一种辨别工具,它帮助公众对机构名称、价值理念、活动项目、内部结构及运行等进行认知和评价,品牌的建立有助于快捷地获取社会信任,节省互动成本。虽然为了建立声誉而付出努力有时会导致短期的花费,但"通过发展和保护我们的声誉,而不是相反,我们长期的利益仍将得到更好的满足"。[4] 声誉在减少社会不确定性方面扮演了重要角色,其为成功赢得信任提供了良好的机会,因此,赢得声誉是一个艰苦而漫长的过程,而一旦赢得,它却是一件精致的"易碎日用品",需要精心呵护。

(二)加强内部制度建设,以规范运行赢取社会信任

义工组织规范化、制度化运行是其健康可持续发展的根本性问题。规模小、资金筹措能力低、动员社会资源能力弱,再加上组织管理不规范、不透明、不民主,又缺乏评估和社会监督,义工组织的适应力、组织力和影响力都有待提升。为获取社会信任,义工组织应着重加强自身以下几方面的制度建设:

---

〔1〕《公益性非营利组织准则》规定:"公益性非营利组织是指在政府部门和以营利为目的的企业(即市场部门)之外的,以非营利为目的、从事公益事业的一切志愿团体、社会组织或民间协会"。

〔2〕参见《慈善法》第19条和《志愿服务条例》第9条。

〔3〕参见若弘:《中国NGO——非政府组织在中国》,人民出版社2010年版,第101页。

〔4〕Chong, D. 1992, *Reputation and Cooperative Behavior*, in: Social Science Information, Vol. 31, No. 4, p. 683.

第一,制定并执行“质量提升”框架体系。质量是组织的生命力,一开始就建立一个维持质量不断提升的机制,有利于组织长期发展。该机制能形成“判断什么行得通什么行不通的一揽子通用知识和记录证据”,甚至形成一种组织文化,从而支持、鼓励持续不断的质量改进。[1] 义工组织的质量提升框架包括“服务计划—服务执行—服务评估—服务提升”四个环节:服务计划即评估及确定社会需求,将需求转化为项目计划;服务执行即落实、检验、收集数据;服务评估包括(自评)成果评估、过程评估、同级员工之间讨论、服务对象反馈(满意度调查);服务提升即将成果评估、过程评估所产生的信息作为采取纠正或改进措施的基础,通过积极反思和总结经验教训,进一步改进服务计划和内容。

第二,制定并执行常态化的义工招募方案和管理制度,构建制度化的义工登记和专业传承机制。我国《志愿服务条例》规定:“志愿服务组织可以招募志愿者开展志愿服务活动;招募时,应当说明与志愿服务有关的真实、准确、完整的信息以及在志愿服务过程中可能发生的风险。”[2] 义工组织必须制定并坚持执行规范化的义工招募计划和流程,加强管理和培训,尤其是不能忽视以下四个环节:(1)说明与介绍,即向应招者说明工作任务、工作时间、休息安排、休假条件、工作安全、交通费用、工作环境、服务风险、开销要求等,并对风险和后果做出预计、约定;(2)审查义工资格,重点考察应招者是否具有慈善情操、自愿从事慈善服务,是否符合义工服务活动要求的身体条件,是否具有相应民事行为能力和相应服务素质和能力以及年龄条件等;(3)签订义工服务协议,约定服务内容及相关事项,明确双方权利义务;(4)义工登记,包括身份登记和技能分类登记,应当如实记录志愿者基本信息和志愿服务情况信息等。

第三,制定完善的内部规章制度,明晰义工组织及其内部机构职责,引入使命与战略规划的自我评估机制和项目绩效的自我评估,加强管理,

---

〔1〕 参见[加]陈国樑:《从质量提升视角看慈善组织的生存和发展》,载民政部法制办公室编:《中国慈善立法国际研讨会论文集》,中国社会出版社 2007 年版,第 211 页。

〔2〕 参见《志愿服务条例》第 12 条。

对组织的内部成员形成牵制与约束，避免无序和混乱。(1)管理职责，包括对义工的招募、培训、管理、评估等组织活动管理；资金的筹集、使用、管理；义工档案、服务绩效评估档案等的管理。(2)保障职能，对义工服务的风险防范及其救济。(3)促进职能，开展宣传、合作和交流。

第四，完善内部治理结构，构建程序规范、运作透明的工作机制。如何运用义工、如何设计项目、如何运行并评估等都是义工组织的核心工作，要使公众对义工组织放心，就必须构建合理高效的治理决策机制来完成这些核心工作，而科层制仍然是理想的选择。“科层化在所有社会中都是现代化过程的一部分，组织的科层化可以视为组织生命周期的阶段之一，一个非营利机构从志愿结合开始其生命周期，在供应公共服务过程中，逐渐变得复杂化以有效地获取资源，并通过正式化与科层化分配其权威与职责。”[1] 义工组织内部的科层化治理结构一般由理事会(行使决策权)—项目执行官(行使执行权)—监事会(行使监督权)组成，理事、执行官可以从有企业管理经验的成员中挑选，他们通常带来市场的经济逻辑和股东的价值观，注重社会效益，有利于决策的高效与理性。

(三)履行“社会交代义务”，以透明度赢取社会信任

社会组织的透明度事关信任的获取，“如果它们的构造、存在的目的和理由、运作原理、能力及成效是高度可见的——被公开报道、容易检查、容易理解，人们倾向于把它们与信任联系起来；如果运作原理是不清楚的、难以理解的、远离视线的、被神秘的面纱包着的，可以推测一定有某种恶兆要隐藏，将会出现流言、闲话和阴谋，而且人们对给予信任将犹豫不决”。[2] 为克服“陌生人”社会里人们相互之间的不信任，帮助利益相关者判断合作的义工组织是否可以信赖，消除公众对义工组织的不知情状态或“众人致误现象”，义工组织必须积极向社会履行社会交代义务。

---

〔1〕 虞维华：《“去志愿化”：发达国家非营利组织的组织变革趋势分析》，载《学会》2006年第7期。

〔2〕 [波兰]彼得·什托姆普卡：《信任——一种社会学理论》，程胜利译，中华书局2005年版，第165~166页。

社会交代是对组织依照其被授权的职责所进行的工作给予解释、说明的要求，其目的是督促组织有效完成所计划的服务，最终实现其社会功能。一个组织被它所在社会承认的过程，也是它公示自己并获得公信力的过程。社会交代属于社会组织自律行动的范畴，包含三个基本理念：(1)在行使其职责时，组织应考虑公众的信任问题，即社会公信力的问题；(2)组织有义务提供详细资料来通告和解释自己是如何执行其职责范围内的工作的，以获得公众对其工作的了解，从而建立社会公信力；(3)必须承认和纠正工作中的问题，而不是回避或向公众隐瞒问题。[1]

“非营利组织接受社会的捐赠和以税收优惠等形式获得公益资产，前提是做出非营利性宗旨的承诺，因而有责任向公众做出交代，向社会公众公开其财务、活动、管理等方面的信息。”[2]我国 1999 年发布的《公益事业捐赠法》对接受财产捐赠以从事公益事业的慈善组织的社会交代义务有直接要求，规定：受赠人每年度应当向政府有关部门报告受赠财产的使用、管理情况，接受政府监督；应当向社会公开接受捐赠的情况和受赠财产的使用、管理情况，接受社会监督；捐赠人有权向受赠人查询捐赠财产的使用、管理情况，并提出意见和建议，对于捐赠人的查询，受赠人应当如实答复。[3] 但这些规定对于以慈善救助、奉献时间为主的义工组织缺少针对性，为此，《慈善法》设立专章对慈善组织的信息披露制度进行了规范，要求“慈善组织应当向社会公开组织章程和决策、执行、监督机构成员信息以及国务院民政部门要求公开的其他信息。上述信息有重大变更的，慈善组织应当及时向社会公开”，慈善组织还“应当每年向社会公开其年度工作报告和财务会计报告”[4]，从而从法律上明确了包括民间义工

---

〔1〕 参见崔玉、马凤芝：《中国非营利组织社会公信力建设的制度化途径：自律与社会交代》，载中国发展门户网，http://www.help-poverty.org.cn/helpweb2/ngo/n37.htm，最后访问日期：2013 年 2 月 26 日。

〔2〕 吴文洁：《国外非营利组织的发展及启示》，载《商业时代》2006 年第 29 期。

〔3〕 参见《中华人民共和国公益事业捐赠法》（以下简称《公益事业捐赠法》）第 20、21、22 条。

〔4〕 参见《慈善法》第 72 条。

组织在内的慈善组织“社会交代义务”的法定性。如果义工组织让民众看不到、摸不着，它如何了解民众的诉求？如果它不能给民众提供有效服务，民众如何知道它有用？又如何相信它能真正帮助自己排忧解难？为确保义工组织高效、准确完成公益性使命，树立良好社会形象，必须建立义工组织社会交代机制，赋予义工组织将其所有活动向交代对象进行公开、完整的报告和解释的义务，做到组织透明、咨询公开、结果明确。

义工组织社会交代义务的对象包括政府、社会公众、服务对象和义工成员。义工组织不仅要对政府部门进行问责交代，还必须建立对其他相关利益群体，如义工成员、社区、服务对象、普通公众进行问责交代的机制，特别是对服务对象和义工成员的问责交代机制。服务对象（受助者）基于信任将身心安全系于义工服务和照料之下，其有权利获得照料者或帮助者的组织信息和运作信息；义工是义工组织的主力军，其基于自我实现、奉献他人的精神为组织花费了时间和劳动，是义工组织开展公益事业不可或缺的人力资源，义工组织必须正视其问责权利，向他们交代和说明组织状况、工作环境和权利义务，避免将义工沦为廉价劳动力。

四、义工组织的专业化路径

“专业化”是组织在“发展”与“成熟”阶段所必然经历的阶段，“在这一过程中，由于组织从事某一职业需要专门、深奥的知识和才能保证工作的质量和对社会的福利，获得履行特定工作的排他性权利，因此，组织必须控制和实施对其成员的培训并制定训练的标准，评估和决定工作如何进行”。[1] 随着多元主体协同参与的“社会治理”模式的兴起，近年来，慈善组织已经开始承担了大量的社会服务职能，但由于义工组织缺乏足够资金、义工服务激励机制未能有效建立，加之社会大众对于义工组织的误解，很难吸引专业人员加入到义工队伍，我国目前义工组织服务类型单

---

〔1〕 赵康：《专业、专业属性及判断成熟专业的六条标准——一个社会学角度的分析》，载《社会学研究》2000 年第 5 期。

一，专业化水平不高，无法满足多层次、复杂的社会需求。我国目前义工组织服务类型主要有：(1)特困援助类；(2)救灾援助类；(3)教育援助类；(4)医疗援助类；(5)司法援助类；(6)混合型；(7)中介类等，其设计的服务对象就这几类人群，如果每个义工组织从事的服务项目都面面俱到，必将导致服务不精不专、流于形式，难以获得信任等弊端。因此，如何整合资源，发展专业化服务，提高社会服务质量是一件非常迫切的事情。专业化的理解并不是把所有义工都“培养”成专业人士，而是一方面加强义工岗前培训，建立义工培训档案，获得规范性技能；另一方面，构建义工信息库，根据工作性质，按照管理义工、技术义工和劳务义工对义工资源进行分类登记和管理，整合义工队伍，提升公共服务的质量与价值。[1]

经济社会的迅速发展在带来经济高速增长的同时，也衍生出各种各样的社会问题，贫富差距扩大、环境生态恶化、社会福利供给减少、养老服务匮乏……多样化的社会问题伴随着多样化的社会需求，这些社会需求具有多元性和层次性，如有人需要物质救济、有人需要精神慰藉、有人需要心理辅导、有人需要康复训练、有人需要良好的居住环境、有人需要改善基本的生存条件。凡此种种，都说明一个共同的道理，即现代社会需求的多样化向公共服务和社会保障提出了更高的要求，义工组织个性化发展归根结底是由社会需求多样化决定的。专业化、多元化是义工组织能够满足多层次、全方位的社会需求的基础，而规模化与系统化是义工组织承担巨大的社会公共服务的前提，没有系统化的组织体系，义工组织将是一盘散沙，无法有效对实现公益价值与使命。

（一）域外义工组织的专业化发展

1. 英国伞状结构的义工组织体系[2]

英国“志愿与社区部门”（Voluntary and Community Sector，VCS），作为一支独特的社会力量，在英国的经济、政治和社会生活中扮演着重要角

---

〔1〕 参见陈婉玲：《义工组织社会信任培育构想》，载《东南学术》2016 年第 5 期。

〔2〕 关于英国义工组织伞状结构，可参见汤玉枢：《英国义工组织慈善化及其制度供给》，载《兰州学刊》2016 年第 11 期。

色,“它们帮助解决困难的社会问题,占据了一个与政府和私人部门企业分离的空间”。[1] 英国政府于1995年出版《英国志愿服务策略大纲》,强调发展各种不同层面、不同领域的专业性志愿服务行动。[2] 目前,英国许多历史久远、起步早、规模大,社会效益好,在国内有着较高的公共参与度和良好社会声誉的义工组织已逐渐步入组织专业化、正规化、系统化发展的轨道,形成比较成熟、科学的一整套运营模式。[3]

英国的义工组织活动具有明显的专业化方向,完善的组织体系是组织有效运行、行使职权、发挥作用的前提,伞状结构体系是英国建立严密的志愿服务组织系统的重要特质。以会员制为基础形成松散而独立的志愿部门联合体,[4]构筑多层次志愿部门社会网络体系,以此作为一个部门的行动主体和整体的发声器,是英国义工组织迅速发展的成功经验之一。伞状组织一方面联合多个志愿和社区组织,通过组织的规范性、系统性提升其影响力,增强其凝聚力;另一方面也能保障彼此的独立性,促进竞争和个性化发展。英国全国义工组织联合会(National Council for Voluntary Organisations,NCVO)是英国最大的志愿服务伞状组织,其在代

---

〔1〕 Adrian Sargeant, Stephen Lee, *Trust and Relationship Commitment in the United Kingdom Voluntary Sector: Determinants of Donor Behavior*, Psychology & Marketing, Vol. 21 (8), August 2004, pp. 613 – 635.

〔2〕 根据英国全国志愿组织联合会(The National Council for Voluntary Organizations, NCVO)最新发布的《2010年公民社会年鉴》的统计数字,2007～2008年,英国每年有2040万人参加志愿服务,他们提供了相当于120万专职人员、价值215亿英镑的工作量。

〔3〕 在社会性目标的指引下,义工组织作为一种非营利的组织体,对其成员不进行利益的分配,但志愿服务的非营利性并不意味着志愿服务是无成本的,无论义工组织采取何种组织形式和运营模式,都将产生组织体系的运营成本问题。“社会企业”的蓬勃发展为义工组织摆脱对传统捐赠和资助的依赖,走可持续发展之路提供了新的路径。“社会企业”是指“拥有基本社会目标而不是以股东和所有者的利益最大化为动机的企业”,其主要特点是以解决社会问题、实现社会目标为宗旨,利用企业方式运作,高效整合资源但不聚敛财富,所获得的利润再投入到企业或社会扶助活动。这是一种给公益事业可持续发展带来生机和动力的创新,2005年英国政府出台《社会利益企业法》,为促进社会企业发展提供了法律保障,社会企业运作方式的兴起成为推动义工组织成长的动力。

〔4〕 英国义工组织以会员会费制为基础。慈善组织的运行需要成本及资金支持,英国的慈善组织的资金来源大部分来自会员会费,成立慈善组织的人或者加入慈善组织的成员,需在成立或加入慈善组织时交纳会费,并且每年需认捐一定数额的会费,该规定为强制性规定,是会员的义务,也是慈善组织有效运行的基石。

表会员与私人部门接洽和参与政府政策制定方面具有很高的影响力。[1] 以伞状组织结构将所有的义工组织联结成系统的整体,不仅在组织内能够完善治理结构,提高管理的效能,而且在组织外也可以提升组织整体实力,便于建议、信息、教育、培训机能的发挥,在改善义工组织的运转状况,改善组织的人才结构、技能水平和活动能力,提高英国义工组织在公共服务领域的竞争力和专业水平方面发挥了重要作用。[2]

2. 美国计划式志愿者服务模式[3]

美国原总统奥巴马曾说:美国的"历史始于对志愿者的召唤"。[4] 从实践看,美国现代意义的志愿服务事业表现为政府主导的志愿服务计划与义工组织自主发展有机结合的特质,两者之间既分立又统一。政府通过主导各种志愿服务计划并以财政援助或财政拨款的方式吸引义工组织加入;义工组织通过参与国家志愿服务计划获得自主发展的资金,与政府主导的志愿服务计划具有一定的依赖关系。由此,美国建立了以开展各种联邦志愿服务计划为中心,义工组织为主体的专业化志愿服务组织体系。

美国联邦政府以志愿服务计划提升社会福利和公共服务事业,因此,建立全国性的志愿服务领导机构统筹实施各种志愿服务计划是美国政府改革和完善志愿服务事业的重要内容。1971 年,尼克松政府成立了联邦志愿服务的统一机构——美国改善邻里委员会(American Council To Improve Our Neighborhoods, ACTION);[5] 1990 年,老布什总统签署了《国

[1] 关于 NCVO 的具体运营情况,可参见王名、李勇、黄浩明编著:《英国非营利组织》,社会科学文献出版社 2009 年版,第 175～198 页。

[2] 参见汤玉枢:《英国义工组织慈善化及其制度供给》,载《兰州学刊》2016 年第 11 期。

[3] 关于美国志愿服务计划,可参见陈婉玲:《义工组织法人制度研究》,北京大学出版社 2014 年版,第 96～102 页。

[4] Barack Obama, *Proclamation: National Volunteer Week*, 2009, Office of the Press Secretary, The White House, April 13, 2013, http://www.whitehouse.gov/the-press-office/2011/04/07/presidential-proclamation-national-volunteer-week.

[5] Domestic Volunteer Service Act of 1973, April 13, 2013, http://www.law.cornell.edu/uscode/text/42/chapter-66.

家与社区服务法案》,建立志愿服务事业的联邦独立机构“国家与社区服务委员会”;[1]1993 年,克林顿政府再次对联邦志愿服务体系实施总体改革,并以《国家与社区服务法案》为依据,设立新的联邦独立机构“国家与社区服务公司”。“国家与社区服务公司”合并了“ACTION”和“国家和社区服务委员会”的全部职能,统管了所有国内的联邦志愿服务计划,“国家与社区服务公司”的运行标志着美国志愿服务事业开始有了全国统一的领导机构。“国家与社区服务公司”是联邦政府打造的一个独立的“航空母舰”式的志愿服务组织,其具有自己的战略目标,这些战略目标既相互联系又互相区别。作为志愿服务事业的整体战略,美国“国家与社区服务公司”的基本职能是与各种民间义工组织建立密切联系,对各类志愿服务计划实行统一规划、统一管理、统一资助,提供专业性的协调指导、信息咨询、技术支持和研究分析服务。美国“老年志愿服务计划”、[2]“志愿队计划”、[3]“学习与服务美国计划”[4]和国土安全部联邦紧急措施署主管的“公民服务队计划”[5]等各具专业特色的志愿服务计划“吸引了约177.5万志愿者参加,还带动了另外约 226 万名志愿者,两项合计共动员志愿者 400 万”。[6]

---

〔1〕 National and Community Service Act of 1990, April 13, 2013, http://en.wikisource.org/wiki/National_and_Community_Service_Act_of_1990.

〔2〕 “老年志愿服务计划”是由约翰逊总统启动“服务美国志愿队”向贫困宣战系列措施的核心组成部分,旨在吸引特定年龄结构群体的义工参与社区服务事业的一项长期志愿服务计划。“老年志愿服务计划”由美国“国家和社区服务公司”组织实施、民间义工组织参与,由“退休老年志愿者计划”、“养祖父母计划”和“老年伴侣计划”构成,涵盖 1300 个具体的志愿服务项目,每个计划的服务重点不同。“老年志愿服务计划”经过其后的历届政府支持和法律的确认,至今仍是美国最重要的志愿服务计划之一。

〔3〕 “美国志愿队计划”也是美国约翰逊总统向贫困宣战计划的重要措施,其工作重点是提供教育、公共安全、卫生环境等领域的专门志愿服务。

〔4〕 “学习和服务美国计划”主要是为从幼儿园到大学的学习活动提供资助与指导,目的是将公民意识和志愿精神的教育贯穿于青少年成长的各个阶段,鼓励他们为所在社区解决一些实际问题,如清理环境、恢复居民区绿地、循环利用废弃物品等。

〔5〕 “公民服务队计划”的宗旨是通过教育、培训和志愿服务,使居民社区更加安全,更好地为应对恐怖主义威胁、犯罪、公共卫生事件和各种灾害做好准备。

〔6〕 徐彤武:《联邦政府与美国志愿服务的兴盛》,载《美国研究》2009 年第 3 期。

3. 德国义工组织人力资源培育的层次性[1]

德国是世界公认的义工组织最发达的国家之一，对只有 8230 万人口的国家而言，德国是名副其实的义工大国。从总体上，德国较强调义工组织的职业水准和专业能力，其义工组织发展呈现如下特点：

第一，德国义工服务运营体系具有显著的层次化特征，这主要是因为德国的非营利部门有着非常清晰的、自上而下的体系架构，义工服务运营呈现层次化特征。几乎所有的义工组织都是德国联邦义工福利组织联合会下属的全国性义工福利服务联合会的会员。主要包括德国劳动者义工联合会、德国生命救助协会、德国红十字会、约翰尼特事故救援会以及教会组织的福利团体，这些特大型公共福利团体担负着医疗福利、失业与救济社会保障服务、残疾人援助、孤幼老弱者救助以及职业训练、职业教育、海外灾害援助等所有公共领域的服务。义工及义工组织开展公益服务活动的基本途径是加入，即以申请方式加入这种全国性公共福利团体来提供义工服务。德国作为一个社会福利国家，这些特大型公共福利团体虽然是民间组织，但具有强烈的政治影响力，在相当长的时间里，垄断着德国的公共福利资源，义工组织、市民团体等只能作为其会员加入服务。[2]

第二，德国义工资源具有明显的类型化和群体性。从义工是否负有法律上的兵役义务来看，德国义工可分为具有兵役义务的义工和不具有兵役义务的义工。具有兵役义务的义工在法律上是一个特殊的群体。这一群体的义工从事义工服务并非完全出于自愿，也不属于自发性的义工服务，而是基于兵役法规定的法律义务。依据德国法相关规定，适龄男性青年依法有服兵役的义务，但如果拒绝服兵役，则必须到指定的公共福利团体从事替代兵役的义工服务，主要集中于医疗、养老院、孤幼儿院以及

---

[1] 关于德国义工服务运营，可参见陈婉玲：《义工组织法人制度研究》，北京大学出版社 2014 年版，第 182 ~ 185 页。

[2] 德国义工组织、市民团体以新社会运动的方式进行强烈的抗争，这种抗争帮助其获得直接公共福利领域独立从事义工服务的地位。不过，从总体上看，德国公共福利服务仍由这些特大型公益福利机构完成，义工和义工组织提供义工服务的最基本方式仍然是参与或加入。日本文部科学省：《諸外国におけるボランティア活動に関する調査研究報告書》，页 141，2007 年 3 月。

残障人士福利院和精神病医院。据2007年统计数据，当年度兵役替代服务的义工计68,351人，从事看护、照顾类的义工比例高达60.6%，其他包括手工业工作、庭院园艺工作、配管配线工作、环境保护工作以及运输司机、紧急救援等义工服务活动。[1] 同样，以义工是否为社会活动年和生态活动年的特定对象为标准，德国义工也可分为适龄义工群体和非适龄义工群体。1964年德国制定了《奖励社会活动年法》，[2]以“推介社会经验与提高公益责任与意识”为目标，鼓励德国民众特别是14～27岁的青年暂时离开校园或工作岗位6～18个月，投身义工服务事业；许多德国中学、大学均把是否完成义工服务任务作为一项升学资格或升学条件。

第三，德国重视义工资源的储备和培育。1998年以来，德国在全国中、小学每两年举行一次“社会服务日”活动，号召6～19岁在校学生参加。因德国中、小学阶段的基础教育由州政府负责，联邦政府原则上不参与各州对中、小学校管理，因此，各州“社会服务日”活动并不完全一致，不过，每年德国均有数十万学生参加学校图书馆书籍整理、校园清扫、生存演练、义工服务教育等活动，各州政府每年耗资数百万欧元推动活动的开展，为义工资源储备奠定基础。联邦政府对拒绝服兵役的替代服务、社会活动年、生态活动年的适龄青少年从事义工服务活动进行管理，并对这些特定义工群体支付补贴。这些活动虽然由联邦政府负责，但大部分费用仍由各州政府负担。普通民众开展义工活动由联邦管理并提供经济性支援。义工和义工组织从事义工服务通常由“义工事务所”负责协调，“义工事务所”负责接待、协调需要从事义工服务的人和团体。德国共有150家“义工事务所”，这些组织通常由社团义工事务所作业中心管理，并从联

---

[1] 日本文部科学省:《諸外国におけるボランティア活動に関する調査研究報告書》页141,2007年3月。2011年7月1日德国取消兵役制度，其社会服务部门依靠了50年的主要义工来源消失，许多服务机构面临着义工短缺的问题，这已引起德国政府的警觉，为此专门推出新的联邦义工服务计划和政策，为义工提供最低津贴和州政府的健康保险等待遇，以保证义工资源的充沛供给。

[2] 德国《奖励社会活动年法》的基本内容包括:(1)奖励条件;(2)义工及义务服务工作;(3)国外义工社会年;(4)奖励;(5)义工服务机构;(6)合约、证明、证书;(7)劳动法与劳动保护法的规定。德以《奖励社会活动年法》为依据，参与义工活动的费用由联邦政府与州政府分担。

邦家庭省和罗伯特·博世财团补助和运营费用,除协调外,“义工事务所”也对优秀的义工组织实施表彰,奖金由一般由私营企业或财团提供。

第四,相对于其他国家的义工组织而言,德国义工组织更具有专业化色彩。虽然义工及义工组织为自发性的社会群体,每一个义工均有不同的专业知识、技能和经验,或者说都受到不同服务技能的培训,但义工的结合却不是乌合之众,德国义工组织为适应公共福利团体专业化的技能需求,更侧重专业化建设和专业化发展。义工组织分布于生命救援、医疗救助、消防、环保、动物保护、体育文化、社区服务等领域,义工参与或加入义工组织,其最优选择是更接近于自己的专业特长、专业技术,义工向社会贡献的是自己的专业知识和专业技能,而不仅仅是一颗奉献社会的爱心。德国生命救助协会、约翰尼特事故救援组织、马耳他骑士战地服务团、德国红十字会以及劳动者义工联合会等特大型义工组织,经过百余年的发展,均形成了特色鲜明的公共福利服务领域,具有很高的专业化水准。尤其,德国政府推动义工服务政策并不仅仅局限于民众参与义工服务的时间与过程,更是把义工服务与职业技能、就业培训结合起来。以“民事保护”为例,德国的民事保护主要由义工组织承担,约有 170 万义工分别为联邦、州或民间组织提供民事保护领域的义工服务。依据《德国基本法》规定,各州负责民事保护,联邦负责战争状态下的民事保护。参与联邦民事保护领域的义工的权利由《技术救援署权利条例》保障,参与各州民事保护领域的义工的权利由各州依据其《民事保护和灾难救援法》保障。

为提升义工组织专业化服务能力、强化义工专业化技能,德国义工组织对义工培训是其日常的工作,凡义工未经岗位培训,不能直接提供公共福利服务,同样,德国政府也成立专门教育机构从事义工培训工作。如德国联邦救援署创立的技术救援学院偏重于实践层面的救援人员和义工,这些教育培训机构的教师本身就是具有丰富经验的义工或专业技术人员。在德国,因为义工“太专业,在灾难救助中人们甚至无法分清谁是志愿者谁是专业救助人员”。[1]

4. 我国台湾地区完善的志愿服务培训制度

相较于其他任何国家和地区，我国台湾地区义工组织[2]的组织性可以说是比较严谨和规范的，这是因为我国台湾地区义工组织的组织形式为社团法人或财团法人，我国台湾地区“民法”为义工组织提供了严密的组织构造。作为法人，义工组织的内部组织结构成熟、合理，有独立的法律地位，有完善的内部规章和管理程序，而这些均以我国台湾地区“民法”有关社团法人或财团法人的规定为基础。因此，我国台湾地区义工组织是真正的组织、严谨的组织和规范的组织。建章立制，开展培训一直是组织建立，实现组织目标，维护组织团结稳定，传递组织文化、价值理念的重要手段和关键环节。2001 年我国台湾地区颁布“志愿服务法”，依法确立志愿服务完善的培训体系和制度要求。

我国台湾地区“志愿服务法”将培训与接收教育培训作为义工与义工组织的权利义务加以规定。志愿服务质量关系到被服务对象的权益保护，对义工进行教育训练，有利于提高志愿服务品质，切实改善被服务对象的生存环境。我国台湾地区“志愿服务法”规定：志愿服务运用单位应对义工进行基础训练和特殊训练，基础训练教材由有关主管机关审定，特殊训练由各目的事业主管机关或各志愿服务运用单位依其个别需求自行订定。[3] 义工秉诚心以知识、专业、技能、经验等贡献于社会，相较于其本职工作，毕竟未接受过系统的职业训练，而且，义工服务社会涉及文化、教育、社会福利、环境保护等各个领域，需要满足不同的、多元的、多层次的需求。对义工实施必要的教育训练，既是为了使义工更好地开展志愿服务，也是对受服务者的关心与爱护，是受服务者合法权益保护的需要。作为一种职责，主管机关、“志愿服务运用单位”如果未对义工实施必要的教育训练，即构成相应的失职和义务的违反，应当承担相应的法律责任，

---

[1] 敖带芽：《德国志愿体系对我国发展志愿组织的借鉴与思考》，载《探求》2014 年第 2 期。

[2] 我国台湾地区“志愿服务法”称义工组织为“义工服务运用单位”。

[3] 参见我国台湾地区“志愿服务法”第 9 条。

这种责任情形可能因不同的法律适用形成不同的后果。我国台湾地区拥有完善的义工培训机制。义工开展志愿服务经审核批准后还要历经严格的招募、面试、签约、培训等程序,最后才能上岗服务,我国台湾地区“志愿服务法”为义工的培训课程即内容作了明确具体的规定。

(二)义工组织专业化之实现路径

随着全球新公共管理革命的兴起和政府职能的转变,社会组织将参与更多的社会公共事务,慈善组织迎来良性发展的机遇和空间。“作为一种社会现象,义工组织的存在是一种历史的偶然,但是也有其坚固的基础——市场机制局限中对公共需求的回应,政府机制局限中作为另一种独立的对市场缺陷的回应机制,民主社会所需要的在平等的个人中推进合作多元主义和自由的价值。”〔1〕市场与政府潜在的失灵危险将导致公共物品供给欠缺,义工组织作为回应机制,最核心的原则是“非强制的个人行动”,“非营利领域包含了千百万市民的活动和支持,提供了人们自我帮助的机制,使有需要的人得到志愿帮助,使广泛的信念和利益得以实现”。〔2〕 相对于传统观念中的做好事或者助人活动,义工组织提供一种正式的、有组织、有计划的活动,这种正式的活动把个人纳入共同事业中一起行动,不再是散兵游勇式的零星的单独行动,通过组织及计划的实施可以最有效地获得社会信任,可以最有效地组织社会服务,可以最有效地达成一定的社会目标。义工在自愿参与义工服务的过程中实现精神的愉悦、心灵的满足和知识、经验、技能及劳动的奉献,义工组织能够实现正式的活动目标。由此可见,义工组织首先应该是一种系统、专业且有个性的正式创立的组织,无论其是否注册登记,其至少是具有共同制定的章程和行为规范的独立组织,能够自我管理并具有控制自己活动的能力,只有这

〔1〕 [美]莱斯特·赛拉蒙:《非营利领域及其存在的原因》,载李亚平、于海编选:《第三域的兴起:西方志愿工作及志愿组织理论文选》,复旦大学出版社 1998 年版,第 40 页。参见陈婉玲:《促进社会组织发展的法治保障研究》,载上海市行政法制研究所:《政府法制研究》2015 年第 12 期。

〔2〕 [美]莱斯特·赛拉蒙:《非营利领域及其存在的原因》,载李亚平、于海编选:《第三域的兴起:西方志愿工作及志愿组织理论文选》,复旦大学出版社 1998 年版,第 28 页。

样，才能面对多样化的社会需求，反映各种不同的愿望，满足全方位社会公共服务的选择。

第一，加强构建义工培训机制及平台，提高义工专业技能和服务质量。我国《慈善法》和《志愿服务条例》都强调“志愿服务组织招募志愿者参与慈善服务，需要专门技能的，应当对志愿者开展相关培训”。[1] 各省市《志愿服务条例》均将“培训”作为志愿者组织的职责和志愿者的权利加以规定。随着社会分工和服务要求的精细化，义工服务面临各种技能的挑战。课题组在进行调研时发现，福利院特别欢迎有特殊教育背景、有康复经验的专家型义工，因为那里95%的孩子需要特殊照顾；养老院则对有医务技能的义工情有独钟，因为那里的老人大部分与药物打交道，需要医务人员对服药进行定期指导和把关；对残疾人的服务则需要熟悉运用特定的肢体语言和辅助工具；而支教、法律援助或动物救助乃至义务维修等都需要相应的学识和技能。发展义工组织的专业化服务，则必须培养专业化义工，但并不意味着要将所有的义工都培养成专业化人员，而是义工组织一方面要建立义工信息库，依照工作性质和个人特点将义工进行分类，如将义工分为智能型、技能型和体能型，相应建立分类登记和管理制度使义工服务各尽其能。另一方面，要加强义工的岗前培训，提高义工的专业化技能。

培训是义工组织为实现组织使命和目标，对义工基于岗位任务所实施特定的、明确的知识和技能的培养。从总体上看，一个合格的义工应当具备完成特定岗位任务所需的各种知识、技能，甚至包括为完成岗位任务所需的沟通与交流能力、组织能力等。但不同的岗位需要的知识、技能并不完全相同，这就决定了义工组织必须对义工进行必要的岗位培训，培训的内容应当基于岗位工作任务分析，提供完成岗位任务必须具备的知识和技能。诚如《加拿大义务工作法》所指出的那样：“义工需要充分的培训来使自己和他人在执行任务时不存在危险”，为义工提供“持续进行培

[1] 参见《慈善法》第36条和《志愿服务条例》第16条。

训的机会来更新他们的技能和适应组织的变化”,“每一个义工有权获得根据岗位任务和个人需求定制的培训”。从权利的角度看,义工享有岗位培训的权利不仅仅源自《加拿大义务工作法》,更是加拿大劳动法确立的权利。同时,义工组织也包含义工岗位任务的边界和限制,而且岗位任务的边界和限制构成了义工从事义工服务时的权利义务界限,它可以降低义工组织风险,防止义工在实现岗位任务过程中侵害他人的利益。

第二,政府购买服务能够提高义工组织的专业化能力。政府购买服务,意味着政府提供公共服务模式的改变,通过政府与民间力量的合作,实现政府与慈善机构关系的规范化和良性发展。政府购买服务后,政府一方面不减少对义工组织的资金支持,另一方面也不直接介入干预义工组织的管理,义工组织可以进一步独立自由地开展活动。政府向社会力量购买服务是一个公平透明的过程,任何一个非营利组织都有资格参与竞争,义工组织只有通过内部治理结构不断完善和优化,满足政府购买服务条件的约束和限制,才有机会获得项目和支持,这有利于促进义工组织不断提高自身管理和服务的专业化水平。为满足公共服务专业性的要求,政府常常通过购买社会工作岗位的方式来解决问题,这也为义工组织拓宽志愿服务方式、努力发展专业化服务提供了一种崭新的路径和方向。

第三,推动“义工社工化”的义工、社工联动机制,可以助力义工组织专业化转型。社工和义工虽同为社会公共服务领域的重要服务力量,但两者具有质的差异。社工,即社会工作者,是运用个人潜能与社会资源,以协助个人调适环境的一种方法和技术,社会工作是一种活动,用以帮助个人与其社会环境获得更好的相互调适。[1] 美国“国家社会工作者协会”把社会工作者描述为:“每个社会工作者都受过特别训练,他们考虑人们的生活环境和文化氛围,设身处地帮助别人,确保人们的健康,预防危机,对个人、家庭和社团提供咨询,保证人们从最恰当之处得到他们所需

〔1〕 参见联合国1960年出版的《国家社会服务计划的发展》关于“社会工作”的定义。

的帮助”。[1]《加拿大社会工作者伦理守则》规定,任何一个人、家庭、团体、公司、企业界、组织或社区,都可能成为社工的服务对象,社工所从事的社会工作必须保证服务对象利益最大化,服务对象的“期待、希望、动机与计划在任何介入计划发展中都被社工视为是最基本的考虑点,只有当服务对象的计划被认为不切实际、不合理或者是假设性时,社工才能试图改变其计划。社工所有的活动及介入计划被视为对服务对象是有益的,社工应当考虑服务对象是独立个人、家庭单位的成员、有特殊家族或文化的人,因为这些因素都会对服务对象产生影响”。[2] 我国香港特区社会工作注册局 1998 年的《社会工作者专业守则》规定:社工的首要使命为协助有需要的人士及致力于处理社会问题,社工的基本守则是应尊重每一个人的独特价值和尊严、相信每一个人都有发展的潜质、有责任维护人权及促进社会公义、相信任何社会都应为其公民谋取最大的福祉以及社工有责任运用本身的专业知识和技能去推动个人和社会进步。

从这些关于社会工作的定义和目的描述可以看出,社会工作的本质是一种道德实践,社工是以助人自助为宗旨,运用专业知识、技能和方法处理和预防社会问题的人。从某种意义上看,社工与义工具有非常密切的关系,社会工作源于早期的慈善服务,19 世纪末 20 世纪初,英、美等国为解决工业化带来的社会问题,鼓励义工进入社区为贫民服务,寻求改善个人和社会生活的最佳方法,并在这一过程中,社会工作逐步由自愿性向行业性转化,因此,早期的社工主要是义工充任的,但社会问题复杂化和严重化催生了专业的社工,社工逐步从义工中分离出来并迈向独立的专业化发展之路。义工与社工在是否有偿取酬、是否强制接受培训和专门职业资格标准等方面存在差异,正因为社工是有偿从事社会工作的专业

---

[1] 王秀玲、陈承新、林海:《美国、加拿大和瑞典的社会工作》,载《国外社会科学》2008 年第 6 期。美国是世界上社会工作专业水平和专业组织最发达的国家之一,美国社会工作者协会是世界上人数最多、最著名和影响力最大的专业组织,其历史发展、组织结构、功能作用和运作模式代表世界社会工作专业组织的最高水平和发展方向。

[2] 资料来源:http://wenku.baidu.com/view/49038ffd770bf78a6529542b.html,最后访问日期:2013 年 5 月 29 日。

人员,因此必须遵守更严格的专业伦理和价值。

义工与社工关系在不同的国家和地区有着不同的表现,概括起来可分为四种类型:一是指导型,社工普遍受过系统的专业教育,具有丰富的专业实务经验,拥有先进的助人理念、完备的知识体系和科学的助人方法,而普通的义工并不具备这些素质。社工运用专业知识指导、培训义工,提升社会服务质量。我国香港特区社区服务均有社工参与,对义工从事服务进行指导和评估,取得了良好的社会效果。二是互补型,社工和义工各具优势,在人力资源、知识结构和社会资源等方面具有明显的互补,社工与义工相互配合,可以有效地拓展服务空间,延伸服务范围,扩大服务影响,提升服务质量。三是服务型,社工基于专业知识和科学方法为义工提供咨询服务和专业培训,对义工服务社会提供支持和倡导,并利用和整合社会资源,为义工提供服务机会和服务环境。四是管理型,以社工管理义工服务计划,评估、考核义工服务计划的执行情况。[1]

一般来说,义工人人都可以从事,义工服务具有随意性和盲目性,不一定需要专业的助人理念、技术和技巧,但随着越来越多的专业人士加入到义工的队伍中,义工服务的质量和价值正在提升。为因应社会转型趋势,转变观念,更新义工组织传统生存模式,构建有针对性的长期的培训,推动"义工社工化"有利于义工组织更加健康有效的发展。我国香港特区、台湾地区已经形成了"社工引领义工,义工协助社工"的义工、社工联动制度。一方面,义工在参加义工服务活动之前,需要接受专业社工的培训,由专业的社工对义工就专业知识、工作技巧上进行培训,由专业社工督导开展工作,逐步向"义工社工化、义工专业化"过渡,这不仅能充分发挥社工的专业化优势,也能最大限度地发掘义工的服务力量,提升社会服务质量;另一方面,鼓励专业社工在空闲时间参加义工工作,社工只要是愿意参加义工服务的都可以到社会工作机构登记成为"义务工作者",同

---

〔1〕 参见民政部社会工作司编:《社会工作与志愿服务关系研究》,中国社会出版社 2011 年版,第 73 ~ 76 页。

时,也可以参照社工专业人才培养机制制订义工培养计划,或将其纳入到社工队伍中来,我国由政府主导的社会工作职业化已取得了阶段性进展,2008 年,社会工作者职业资格考试制度正式实行。义工组织可以大量吸收高校社会工作专业的学生定期、定量实习,使其将书本上习得的理论知识付诸实践,即实现专业价值,又提升义工组织的专业化程度。

第四,结合本地义工资源、服务需求、人文特色等因素,建立自己的义工服务品牌也是义工组织专业化发展的路径之一。义工组织品牌建设必须有创新的理念和追求,但义工服务的创新在于差异化的精湛服务而非服务对象的创新。目前,志愿服务对象可分为以下几大类:(1)特困援助类;(2)救灾援助类;(3)教育援助类;(4)医疗援助类;(5)司法援助类;(6)混合型等,只有专注于某一类对象的服务和救助,而不是每年都在各类对象进行项目“创新”,才不至于导致服务不精不专。当下,中国的义工服务项目个性化品牌已经显露。2008 年,“友成企业家扶贫基金会”在国务院扶贫办的支持下,开展和设计了友成扶贫志愿者行动计划的项目。该项目旨在结合千年发展目标进行志愿服务活动,解决农村贫困问题。“志在天下”是友成企业创立的公益品牌之一,旨在创立系统和搭建平台,倡导志愿服务精神。它建立了志愿服务“高速路”,为不同领域的志愿者提供专业培训和咨询服务。“志在天下”活动包括人力资源协调平台、志愿者驿站和志愿者项目三部分。友成志愿者人力资源协调平台包括志愿者的招募、知识拓展、志愿者互动社区和志愿者管理激励几大板块。志愿者驿站从 2008 年友成开始招募志愿者,截至 2010 年年底,已成立了 13 家驿站,有志愿者近 70 人,这包括青海的西宁驿站,云南的昆明驿站,四川的阿坝、绵竹、巴中、仪陇和彭州驿站,广西的隆安和南宁驿站,河北的围场和滦平驿站,湖北的建始驿站以及在北京的两村工程驿站。友成志愿者驿站是建立在贫困地区、由专职志愿者和流动志愿者自我管理和运行的服务站,为志愿者提供每日的生活必需,是志愿者的知识分享与文化交流中心。这些驿站将会成为发展和支持“新慈善事业”领导人的基地,以及作为社会企业家的滋生地。

慈善组织借助品牌,一方面可以清晰有效地识别义工组织的身份,宣示组织所持有的价值观以及所追求的使命,实现与其他组织的差异化发展,避免遭同类组织"形象外溢"的影响,同时,品牌能够确保义工组织按其组织承诺提供相应的服务,保证义工组织的规范化、程序化运行;另一方面,品牌建设将促进义工组织管理方式的变革和优化。汉金森的研究表明,"品牌化对于非营利组织的内部管理价值在于能够将组织从业者凝聚于一个共同的事业之中、充当组织变革的催化剂,以及促进组织的专业化"。[1]

[1] 张冉:《国外非营利组织品牌研究述评与展望》,载《外国经济与管理》2013 年第 11 期。

第三章　激励、扶持与制度供给

“激励”本身是一个通识性的概念,自诸多学科将它作为共同的研究对象之后,便产生了多样化的“激励”理论范式。[1] 为避免理解的晦涩和复杂化,我们将“激励”视为是一种驱动人们追逐目标的过程,“一种通过满足人的需求,调动人的工作积极性、主动性的过程”。[2] “义工”中的“义”包含中国传统文化一直以来强调的仁爱精神,基于人的公平偏好和互惠动机,义工群体是充满仁爱之心和助人情怀的社会资源,义工组织的发育是反映人的精神面貌和社会风气的一个重要表征,其对促进社会发展和文明进步有着无可估量的价值。但社会转型背景下义工组织的生存与发展并不一帆风顺,与改革开放四十年中国社会巨大变迁释放的需求相比,先天不足与后天窘境羁绊着义工组织健康成长,需要扶持、鼓励和

---

〔1〕 激励理论最具有代表性的是管理学学派和经济学学派,前者在组织行为学、心理学学科多有涉及,后者的成果主要出现在信息经济学(激励经济学),二者的理论体系各有侧重,形成各自分析框架和运用范畴。在众多的理论中,目前已被普遍接受且认可度较高的激励理论有:亚伯拉罕·H. 马斯洛(Abraham H. Maslow)等学者提出的需求层次理论(Need Hierarchy Theory)、道格拉斯·麦克雷戈(Douglas McGregor)提出的 X 理论和 Y 理论(Theory X and Theory Y)、弗雷德里克·赫茨伯格(Fredrick Herzberg)提出的双因素理论(Two Factors Theory,又称激励保健理论 Motivator-Hygiene Theory)、约翰·斯塔希·亚当斯(John Stacey Adams)提出的公平理论(Equity Theory)、维克托·H. 弗洛姆(Victor H. Vroom)等学者提出的期望理论(Expectancy Theory)、爱德温·A. 洛克(Edwin A. Locke)等学者提出的目标设定理论(Goal-Setting Theory)、阿尔伯特·班杜拉(Albert Bandura)等学者提出的社会认知理论(Social Cognitive Theory)等。

〔2〕 丰霏:《法律制度的激励功能研究》,法律出版社 2015 年版,第 29 页。

支持,政府应该关注的是“这种潜在的社会资源如何才能更快地得到发展,如何才能最明智地加以利用”。[1] 以具有“强制力”或“规范性”的制度安排,“诱导当事人采取从社会角度看最优的行动”,[2]通过引导、促进、刺激、保障与监督等作用的内在集合形成良好的社会环境氛围和慈善文化效应,实现对义工组织“非强制性”的激励,激发其持续参与的热情和发挥作用。

一、激励的逻辑起点:义工组织的价值与生存“瓶颈”

与捐赠款物相比,义工服务的特点是人人可为,解囊相助或许困于囊中羞涩,身体力行则难说力有不逮,义工服务的提供者包括义工组织与义工个人两个层面。其中,义工个体是义工服务的主要生产者,义工组织则是义工个体的“集结者、号召者与管理者”。在社会转型期,义工组织在社会的宏观和微观领域发挥着重要的功能,已经成为公共服务不可或缺的组成部分。

(一)义工组织发展现状、社会价值与贡献

我国义工组织发展相对迟缓,在计划经济时代,政治色彩浓厚的“学雷锋、做好事”曾是义工服务存在的表达方式。真正意义上的义工服务是改革开放的产物,也是社会服务方式创新的结果。2001 年中国青年志愿者协会借“国际义工年”之机,正式与联合国义工组织建立了合作关系,红十字会、慈善会扩大了公益义工组织的力量,民众自发参与社会服务的热情空前高涨,公益服务的社会力量迅速遍及全国各个城市,甚至是边远的县城和部分农村社区。2008 年注定要成为我国志愿事业的“分水岭”,民间义工服务和政府主导的志愿服务已经成为具有中国特色的志愿事业中两支不可或缺的基本力量。

开展志愿服务是社会文明进步的重要标志。改革开放以来,随着现代化进程和社会治理变革的加速推进,我国民间性的志愿服务经历了从

---

[1] [英]马歇尔:《经济学原理(上卷)》(第 8 版),朱志泰译,商务印书馆 1964 年版,第 121 页。

[2] 张维迎:《信息、信任与法律》,三联书店 2003 年版,第 66 页。

自发到自觉、从分散化到组织化、从无所适从到自主行动的发展过程,在社会转型中扮演了重要角色。中国经济高速增长的同时也带来了新的社会矛盾和社会问题,城乡、区域经济发展和公共服务供给不平衡,收入差距加大,贫困依然存在,严重的环境污染和自然资源损耗更是转型期中国面临的严峻社会挑战,原有的社会管理体系已经不能全面、充分地满足社会多元化需要,大力提升民生保障和社会治理能力的时代诉求为义工组织发展提供了广阔的空间。近年来,我国民间义工组织活动逐渐从敬老、扶幼、助残覆盖到社区建设、抢险救灾、社会公益慈善等众多领域,在社会经济各个领域发挥了不可忽视的作用。

第一,弥补政府和市场的不足,有效配置社会资源。政府财政资金是有限的,公共服务范畴却在无限延伸。在公共服务供给与需求的矛盾中,人们开始意识到"如不学会自动的互助,就将全部陷入无能为力的状态"。[1] 实际上,民间义工组织的服务不仅覆盖了扶贫、济困及扶老、救孤、恤病、助残、优抚等传统领域,还在不断向其他原为政府"专属领域"的公共服务延伸,特别在自然灾害、事故灾难和公共卫生事件等突发事件救助,以及促进教育、科学、文化、卫生、体育等事业的发展、防治污染和其他公害并保护和改善生态环境等方面,义工组织也正彰显其在资源整合、社会动员上的能力和组织优势,成为现代政府公共服务职能的有益补充。义工组织的个性化、普遍化的社会服务能够满足不同层次、不同群体、不同领域的多元化社会需求,这是义工组织存在的社会价值基础,也是义工组织逐渐发展为政府在公共服务领域最有力助手的关键。[2]

---

〔1〕 [法]托克维尔:《论美国的民主(下卷)》,董果良译,商务印书馆 1988 年版,第 637 页。

〔2〕 参见陈婉玲:《义工组织法人制度研究》,北京大学出版社 2014 年版,第 334 页。对于志愿者招募来说,不同的志愿者之间也会在个性(如宗教信仰)、资源(如社会经济状况)和社会因素(如社会网络和社会角色)等方面表现出差异,我们也可以从志愿者的价值观、身体健康状况、是否与朋友经常接触、是否向其他人提供帮助等因素来判断其是否是潜在的志愿者对象。参见 Sarah Dury, Liesbeth De Donder, Nico De Witte, Tine Buffel, Wolfgang Jacquet and Dominique Verte: To Volunteer or Not: *The Influence of Individual Characteristics, Resources, and Social Factors on the Likelihood of Volunteering by Older Adults*, Nonprofit and Voluntary Sector Quarterly, 2015, Vol. 44 (6), pp. 1107 – 1128。

第二，倡导新型的伦理道德、改善社会道德风貌。义工组织开展志愿服务是爱心的传递、善行的积累。对于义工个人来说，在回答义工角色对其自身的意义时，不同的义工有不同的答案。有些人从事义工服务只是为了寻找快乐、结交朋友、找工作、履行义务，有些仅将参与义工服务当作一种消遣，[1]有些将义工作为其生活的一个非常重要的部分，有些将义工服务视为自我感受进而认识自我的过程。每个人都身兼多个角色，身份也会受到性别、年龄或种族的影响。[2] 义工的角色认同也会受外在多种因素的影响，只有他人、社会的尊重和奖励才会使义工拥有身份的获得感。角色认同为人们的生活提供了目的和意义，这些目的和意义也是义工拥有更好的精神健康的原因之一。

在西方社会，重视慈善、强调互助的志愿精神传达的是人道主义的伦理观。以人格的平等作为构建一切社会关系的基础，以博爱、平等对待那些在身心和财富上处于弱势的人并为他们提供帮助；同时，志愿服务彰显了对个人主义和公民权利观念的尊重，“其本质在于强调个体的权利、价值、尊严和利益，其前提是人生而平等，由此衍生的‘助人’与‘自助’构成义工服务事业的核心价值”。[3] 公民权利观念把个人看成社会的一分子，人们把享有福利当作自身应享有的权利，因此，公民权利观念改变了传统的志愿服务事业的慈善救济性质，体现了现代社会追求公平、平等、自由和正义的思想并促使政府重新考虑其在公共社会服务和社会福利中的角色定位。同时，义工服务精神还能促进社会信任，是当今“陌生人社会”中的一股清流，义工服务在帮助受助者的同时，减少了受助者的自卑感和疏离感，增强了受助者对社会和他人的信心，传递了爱心和文明，唤醒并激发了大众互助互爱的“天性”。日本松下公司创始人松下幸之助曾

---

〔1〕 Thoits, *Volunteer Identity Salience, Role Enactment, and Well-being: Comparisons of Three Salience Constructs*. Social Psychology Quarterly, 2013, Vol. 76, pp. 373 – 398.

〔2〕 Stets, J. & Burke, *A Sociological Approach to Self and Identity*, *Handbook of Self and Identity*, NY: Guilford Press, 2005, pp. 128 – 152.

〔3〕 汤玉枢：《英国义工组织慈善化及其制度供给》，载《兰州学刊》2016 年第 11 期。

指出，只有先“熔铸”出“松下人”，才能研制出“松下的商品”。[1] 同样，为提供符合社会需要的义工服务，必须先“熔铸”出真正的“义工”。加拿大的《政府与志愿部门协议》更是列举了六种与加拿大政府和义工组织关系最具关联性的价值观，[2] 正是这些价值观的相互关联共同创造并改善和增进了加拿大的社会氛围。

发展义工组织对激活我国的传统文化中善的要素，养成公民关怀公益和互助的情怀具有重要价值。义工组织建立了一个公共交流的平台和媒介，在这样的平台中，义工个体在相互交流的基础上，满足自身需求、实现自身权利的同时，形成了公共伦理和公共道德。如果成员间能够加强沟通，彼此就不会视同陌路，沟通能唤起一些有助于合作的价值和创造一种群体的身份和意识。义工组织开展的义工服务就为义工之间、义工与受助者之间提供了沟通的渠道，既有利于形成社会信任，又发扬了义工精神，同时推动了社会文明的进步。

第三，提供社会福利，增强国家社会保障能力。社会保障本质特征是保障弱势群体的生存权与发展权，健全社会保险、社会救助、社会福利和慈善事业相衔接的社会保障体系，离不开义工组织的积极参与。社会保险、社会救助、社会福利的供应主体是政府，慈善事业主体在民间。传统社会保障体系的运转资金主要来源于国家财政。随着人民生活水平的提高，社会公众对公共基础设施与公共服务的需要不断提升，这种情况与国家财政的有限性形成了矛盾。这一矛盾如若处理不好，社会冲突将极易发生。社会慈善在传统社会保障体系中扮演国家财政辅助的角色，世易

---

〔1〕 参见俞文钊：《现代激励理论与应用》（第 2 版），东北财经大学出版社 2014 年版，第 5 页。

〔2〕 加拿大《政府与志愿部门协议》列举的价值观包括：(1) 民主，支持结社自由、表达自由和提出各种倡议的权利；(2) 激发公民责任感，欢迎个人和社区以政治或义工活动的方式踊跃参与塑造社会；(3) 平等，尊重加拿大人在《权利与自由宪章》(Canadian Charter of Right and Freedoms)、《加拿大人权法案》(Canadian Human Right Act) 和《联合国人权宣言》(Universal Declaration of Human Rights) 中所承认的各项人权；(4) 多样化，尊重加拿大人丰富多样的文化、语言、身份、兴趣、观点、能力以及社区；(5) 包容，欢迎多样化的表达和表现，支持每一个人的权利；(6) 社会公正，确保社区充分参与社会、经济和政治生活。

时移,社会保障体系运行环境的变化要求社会慈善发挥更大的作用,慈善事业应成为社会第三次分配体系的主导,义工组织能够成为社会保障体系的重要补充。

第四,义工组织提供的义工服务在提高国内生产总值(Gross Domestic Product,GDP)、带动社会效益和经济效益方面的潜在贡献不容忽视。志愿服务的贡献不可忽视。北京奥运会期间的志愿服务估计为2亿小时,产生的直接经济利益达到42.75亿元人民币。截至目前,中国对志愿服务带给国内生产总值增长的贡献还没有一个系统性的评估。国内生产总值只是对生产力的一个衡量,它不包括没有市场价值的东西。根据其他国家采用的模式,志愿服务可能带来1%~2%的国民生产总值增长。另外,志愿服务对建立社会资本和加强社会凝聚力的贡献是普遍公认的,虽然用经济增长模式来评估它的作用并不容易,但义工服务是正义之举,[1]社会使命和公众期待要求义工组织必须具有比法律要求更高的行业标准。当其他生产者缺位的情况下,义工组织可以起到弥补与替代的作用。[2] 有数字显示,美国有一半以上的人每年平均做义工100小时以上,每年全国总义工时间逾150亿小时,义工大军的工作相当于900万全职职工的工作,创造的价值约为1600亿美元。[3] 一项对年龄在50岁以上的荷兰义工进行的调查侧面反映了退休人员利用额外的时间从事义工服务,也为社会创造了很大价值。[4] 义工组织还为社会提供了工作岗位。根据理想加拿大组织和加拿大智库威斯利研究所的报告,2012年加拿大义工组织居世界第二,创造了200万个工作岗位,相当于经济活动人

---

〔1〕 罗尔斯的正义论认为,在涉及一个社会中业已存在社会和经济的不平等,但这种不平等必须满足以下两个条件才能存在:第一,所有的工作和职位在公平的机会均等的条件下向所有人开放;第二,它们必须做到最有利于那些处于最不利地位的社会成员,即让弱势群体受惠。

〔2〕 Erik van Ingen,John Wilson: *I Volunteer,Therefore I am? Factors Affecting Volunteer Role Identity*,Nonprofit and Voluntary Sector Quarterly,2017,Vol. 46(1),pp. 29-46.

〔3〕 参见杨涛等:《遭遇取缔的义工组织该何去何从?》,载《中国商报》2007年9月18日,第9版。

〔4〕 Erik van Ingen,John Wilson: *I Volunteer,Therefore I am? Factors Affecting Volunteer Role Identity*,Nonprofit and Voluntary Sector Quarterly,2017,Vol. 46(1),pp. 29-46.

口的 11.1%，创造的 1060 亿加元经济价值相当于加拿大国民生产总值的 7.1%，大于制造业和农业。[1] 根据“加拿大关于捐赠、志愿者服务和参与的调查”年鉴数据显示，2010 年超过 1200 万加拿大人(约占人口 47%)参加了志愿服务，为慈善和义工组织贡献了累计 21 亿小时的志愿时间，相当于 110 万个全职工作时间。义工人均贡献 156 个志愿工作小时，约等于 21 个工作日。其中，青年人中(15～24 岁)义工比例最高(占 58%)、35～44 岁公民参加义工人数紧随其后(占 54%)。

(二)义工组织生存困境与发展“瓶颈”[2]

虽然义工组织在和谐社会建设中能够发挥不可或缺的作用，其存在能够创造重大社会、经济价值，但要营造“人人愿为、人人能为、人人可为”的志愿环境，必须通过政府的激励和支持措施激发其动力。目前，义工组织的组织建设和深入推进仍存在诸多障碍，政策激励体系不够完善、公众参与氛围不够浓厚、志愿者队伍数量不足、组织认同程度有待提高，其生存仍处于游离与迷茫之中。人员流失是困扰民间义工组织生存的首要问题。义工流失的一项重要原因是经费和时间成本的问题，义工组织缺少专门经费用于支持义工开展义工活动，大部分义工在付出善行的同时，还必须为必要的交通费、餐费负责。除了义工服务成本无法得到保障外，义工在服务中可能面临的伤害风险也是导致义工流失的又一原因。以广东省义工组织为例，调查数据表明，“20.0% 的志愿者在服务活动中受到不同程度的身体方面的伤害(主要是轻微伤害)，23.9% 的志愿者在服务活动中受到不同程度的精神方面的伤害(主要是轻微伤害)。许多志愿组织管理者反映，当志愿者受到误解、斥责和责骂时，心里有极大的委屈也不能反击，只能忍气吞声。服务过程无论是发生碰伤、擦伤、扭伤等，只有自

---

[1] 参见陈婉玲：《义工组织法人制度研究》，北京大学出版社 2014 年版，第 141～142 页。

[2] 为了解我国义工组织发展中面临的真实困境，保证研究的实践性，本课题成员分工合作，联系了宁夏义工联合会、十堰小草义工组织、庆阳市阳光志愿者协会、乌兰察布志愿者协会、郧阳小草义工组织等几个义工组织的负责人，进行了现场、电话、微信语音、邮件等多种形式的访谈，相关访谈内容以附录的形式附于本课题正文后面。以下内容中所提到的义工组织负责人均为本课题研究中进行实时访谈的对象，读者可结合附录完整内容进行查阅。

己解决困难或者由其他志愿者帮忙,甚至要购买服务时的意外保险,也没有保险公司愿意提供”。[1]

政府沉默让义工“寒心”。《南方周末》曾有一篇名为《一个自杀救助者的惑与盼》的报道,讲述了南京市民陈某守望大桥十载,救助251名跳桥自杀者的感人事迹。南京长江大桥自1968年建成至今,已有1000多人在此跳江自杀,开小百货店的陈某看到常有新闻报道长江大桥有人自杀,决定利用双休日的时间,上桥义务救助自杀者。陈某希望他的救助行为能够得到政府部门的支持,但遗憾的是,尽管媒体屡有报道,当地政府部门始终没有出面表态。陈某说他的要求其实很简单,“只要让我免费坐电梯上桥(每次收费5元),下雨的时候有个地方躲雨就行了”。陈某感慨道:“要是政府打个电话给我,认可我做的是好事,道一声辛苦了,我就算死也无憾了。”刚上桥的时候,陈某在大桥救下人后,一般要将人送到有关部门,送多了,有些人便有些烦,“你是吃饱了撑的,我们这里又不是收容所”。[2]

造成义工流失现象普遍的原因是多方面的。除了上述原因之外,还有家人的不理解、工作的调动、经济压力等。许多义工组织负责人表示,目前义工成员的构成大多是在校学生和一些留守在家的照顾老人孩子的人,成员不固定。庆阳市阳光志愿者协会负责人(访谈对象,具体访谈内容详见附录)表示:“今年对接的两个大学生没有留下来,主要是报酬不高导致。”郧阳小草义工组织负责人(访谈对象,具体访谈内容详见附录)认为:“义工组织继续运作所面临最大的问题是义工流失严重和人才匮乏,国家政策或法律层面应在公益岗位、人才培训方面提供一些支持。”当然,也有义工组织的负责人认为义工流失实属常态,因为目前义工群体主体都是由青年学生构成,因此会因为工作关系的变动而产生流失。

---

〔1〕 谭建光:《和谐社会需要志愿服务的创新发展——志愿者事业现状、问题与对策调查报告》,载《中国党政干部论坛》2007年第9期。

〔2〕 参见李粱、陈小莹:《一个自杀救助者的惑与盼》,载《南方周末》2004年3月11日,第B12版。

资金来源匮乏是阻碍民间义工组织生存的主要障碍。在我们的访谈中,有些义工组织负责人明确提出,资金是目前义工组织运作中存在的最大困难。宁夏义工联的负责人(访谈对象,具体访谈内容详见附录)表示:"筹款一直都很困难,每次筹款主要靠项目的筹划,如果项目筹划吸引力比较大,社会反响比较好,那么筹款就相对容易些,否则就困难重重,每次出去活动,大多是义工自己开车,一些基本费用也都是义工自己承担,义工组织只提供一些餐补,一般只有大型活动才可能会报销油费。"乌兰察布志愿者协会负责人(访谈对象,具体访谈内容详见附录)也有同样的困惑,"我们组织也进行过一些义卖活动,所得善款全部用来进行公益活动,不盈利,组织本身也有一些造血项目,曾经考虑过进行商业化运作,所得收益会全部用于公益,但面临资金来源的困难,采用众筹的方式也不可取,并且如果过度商业化会给义工组织的社会信誉造成一定影响,影响组织的运行"。十堰小草义工组织的负责人(访谈对象,具体访谈内容详见附录)也表示,经费不足是主要问题,并提出尝试开展一定的市场化运作的项目,将"爱心超市"与"爱心志愿活动"结合,超市的东西是社会捐赠的,销售之后有一定的盈利,但对这种模式能走多远依旧充满担忧。

缺乏资金导致义工组织只有通过"找项目"的方式来获得项目资源以及活动空间。项目大多来自政府部门的公共服务规划,实践中不同政府部门对公共服务的预期有不同的要求,义工组织要想获得政府的项目支持,必须理解政府部门的政策偏好和导向,由于这些信息在很大程度上都属于"内隐信息",[1]义工组织必须花费大量的实践和精力发展各种社会关系。在我们的采访中,十堰小草义工组织的负责人就非常热心于向学界学习,积极寻找关于义工组织发展方面的法律书籍,了解学界对义工组织发展的态度,并表达了渴望获得学界支持和推广的愿望。此外,在对义工组织负责人的访谈中我们还发现,有些义工组织的项目来源于企业,所

---

〔1〕 内隐信息又称为默会知识(Tacit Knowledge),是波兰尼在1958年首先在其名著《个体知识》中提出的。默会知识是一种个体知识,它深深植根于个体行为本身。波兰尼之所以提出默会知识,是对传统的实证主义将知识看成是完全客观的、静态的一种挑战。

有物资的配备、保险、车辆(包括司机)等均由企业提供,义工组织在活动中积极配合企业顺利完成项目,活动结束就意味着联系中断,等有新的项目时两方才会再次取得联系。与企业联系的时断时续也导致义工组织的发展缺乏长效性。同时,为成功找到项目,义工组织还必须加强自身专业化能力的提升和培训,而这又需要资金支持。“科层体系中的不同项目规划部门、社会中的不同类型企业在设计项目时往往以短期需求为导向,项目的长期可持续性难以保障。这样的制度环境强化了以项目为载体、‘一事一议’的事本主义发展导向,导致义工组织的发展长期停留在技术层面,缺乏长远打算,在实现社会价值层面上对自主性的探索不足”。[1]

“信任是社会关系的一个重要维度,是与社会结构和文化规范紧密相关的社会现象”。[2] 许多规模较小的义工组织只是基于朴素的奉献爱心情怀而自发成立,不愿花费时间成本进行登记,有的是因为登记门槛高而被拒之门外,有的则是担心注册后容易受到政府的干预,这些义工组织主要活跃在扶弱救残第一线,暂时获得默认生存或运行,但“非法组织”的身份使其很难获得公信力。一位民间义工组织负责人指出,“因为是民间组织,别人都不相信我们,福利院的工作人员连门都不让我们进。通过半年的努力,福利院才接纳我们前来服务”。[3] 更有甚者,由于“非法”的身份,一些义工组织被无情取缔。寿光市爱心义工和寿光市吉他协会的夭折就是典型代表,之所以被取缔,是因为违反《社会团体登记管理条例》第32条的规定,未经登记,擅自进行慈善活动,实际上,这两个被取缔的义工组织折射出义工组织的集体性落寞。

政府的认同是义工组织获取社会信任的基础。政府在对待社会组织的态度上较为矛盾,政策上大力扶持和鼓励社会组织发展,实践中却有

---

〔1〕 黄晓春、嵇欣:《非协同治理与策略性应对——社会组织自主性研究的一个理论框架》,载《社会学研究》2014年第6期。

〔2〕 郑也夫、彭泗清等:《中国社会中的信任》,中国城市出版社2003年版,第4页。

〔3〕 参见杨志闻、廖晓生:《义工之路为何走得这样艰难?》,载《南昌日报》2009年4月28日,第5版。

“设置社会组织‘隐性进入壁垒’的排斥性偏好”。[1] 经过采访我们发现,政府部门经常通过义工组织开展社会公益服务,甚至为这些义工组织进行考评,开展评优奖励活动,易言之,政府部门在形式上已经承认他们的合法地位,媒体也以合法组织的身份进行相关报道,比如十堰小草义工组织。[2] 但是,实质上,这些“非法”的组织一直担心一个问题,即一旦他们出现问题,政府部门是否会推卸责任。出于对此的担忧及未来的不确定性,让其无法放开手脚、大胆地开展义工活动,导致目前绝大多数义工组织都是以助学、助残、关爱留守儿童、扶贫、大型赛事或活动等服务类型为主,只有极少数组织还从事禁毒防艾、环保、疾病防治、防手游网瘾、防金融诈骗等服务。从我们访谈的义工组织中,郧阳小草、十堰小草、乌兰察布志愿者协会、庆阳市阳光志愿者协会等都是以一般领域的义工服务为主。究其原因,不难发现,这些一般领域的义工服务相较于专业化、精细化的义工服务,其成本相对较低,活动的风险也比较可控。但是,从时代发展趋势来看,义工组织的服务领域必将从大众化、一般化走向专业化、精细化,而要顺应这一趋势,就必须从制度上和法律上解除义工组织的“后顾之忧”,让其身份“合法”。

义工组织自身发展的“趋同化”也是造成其生存困难的重要原因。作为由不同专业、不同职业背景的人群构成的纯民间组织,义工组织本应具备显著的差异性。但由于助老、助残、助幼等服务领域的高度相似性和类似需求,不论规模大小,义工组织都首先将服务范围覆盖到这些领域,杂

---

〔1〕 敬乂嘉:《社会服务中的公共非营利合作关系研究——一个基于地方改革实践的分析》,载《公共行政评论》2011 年第 5 期。

〔2〕 十堰小草义工组织成立于 2011 年 1 月 1 日,是由自愿提供义工服务的各界爱心人士组成的社会团队,主要从事助残、助老、助学、帮扶济困、关爱留守儿童等爱心活动,此外,还从事火车站和汽车站接待服务、城市文明宣传、交通劝导服务、义工互助服务、老党员家属以及十堰市大型的集(晚)会、外来劳务工和十堰市职工活动交流、外来务工交流融入城市服务等。除了协会之外,分别在郧阳区、房县成立了分会,其他县市分会正在筹建中。同时十堰小草义工协会还成立了十堰市小草义工志愿服务总队、十堰市小草义工心理咨询援助志愿服务队、十堰市小草义工巾帼志愿者服务队、十堰市小草义工大学生志愿服务队;在湖北工业职业技术学院、湖北医药学院成立了分队,同时十堰市小草义工协会也经常与湖北汽车工业学院、汉江师范学院大学生社团携手联合开展各类爱心、公益、慈善、志愿服务活动等。

而不精、博而不专，从而压缩了自身的生存空间，导致各行政辖区内义工组织结构的“小而全”。各区域义工组织的趋同化主要表现在如下两方面：首先，服务领域的趋同。比如庆阳市阳光志愿者协会所从事的义工服务主要是助老、助残、助学等传统项目，宁夏义工联合会的服务对象大都是老年人、残疾人、贫困大学生、留守儿童等，郧阳小草义工的服务领域也集中在助学、助老、环保、综合服务、关爱留守儿童、营养知识培训、宣传保护、健康教育等，乌兰察布志愿者协会除了有关爱留守儿童、助老之外，还会承接大型赛事服务。只有少数组织还从事禁毒防艾、疾病防治、防手游网瘾、防金融诈骗等服务。可见，上述义工组织的服务领域趋同化明显，大都集中在助老、助残、助学、扶贫等方面。其次，章程内容的趋同。我国《社会团体登记管理条例》以列举式对社会团体章程主要内容予以规范，但在实践中，各地各类型义工组织章程内容千篇一律，缺乏明显的针对性，许多义工组织章程只是名称、地址存在差异，其他的内容几乎完全一致。章程内容的趋同是因义工组织对章程重要性的轻视所致，大多数章程宗旨的描述过于笼统且对业务范围规定过于宽泛，几乎均未涉及特定组织的具体目标和使命、义工服务开展的方法和途径等，章程内容不同程度地存在大而空的问题，缺乏可操作性。面对如此相似的组织章程，注册登记机关即便想助其合法化，也找不到合法依据。

（三）激励表明态度：支持、扶持而非限制、管制

慈善是自愿的，真正的慈善是不靠强制而运行的，对慈善的激励只是营造一种慈善的制度环境，而不是教其如何工作、如何主持事务以及参与慈善的责任等。政府激励的目的是在激发社会公众慈善天性的同时，解除其参与慈善的顾虑，维护有仁爱之心的人们的信任不被伤害。政府强调对慈善组织的激励，正是因为“慈善”二字积累了太多的社会信任。成熟的慈善事业离不开激励机制的助推，帮助义工组织克服发展“瓶颈”，累积社会中信任资本和社会资源配置能力，提高义工组织的社会认知和能力建设需要政府加大力度给予支持和帮助。

第一，义工组织的培训水平参差不齐。在专门培训中激发义工的志

愿服务热情并将其维持在饱满状态，乃是义工组织的重要职能。但在对多地义工服务状态调查中发现，各义工组织的培训水平参差不齐，不进行培训的情况也并不少见。比如广东省在接受调查的义工中，“没有得到培训的占 36.5%，即超过 1/3 的义工仅凭爱心和热情参加服务，但是并不具备帮助对象所需要的知识和技巧”。[1] 若这种状况得不到改善，对义工服务的危害是巨大的。义工仅凭爱心的实质是将志愿服务依托于个人对爱与被爱的需求，这些义工在得不到专业培训激励其多层次需求的前提下，爱的需求更易被伤害和阻却，从而导致服务的低效率。2008 年汶川大地震后，缺乏专业技能培训的义工蜂拥而上影响了专业救助效率就是一个例证。反观培训工作开展较好的义工组织，其内部义工的专业性与稳定性也表现较好。比如庆阳市阳光志愿者协会的负责人在受访中就反复提及培训环节的重要意义，“因为与中央财政项目对接，所以我们协会每年都会组织很多培训项目，并且这些项目都存在关联性。具体而言，通过联合救灾项目培训，我们的会员可以获得公益讲师资格证；在联合救灾环球计划项目中，会员在担任助教的同时还可以获得无线电台操作资格证；为完善财务管理与自身管理，会员积极参加考试并获得财务方面的证件、义工证等。协会每年都会聘请专业公益讲师、大学教授进行培训。同时，内部拥有公益讲师资质的会员也会定期进行内部培训”。也有一些义工组织区分不同的义工服务类型来决定是否开展培训。如乌兰察布志愿者协会在助老、关爱留守儿童等活动之前没有培训，在大型赛事活动之前根据活动需要一般会培训 2～3 天，培训内容往往是关于礼仪、赛事讲解以及赛事的注意事项等。还有的义工组织是根据义工参与程度的不同，再进行相关的服务技能培训，一般是由义工组织内部有经验的人承担培训工作。

第二，考核制度亟待进一步深化和规范。随着志愿服务的不断扩展

---

[1] 谭建光：《和谐社会需要志愿服务的创新发展——志愿者事业现状、问题与对策调查报告》，载《中国党政干部论坛》2007 年第 9 期。

与深化，对志愿者能力水平的要求也在不断提升。如果不对志愿服务设置一定的准入条件，欠缺服务能力的志愿者将无法满足服务对象的现实需求，对双方均会造成伤害。考核制度是志愿服务准入条件的重要载体。当前，我国义工组织中也有自己的考核制度。比如绍兴市欢乐慈爱义工团规定，“凡加入本团之义工，先发见习义工证，参加三次以上公益活动（以实际工时计算）方可发放正式义工证照，每次参加义工服务的工时，由团部统一记录在册，并作为年度评选星级及优秀义工之依据。加入本义工团后却从不参加公益爱心活动，即当以告知劝说，如多次告知仍无动于衷却置之不理、毫无诚意参加公益爱心活动的，即收回义工证照服装将其辞退除名”；上海市志愿者协会志愿者服务总队管理办法中规定，“志愿服务总队应当对志愿者参加志愿服务活动的时间、情况进行记录，善于挖掘、宣传服务活动中表现突出的优秀志愿者，弘扬奉献、友爱、互助、进步的志愿服务精神，定期或不定期地对表现突出的优秀志愿者予以表扬或奖励”。可见，现阶段的考核制度还停留在内部出勤、评优与签退层面，政府并未参与考核环节。上述考核制度虽然体现出自愿这一基本原则，但不带有分毫强制性。

发达国家的义工考核制度则带有显著的强制性。在韩国，高中生未完成一定时数的义工服务不能参加高考；在日本，不做义工即为课程考核不合格；在美国，学习成绩一般也可能被知名大学录取，考量的因素之一是其助人的爱心和行动。[1] 相较而言，我国义工的考核制度仅仅流于形式，而无实质的激励作用，这就在一定程度上制约了义工的积极性。

第三，必须加强现代义工精神和慈善理念的塑造，克服志愿精神的工具性思维。“个人意志决定的亲社会行为，它使陌生人受益，并且在组织的情境中发生。”[2]原联合国秘书长科菲·安南在“2001 国际志愿者年”

---

〔1〕 杨涛等：《遭遇取缔的义工组织该何去何从？》，载《中国商报》2007 年 9 月 18 日，第 9 版。

〔2〕 Penner, L. A. *Dispositional and Organizational Influences on Sustained Volunteerism: An Interation Perspective*. Journal of Social Issues, 2002, 58(3), pp. 447－467.

启动仪式上的讲话中指出："志愿精神的核心是服务、团结的理想和共同使这个世界变得更加美好的信念。"义工组织的内在驱动力不是利润，也不是权力，而是以"奉献、友爱、互助、进步"为内涵的志愿精神。

现代义工事业的兴起虽然与西方传统的基督教神学伦理思想有关，但人道主义博爱观对人格平等和公民权利的尊重却是义工志愿精神的重要思想源泉。现代社会为保护弱者的人格尊严和生存权，将扶助弱者视为国家责任与公民责任，而非强者对弱者的施恩。因此，现代意义上的志愿精神"已经不是古代的'功德'，而是社会常态。因为人民，已非帝王的'臣民'，而是社会的'公民'，是现代社会的主人翁。行善不仅是慨一时之情，更是为建设家园应履行的公民责任，无关感恩，无关回报。躲之，乃不得已；履之，则理所应当。总以美德来衡量慈善，说明我们的慈善理念还很幼稚"。[1] 中国文化虽然滋养了助人为乐、乐善好施、扶贫济困的传统美德，但中国的慈善观是由血缘人伦向外推及的慈善，它使人难以产生对素不相识的人、被认为对他没有行为道德责任的人的关怀，即中国传统的慈善观念缺少现代志愿精神利他主义与互助主义的公益基因，缺乏对个人价值、权利意识的重视。这与西方超越血缘基础而形成的普遍人文关怀和人道主义不同，中国传统文化特点导致志愿精神的先天不足。[2]

政府首先不能简单地将志愿活动等同于"学雷锋做好事"，必须意识到义工服务的社会意义不但是奉献，而且是公民的社会责任，即倡导公民在享受法律权益的同时，履行对社会应尽的义务，克服志愿精神的工具性思维。在社会转型中，传统的社会价值体系和道德伦理观念受到巨大冲击，一方面乐善好施、助人为乐这种传统公益观念变得模糊，另一方面新的社会价值、行为准则、社会信任等正在磨合和架构。目前，对义工服务在社会建设中的重要性估计不足、宣传弱化导致志愿精神的后天不足。首先，以资财捐赠济贫作为慈善活动的重心，缺乏对无偿奉献时间、义务

---

〔1〕 龚丹韵：《别再以感恩来理解慈善》，载《解放日报》2007年9月8日，第5版。

〔2〕 参见陈婉玲：《转型期中国义工组织社会信任脆弱性探析》，载《苏州大学学报》（哲学社会科学版）2015年第5期。

提供服务慈善活动的关注。慈善捐赠是携带社会公众财富服务社会的活动,而义工服务则完全是无偿地捐献个体的时间和劳务,两者的运行基础、资源供给和组织形式不同,但在整个公益慈善领域,对慈善组织讨论最多、聚焦最集中的是慈善捐赠,是善款的来源、劝募、使用、管理和基金会等组织形式的架构,作为志愿服务实践载体和依托的民间义工组织的生存、运营、管理等问题并不成主流;其次,志愿服务教育主要集中于大、中学生群体,志愿者成员单一。虽然近年来各地形成了青年志愿者、社区志愿者、慈善机构志愿者、民间组织志愿者和境外驻华机构志愿者五大类志愿者队伍,但志愿精神的培育主要作为学校的育人机制内容进行建设,青年志愿者的行动经常由共青团中央发起,志愿服务丧失全民化、社会化、去政府化和民间性意识,形成"志愿者就是学生的事"的思维定式,低估了义工组织从事慈善活动的社会价值。[1]

我国《慈善法》规定:"国家采取措施弘扬慈善文化,培育公民慈善意识。学校等教育机构应当将慈善文化纳入教育教学内容。国家鼓励高等学校培养慈善专业人才,支持高等学校和科研机构开展慈善理论研究。广播、电视、报刊、互联网等媒体应当积极开展慈善公益宣传活动,普及慈善知识,传播慈善文化。"[2]义工组织的培育和成长无疑需要政府的引导,我国现有的法律政策乃至各级政府部门对义工组织保障力度远远不够。"不同政府部门在运用公共资源发展或引导社会组织成长时,社会主体的偏好和意见很难显现出来,导致社会组织的自主性生产过程更多受到政府治理逻辑的影响,社会的诉求和价值难以得到较好呈现。"[3]这不仅体现在前文所述的义工组织"合法身份"上,还体现在义工或义工组织出现问题或受到损失时的法律救济和政府态度上。这些法律制度的缺失

---

〔1〕 例如,有些地方规定公务员每年累积做义工时间不少于 20 小时,并将此纳入晋升或职称评定的考核内容。义工活动还常常作为"绩效工程""纪念活动"对待,或抓数字走形式,或一窝蜂扎堆出现,据报道,有的医院竟然有 207 所大专院校与之建立结对子"爱心小屋"。

〔2〕 参见《慈善法》第 88 条。

〔3〕 黄晓春、嵇欣:《非协同治理与策略性应对——社会组织自主性研究的一个理论框架》,载《社会学研究》2014 年第 6 期。

对义工组织的发展造成了极大的不确定性和成本风险隐患，一定程度上会削弱其发展的积极性，这也是目前我国义工组织发展中义工流失问题的主要症结。

二、政府对义工组织的准确认知与定位

正视义工组织的蓬勃兴起是解决其社会定位问题的前提。人们很难相信一个对义工现象和义工组织熟视无睹的国家或者政府，能够准确地界定义工组织的性质。公众长久以来积累的“对国家能力的信任危机”的缓解只能以社会管理创新和社会服务政策改革来实现，疏导、定位、规范和支持是政府顺应义工组织发展潮流的应有之策。[1]

政府对义工组织的定位以义工组织的价值认知为基础。义工组织不同于一般的非营利组织，人们习惯把义工组织的基本特征归纳为非政府性、非营利性、独立性和自愿性，这种一般性的归纳并没有错误，问题在于这种认识可能忽略了义工组织与其他非营利组织的具体差别。义工组织不以营利为目的，它既不是互益组织，也不是共益组织，而是民间公益性草根组织，具有纯粹的利他性。从实践看，基于义工组织的价值认知确立其在社会公共服务领域的地位是各国的普遍做法。《加拿大义务工作法》充分地承认并肯定了义工参与对社会正义、民主建设的价值，并确认这些价值与加拿大追求的价值观相吻合，加拿大政府与义工组织正是基于这种共同的价值认知，构建了合作互惠、独立发展的关系框架，政府承诺尊重义工组织的独立性并建立相应的机制确保“关系协定”的遵守和执行。英国政府于1998年11月与全英慈善与社区中心签署了一项具有划时代意义的《政府与志愿及社区组织关系协议》，建立了政府与义工组织关系处理的共同的“认知、独立、合作、辅助”的基本理念，以契约的形式确立了合作、互惠的新型政府与社会组织的关系。

---

〔1〕　参见[美]莱斯特·赛拉蒙：《非营利领域及其存在的原因》，载李亚平、于海编选：《第三域的兴起：西方志愿工作及志愿组织理论文选》，复旦大学出版社1998年版，第7页。

尊重义工组织的个性化发展是义工组织健康运行的关键。义工组织的基础是义工,每一个义工都具有鲜明个性化特质,从事义工服务具有多样化的动机:或基于政治或宗教的信仰;或基于人性或道德中的善行;或基于怜悯;或基于奉献。不同的动机、不同的个性在一定程度上决定了义工的差异化志愿需求,在结社自由、平等、民主的法治框架和社会土壤中必然孕育出个性化发展的义工组织。因此,对义工组织个性化发展的尊重在一定程度上也是对人的个性化尊重。而且,经济社会的迅速发展在带来经济高速增长的同时,也衍生出各种各样的社会问题,贫富差距扩大、环境生态恶化、社会福利供给减少、养老服务匮乏……多样化的社会问题伴随着多样化的社会需求,这些社会需求具有多元性和层次性,如有人需要物质救济、有人需要精神慰藉、有人需要心理疏导、有人需要康复训练、有人需要良好的居住环境、有人需要改善基本的生存条件。凡此种种,都说明一个共同的道理,即多元化、层次化的社会需求必须以个性化、多样化的方式满足。这些社会服务的供给显然不能只依靠政府和大型公共福利机构,因此,尊重义工组织个性化发展归根结底是由社会需求多样化决定的。

义工组织作为一种非营利组织,“其存在与其说是一种历史的偶然,还不如说是市场经济高度发展的必然”。[1] 这是因为市场与政府都存在失灵的危险,市场失灵必然导致公共物品的欠缺,政府向社会提供公共物品,但政府也会失灵,政府行为“往往伴随着臃肿、不负责任和官僚化,人们仍然存在着更倾向于由非政府机制提供服务和回应公共的需求”,“非营利领域包含了千百万市民的活动和支持,提供了人们自我帮助的机制,使有需要的人得到志愿帮助,使广泛的信念和利益得以实现”。[2] 国家准确定位并大力发展义工组织,有助于增进社会公益,弥补政府公共服务

〔1〕 陈婉玲:《促进社会组织发展的法治保障研究》,载上海市行政法制研究所:《政府法制研究》2015 年第 12 期。

〔2〕 [美]莱斯特·赛拉蒙:《非营利领域及其存在的原因》,载李亚平、于海编选:《第三域的兴起:西方志愿工作及志愿组织理论文选》,复旦大学出版社 1998 年版,第 28、38 页。

缺失、矫正私人利益最大化追求缺陷。

义工服务最核心的原则是“非强制的个人行动”，而且这种行动对社会是有益而无害的。[1] 义工组织提供的义工服务是一种正式的、有组织、有计划的活动，这种正式的活动把个人纳入共同事业中一起行动，不再是散兵式的零星的单独行动，通过组织及计划的实施可以最有效地获得社会信任，可以最有效地组织社会服务，可以最有效地达成一定的社会目标。义工在自愿参与义工服务的过程中实现精神的愉悦、心灵的满足和知识、经验、技能及劳动的奉献，义工组织能够实现义工正式的活动目标。义工组织作为正式创立的组织，无论其是否注册登记，至少是具有共同制定的章程的独立组织，能够自我管理并具有控制自己活动的能力。注册登记只是获得法人资格的条件，对其组织的正式性没有影响，关于这一结论，我们可以从《德国民法典》关于社团的规定中获得。[2] 义工组织是义工自由结社的结果，这意味着义工组织的创立是特定群体的社会需要，而不是法律规定的要求，国家或政府通过立法可能鼓励义工集结，但不是义工组织创立的原动力，真正激发义工结成义工组织的动力是多元化的社会需求，“在此社会中折射出社会的多样化，反映各种不同意见和愿望，并且提供对服务的选择，这与国家服务庞大和集中化趋势形成鲜明的对照”。[3]

义工组织差异化、个性化发展使得不同国家对其有着不同的定位，并

---

〔1〕 参见[英]斯蒂芬·奥斯本：《“志愿”概念对于志愿性和非营利领域意味着什么?》，载李亚平、于海编选：《第三域的兴起：西方志愿工作及志愿组织理论文选》，复旦大学出版社 1998 年版，第 99 页。

〔2〕 《德国民法典》第 21 条规定：以非营利为目的的社团，因登记到有管辖权的区法院的社团登记簿中而取得权利能力。义工组织作为非营利社团因登记获得法人资格，未登记的义工组织为无权利能力的非营利社团，该法第 54 条规定：“无权利能力的社团，适用关于合伙的规定。基于以此种社团的名义对第三人实施的法律行为，行为人亲自负责任；两人以上实施行为的，行为人作为连带债务人负责任”。该规定清楚地表明即使未取得法人资格，仍为正式的组织，能够以组织名义独立开展义工服务活动，唯对第三人形成责任时按合伙组织形式承担责任而已。

〔3〕 参见[英]斯蒂芬·奥斯本：《“志愿”概念对于志愿性和非营利领域意味着什么?》，载李亚平、于海编选：《第三域的兴起：西方志愿工作及志愿组织理论文选》，复旦大学出版社 1998 年版，第 113 页。

建立差异化的义工服务发展策略。因此，任何一个国家发展义工服务的政策都不能照搬其他国家的经验、方法和法律制度。就我国义工组织和公共服务状况而言，尤其需要根据中国义工组织发展的具体状况和公共服务政策，在正视、认知和尊重义工组织及其所提供的义工服务的前提下，准确地定位义工组织，确立我国应有的义工服务发展政策，并以法律的形式建立相应制度，充分发挥法律制度的激励功能，而扶持、规范和合作是政府对义工组织激励的基本态度。

扶持在汉语中有搀扶、照顾、帮助、支持的意思，对于义工组织来说，“既没有私人部门那样拥有强大的资本优势，也不如公共部门那样控制着国家权力资源，义工组织存在于半私人化领域，介于市场和政府之间，毋庸置疑，需要获得私人部门和政府的扶持”。[1] 更值得关注的是，我国非营利部门极其弱小、极不发达，相较于西方义工组织百余年的发展历史，我国义工组织也可谓稚嫩、孱弱，尚处于发育状态，根本经不起风吹雨打。但是，多元化的社会需要多样化的服务，义工组织灵活多样、扎根于民间以及草根属性更能够适应和满足多元化的社会需求，尤其能够有效地弥补政府公共服务无差别化的缺陷，也能在一定程度上矫正私人部门唯利是图的道德堕落，净化市场经济条件下利益追逐中的不良风气。政府既然认同义工服务的精神，也就当然应当从物质和精神上扶持义工组织发展。

基于政府对义工组织的定位，扶持至少应当具有包容、指导、帮助、支持等基本含义。政府应当培育和孵化义工组织，促进义工组织健康成长。政府应当认同义工服务价值、倡导“人人为我、我为人人”合作互助精神，应当包容、呵护义工组织，指导和帮助其解决探索发展中的问题。我国义

[1] 陈婉玲：《促进社会组织发展的法治保障研究》，载上海市行政法制研究所：《政府法制研究》2012 年第 12 期。

工组织发展史上第一个被撤销的潮州市阳光义工协会，[1]反映了政府职能部门对义工组织的处理过于简单、苛求。从报道情况看，阳光义工协会是一个“能做好事、为政府分忧，但是管理混乱、纠错不力的义工组织”。《社会团体登记管理条例》第30条规定的处理方法包括“由登记管理机关给予警告、责令改正，可以限期停止活动并可以责令撤换直接负责的主管人员；情节严重的，予以撤销登记；构成犯罪的，依法追究刑事责任”，但阳光负责人过于缺乏敏感性，主管机关和登记机关的约谈，虽使其撤换3次财务人员，却没有引发足够的重视，“管理混乱、纠错不力”最终导致阳光义工协会被直接剥夺了生命而“夭折”了。阳光义工协会被作为包袱甩掉了，因为约谈并不是法定的处罚措施，如果登记机关发现问题时依法予以警告、正式责令改正，如果登记机关依法对阳光义工作出限期停止活动或责令其撤换直接负责的主管人员的处罚，阳光义工协会或许不会被直接“剥夺生命”。从阳光义工协会被撤销一事中，无论是作为业务主管机关的潮州市团委，还是作为登记机关的潮州市民政局，均表现出相当的无情和冷酷。

规范的本质在于确立义工团体的组织和行为标准，并通过标准的实

---

〔1〕 2008年3月17日潮州市民政局在《潮州日报》上发布公告，称潮州市阳光义工协会违反《社会团体登记管理条例》第30条和《民间非营利组织会计制度》的规定予以撤销登记，潮州市阳光义工协会作为一个拥有120名义工和1000名志愿者的义工组织，仅仅存活11个月，成为中国义工服务历史上第一个被撤销登记的义工组织。从有关报道披露的内容看，“涣散的财务制度要了阳光义工的命”。被主管机关潮州市团委定性为“性质恶劣”的第一个问题是有资助人反映阳光义工协会扣留了1000元善款，阳光义工协会解释是负责跟进的义工离开了潮州，“所以一直没有送到”，另一个问题由阳光义工艺术团2001年2月主办的“吴越之夜”筹集善款133791元，这笔善款“有没有用到实处，遭到现场捐款的企业家的怀疑”，潮州市团委与民政局联合派出检查组对阳光义工协会的财务进行了一次彻底的核查，“管理财务的人员，连财务基本知识都不知道”，“摆在核查人员面前的有发票、普通收据，账目收支和用项混乱不全”，“面对一堆乱七八糟的理不清的账目”，潮州市团委作为主管机关在审查结束时态度坚决地提出了注销阳光义工协会。潮州市民政局认为，阳光义工是一个“能做好事、为政府分忧，但是纠错不力的义工组织”，潮州市团委“作为业务主管部门，对于阳光义工协会主要是要起到‘监督指导’的作用，‘出于支持的态度，也不想过多干涉阳光义工的内部事务，本来打算让其自由发展’”。而潮州市团委和民政局主要负责阳光义工处理的负责人的共同结论是“作为义工团队的领导人，必须要有过硬的经济基础，在他们看来，这也是避免义工团队出现财务问题的办法”。参见陈正新、杜安娜：《广东第一个注册义工团体被撤背后》，载《广州日报》2008年5月1日，第A8版。

施促进义工组织规范运行,实现健康发展的激励目标。从实践看,现阶段的我国各地义工组织因缺乏具体的可操作的法律依据,存在极大的任意性和脆弱性,组织机构设置不规范,缺乏健全的权力运行和监督约束机制,组织活动不能围绕其章程规定的目标和任务开展,财务管理混乱、资金使用随意性大等,都是义工组织普遍存在的问题。阳光义工协会被撤销,其中一个"性质恶劣"的问题是私自扣留了1000元善款,而阳光义工协会负责人总结的原因却是"隐忍、宽容导致了团队的溃散",理事会形同虚设,以至于"到最后,支撑协会的是会员骨干,而不是理事会成员"。[1]因此,规范不仅仅是要监管义工组织,规范更是一种指导、治理、确保义工组织健康的准则。

合作是一种相互配合的行动。政府与义工组织间的关系定位取决于一个国家社会组织的成熟程度、公共服务政策以及民主法治的进程。英、美、加拿大诸国把政府与义工组织间的关系定位为合作伙伴关系,并以契约的关系确立政府与义工组织间的权利、义务。如英国布莱尔政府1998年与全英慈善和社区中心签署《政府与志愿及社区组织关系协议》,在政府与义工组织间建立了一种紧密的、包容的、相互促进的而不是分离、疏远或对立的关系:义工组织内部积极发展责任机制,通过建立长期优良的信用资本来提高自身在公共服务领域与政府合作的优势;政府在尊重义工组织独立性的原则上,以信任、宽松的态度使义工组织尽早介入项目设计,并根据义工组织的长期信用标准决定公共服务的分配。德国将公共服务完全交由包括义工组织在内的公共福利机构承担,政府对其实施财政援助。相对于这些国家,我国义工服务尚处于发育、成长阶段,其能力尚不足以与政府展开全面、有效的合作,且我国政府相当强势而社会组织极为弱小,在客观上也缺乏相互合作的社会基础。不过,从长远发展的角度看,政府在社会管理创新过程中其公共服务职能将逐步减弱,政府与义

---

[1] 陈正新、杜安娜:《广东第一个注册义工团体被撤背后》,载《广州日报》2008年5月1日,第A8版。

工组织间可能的适度合作将有助于探索和积累新的社会管理经验。

三、需要激励：义工组织公益性使命与人的需求的统一

无论是英美法系还是大陆法系，相关国家慈善法律制度均对慈善组织的使命作出明确规定，即慈善组织必须具有慈善目的，必须遵循公共利益原则。义工组织实质上是以慈善为直接目的并以公共利益为导向组建出来的法人或其他组织形式，这就决定了义工组织在组织结构、成员权利结构以及组织财产管理与运营等方面既不同于营利性企业，也不同于一般非营利性组织，其运行以公共利益为最高考量。与营利性企业的利己性激励制度相对应，对慈善组织的激励应当是基于利他性进行制度设计。义工组织的成立、义工活动的开展以及内部成员的权利配置与奖惩，皆非为实现个人私利，而是为实现该组织特定或一般的慈善目的，服务于社会公共利益。因此，在义工组织的激励机制上，应当以利他主义为价值取向，确保激励制度设计能够最大限度地保障慈善资源被用于维护公共利益之中。

利他主义是义工组织激励机制的价值取向，但利他的动力不能仅依靠社会公众的无私奉献予以维持，还应满足社会公众的内在需求。以内在需求满足为基础的激励机制方能长效。具体而言，面对义工组织的生存困境与发展障碍，激励机制的设计应以满足人的内在需求为基本出发点，所采取的具体措施应与人的不同层面内在需求相对应。比如为满足义工组织的生存需求，应从财政资助、税收优惠等方面入手，通过立法将其身份合法化，推动市场化尝试，激活其造血功能。因此激励机制的实质是在对人性的探索中不断满足人的内在需求的过程。

“人为什么一半是天使，一半是野兽”，这一永恒的斯芬克斯之谜也就是人的理性和非理性之谜。[1]“一切科学对于人性总是或多或少的有些联系，任何学科不论似乎与人性离得多远，它们总是通过这样或那样的途

〔1〕 参见钟美瑞：《行为激励合约理论及应用》，上海交通大学出版社2014年版，第210页。

径回归到人性。"[1]边沁从功利原则出发,认为人受快乐和痛苦两大法则支配,人从本质上来说,是追求最大快乐和避免最大痛苦的,也即人是趋利避害的。[2] 亚当·斯密不仅提出了"经济人"的理念,而且提出了"道德人"的理念,他认为,人性天生为善,自爱和仁爱是人类情感的两种基本要素,其中仁爱是"道德人"的行为准则。[3] 人们往往是基于内心的善良和社会文化的倡导,参与到义工队伍中来,对于人内心的这种"善",我们应该采取激励的态度予以指引。

不同领域的学者对"激励"的含义有不同的界定。[4] 本书比较赞同的一种界定为,"激励(incentive)有刺激、鼓励之意,激励者要通过特别的设计来激发对方的兴趣,提供某种行为动机,以诱导、驱使对方按其意图自愿做出行为"。[5] 在对义工组织负责人的访谈中我们发现,有部分义工是由于年幼时家境贫困,曾受到过好心人的帮助,待其长大成人后也想通过自己的努力救助他人,回馈社会;也有部分义工是通过周围朋友的推荐参与义工活动,在这一过程中感受到快乐与满足,实现了自我价值。还有一些义工,在参与其他义工组织活动后,也在自己家乡努力创办了义工组织。这些行为的背后,无不是上述模式的现实化反映。

美国心理学家马斯洛(Abraham Harold Maslow)在其《人类动机理论》一文中,阐述了人的基本需要可以分为5个层次,主要包括:(1)生理需要。生理需要是属于最低层次的人类的基本需要,在现实生活中人的正常生理需要是应该满足的,生理需求同时起着疏导其他种种需要的作用。(2)安全需要。包括安全、稳定、依赖、保护,免受恐吓、焦躁和混乱的折磨,对体制的需要、对秩序的需要、对法律的需要、对界限的需要以及对保护者实力的需要。马斯洛认为,人们喜欢一个安全、可以预料、有组织、

---

[1] [英]休谟:《人性论》(上),关文运译,商务印书馆1997年版,第6页。

[2] 参见[英]边沁:《道德与立法原理导论》,时殷弘译,商务印书馆2000年版,第57页。

[3] 参见陈运华:《论经济法的人性基础》,载《河北法学》2002年第2期。

[4] 心理学中,激励指依据人的需要持续激发人的动机的心理过程。管理心理学中,激励就是调动人的主观能动性、积极性,以达到目标的心理过程。

[5] 郭志斌:《论政府激励性管制》,北京大学出版社2002年版,第82页。

有秩序、有法律的世界,这个世界是可以依赖的。(3)归属和爱的需要。对爱的需要包括感情的付出和接受爱的需要。马斯洛指出,专门性社群的大规模和迅速增加,部分原因在于归属与爱的需要没有得到满足的推动。(4)自尊需要。马斯洛认为所有的人都有一种对于自尊、自重和来自他人的尊重的需要或欲望。(5)自我实现的需要。“自我实现”一词由戈尔茨坦首创,马斯洛在使用这个词时将其限定为“人对自我发挥和自我完成的欲望,也就是一种使人的潜力得以实现的倾向”,这种倾向使一个人越来越成为自己所期望的独特的那个人,成为它所能够成为的一切。[1]

马斯洛需要层次理论反映了人类心理活动的规律。义工从事义工服务当然也是基于自身内在的需求。在义工服务发展初始阶段,义工通常从爱与被爱的需要出发,积极参与义工服务。但爱与被爱的需要极易受到抑制,但从这一需求出发的义工服务缺乏长效性。比如,襄县馒头店免费送环卫工馒头反被骂,店主无奈停止这一善举。鉴于此,激励机制不能以单一需求为出发点,而应通过制度设计激发义工各层面的基本需求,让义工们不再把义工服务看作慈善性的,而是“和他们拿工资的职业平行的另一种职业生涯”,因为“他们在志愿工作中看到了通往成功、效能、自我实现,以及确实是通往有意义的公民权的途径”。[2] 可见,义工从事义工服务是一种多层次需求的体现,并以自我实现为最高层次需求。

义工组织开展慈善活动同样是需求动机的表现。在我们所访谈的义工组织内部管理规范中,发现他们都十分重视义工精神境界的提升,“深圳义工联合会”在其“义工培训大纲”中就有关于做义工五层境界的倡导。

第一,帮助别人,自己快乐。这是初为义工最深最直接的感受,在帮

---

〔1〕 关于马斯洛“人的需求”理论,参见[美]亚伯拉罕·马斯洛:《动机与人格》(第3版),许金声译,中国人民大学出版社2012年版,第19~30页。

〔2〕 [英]杰拉德·克拉克:《发展中世界的非政府组织与政治》,载俞可平主编:《治理与善治》,社会科学文献出版社2000年版,第215页。

助别人后,看到别人因而获得快乐而自己因此也变得快乐。

第二,身为义工,心是义工。不论身在何处,不管人到哪里,离开了服务场所也处处留芳,手有余香。为这个社会需要帮助的人们提供帮助,服务社会。

第三,关爱他人,关爱自己。义工是爱的群体,把这种对服务对象的爱转化为对自己的朋友、爱人、同事及家人的爱和关心,去让这个世界充满温暖。

第四,发动社会,服务社会。用我们的影响力去让尽可能多的社会成员都来关心我们的服务对象进而关心我们这个社会。

第五,生命不息,奋斗不止。送人玫瑰,传播文明,生命不止,奋斗不息。春蚕到死丝方尽,蜡炬成灰泪始干,做义工,一辈子![1]

同时,"培训大纲"还提到了义务工作对义工自身的价值体现:(1)尽公民责任,无偿奉献以及回馈社会。志愿者通过参与志愿工作,有机会为社会出力,尽一份公民责任和义务。(2)提升个人的精神境界,公益活动能丰富业余生活。志愿者利用闲余时间,参与一些有意义的工作和活动,既可扩大自己的生活圈子,更可以亲身体验社会的人和事,加深对社会的认识,这对志愿者自身的成长和提升是十分有益的。(3)充实业余生活,丰富生活体验,扩大社会交际圈子,可以提供学习的机会。志愿者在参与志愿工作过程中,除了可以帮助别人以外,更可以培养自己的组织及领导能力,学习新知识、增强自信心及学会与人相处等。[2]

从上述语言中可以感受到,义工组织业已意识到激发义工内在需求的必要性,并通过实际行动提升义工对所从事工作的热忱,使其在帮助他人的同时,也注重自我修养、自我境界的提升,从而加固其内在需要的强度,为

〔1〕 参见"深圳市义工联合会",载百度百科,https://baike.baidu.com/item/%E6%B7%B1%E5%9C%B3%E5%B8%82%E4%B9%89%E5%B7%A5%E8%81%94%E5%90%88%E4%BC%9A/5998576?fr=aladdin,最后访问日期:2019 年 4 月 2 日。

〔2〕 参见"义工手册",载百度文库,https://wenku.baidu.com/view/73ca140bba1aa8114431d923.html,最后访问日期:2018 年 4 月 3 日。

义工服务的长效性打下牢固的心理防线，这些都是内在激励的重要表现。

更重要的是，上述激励措施亟待形成机制。激励机制很大程度上是对激励措施的制度化与体系化，激励的对象从根本来说是主体的行为。[1] 管理学也对激励作用高度重视。比如，一些业绩良好的公司认为工作效率是这样创造出来的：才能 + 培训 + 激励 = 员工工作效率。[2] 在社会学研究中，有学者提出，激励比惩罚更能缩减社会成本。[3] 可见，激励至少在提高效率和降低成本方面有很大作用。

对于不同的员工，需要采取不同的激励措施，而最有效的激励措施，是制定的激励措施对最大多数义工产生最大的激励效果。义工组织的状况不同，对义工个人产生的激励作用也不同。义工组织的状况对义工激励的影响情况见表 3 - 1。

表 3 - 1　义工组织状况对激励的影响

义工组织状况	对义工的激励
组织结构（有完备的章程、规定和程序）	增强
职责（有主人翁感）	增强
奖励（强调积极的奖励而不是惩罚）	增强
风险（强调敢于承担风险和接受挑战）	减弱
温暖（友好无拘束的群体氛围）	增强
支持（相互支持，负责人与会员相互帮助）	增强
矛盾（强调听取不同意见，把问题公开）	减弱

从表 3 - 1 可以看到，若义工组织有完备的组织结构、职责分工、奖励机制、温暖的文化和情感支持，就会增强对义工的激励，而风险和矛盾则

〔1〕 参见王大敏：《行政法制约激励机制研究》，中国人民公安大学出版社 2010 年版，第 12 ~ 13 页。

〔2〕 参见［美］艾德里安·高斯蒂克、切斯特·埃尔顿：《胡萝卜管理策略》，于冬妮译，机械工业出版社 2005 年版，第 57 页。

〔3〕 Shmuel Leshem, Avraham Tabbach: *Solving the Volunteer's Dilemma: The Efficiency of Rewards Versus Punishments*, American Law and Economics Review, Advance Access Publication, 2016, Vol. 18(1), pp. 1 - 32.

会减弱对义工的激励。因此，最佳的激励机制应在统筹兼顾各类义工组织特性的基础上，优化组合激励增强因素，尽量化解激励减弱因素，以实现激励资源的最优配置。

激励的落实就是权利义务的制度化和法律化，对个人的激励侧重赋予权利和精神奖赏，对组织的扶持重点在于政策和制度倾斜。在经济学看来，作为博弈的规则，制度是培育和塑造社会信任的基础，法律制度更是维护和推进社会信任的重要保障。诺思认为，制度“是为约束在谋求财富或本人效用最大化中的个人行为而制定的一组规章、依循程序和伦理道德行为准则”。[1] 康芒斯则认为“制度是集体行动控制个体行动”，“大家所共有的原则或多或少是个体行动受到集体行为的控制”。[2] 霍奇逊则认为，“制度是通过传统、习惯或法律约束的作用力图形成固定的规范和行为模式的一种社会组织”。[3] 根据辩证唯物主义的观点，人的行为是受内因和外因双重因素决定的，制度激励往往通过改变人们的制度环境来影响其动机，激发人的积极性。尽管内因是矛盾的主要方面，起决定作用，但外因是事物变化的条件，对人的行为也有着重要影响。包括法律制度在内的社会环境是人们行为的重要外因，这正是制度激励的原理所在。[4]

对义工组织激励的关键在于合理的政策与制度倾斜，因为“专业化、有效的组织能够创造巨大的利益”，[5]组织化的公益活动比个体化更具有效率。毫无疑问，任何公益事业都需要一定的献身精神和巨大的热情投入，但要将公益作为一项长期事业来发展，就不能仅靠个人热情去推

---

〔1〕［美］道格拉斯·C.诺思：《经济史中的结构和变迁》，陈郁等译，上海三联书店、上海人民出版社1994年版，第197～198页。

〔2〕［美］约翰·康芒斯：《制度经济学》（上），于树生译，商务印书馆1994年版，第87页。

〔3〕［英］G.M.霍奇逊：《现代制度主义经济学宣言》，向以斌等译，北京大学出版社1993年版，第9页。

〔4〕参见王大敏：《行政法制约激励机制研究》，中国人民公安大学出版社2010年版，第184页。

〔5〕［荷兰］乔治·亨德里克斯：《组织的经济学与管理学：协调、激励与策略》，胡雅梅等译，中国人民大学出版社2007年版，第3～5页。

动,而必须依赖制度化、组织化的机制,否则难免造成公益精神的变异或出现“人亡政息”的局面。在人类社会中,纯粹的个人是不存在的。[1] 个人魅力型的统治模式也是存在问题的,它不是一种稳定的、长期持续的社会组织管理模式,因为我们始终无法回避人性中的幽暗一面,个人总是靠不住的,无论是英雄人物,还是普通人,在一个世俗化、常规化和平庸化的世界中,“人本主义”的行动模式势必向“事本主义”的行动模式转变,制度化的机制是推动一项事业稳健发展的前提。[2] 人情、面子和地方性知识等都属于非制度性因素,人情可能会压制权利,这或许并不利于公民意识的觉醒和公民权利的伸张,通过制度激励义工服务的集体行动,能够更好地发挥慈善效用。

对义工的激励,主要表现为对义工权利的倾斜和精神奖励。实践中,义工组织的长效稳健发展有赖于发现和培养组织中的核心人物,尤其是领袖人物的道德力量、人格魅力。正是这些人的献身精神和个人魅力推动了义工组织的发展。在特殊情况下,为激励义工,还可规定合理化“特权”。我国《慈善法》第 62 条规定,“开展慈善服务,应当尊重受益人、志愿者的人格尊严,不得侵害受益人、志愿者的隐私”。尤其是义工群体的人格尊严更应受到慈善组织、其他组织和受益人等的尊重。实践中,受益人将义工当作免费劳动力的情况时有发生,义工的人格得不到应有的尊重。有的义工组织保密意识不强或内部管理不善,造成义工的个人信息泄露甚至被贩卖。义工的无偿奉献是慈善服务最不可或缺的力量。相较于组织化的慈善组织和其他组织,分散的志愿者个体处于弱势地位,应当通过权力倾斜予以特殊保障,从而保证志愿者的积极性不受挫伤,这种制度倾斜符合实质正义。

---

〔1〕 参见[德]康德:《法的形而上学原理:权利的科学》,沈叔平译,商务印书馆 1991 年版,第 39 页。

〔2〕 参见蔡磊:《非营利组织基本法律制度研究》,厦门大学出版社 2005 年版,第 9 页。

四、义工组织激励机制的域外先进经验

(一)美国:“法案+项目”模式

早在1961年,美国就实施了第一个海外志愿服务计划——和平队项目。作为制度激励,国会颁布了《和平队法案》,批准和规范和平军志愿服务计划的管理、授权、拨款和相关管理事务,并据此成立了主管和平队计划的联邦机构。经过十余年的经验积累,美国于1973年接连推出了反贫穷志愿服务项目和老年志愿服务项目,并于同年颁布了《国内志愿服务法》,该法案授权设立“ACTION”机构,对联邦志愿服务项目进行管理,对联邦志愿服务计划的定义、目标、管理、执行、拨款、志愿者权利等11个方面进行了法律规定,首次明确了联邦志愿者机构的法律地位,是一部比较完善的联邦志愿服务体系的法案,也是美国志愿服务发展中的里程碑。

进入20世纪90年代,美国国会对志愿服务体系的立法越发频繁。1990年颁布的《国家与社区服务法》首次提出了服务学习的概念,动员青少年积极参加志愿服务计划,引导志愿服务深入基层社区解决实际问题,并强调志愿服务和社区服务项目设计的目的是补充公共供给,同时明确志愿服务本身不是目的而是手段、不能替代政府职责。依据该法案,美国成立了国家与社区委员会,加强所有美国人关心社区和关爱社会的理念,鼓励美国人和相关机构通过志愿服务帮助解决社会问题。三年后,为巩固国家与社区服务制度的创新成果,美国国会又颁布了《国家与社区服务信托法》。该法案授权国家与社区服务机构[1]负责所有联邦志愿服务计

---

〔1〕 1993年通过法案设立了国家志愿服务的联邦管理机构——国家与社区服务机构(Corporation for National & Community Serveice, CNCS),是美国政府职能创新的一部分。作为联邦政府进行企业化新政府改革的机构创设,执行政府关于志愿服务方面的公共职能。CNCS的职能总的来说主要有三个方面:一是负责在联邦政府、地方政府、第三部门之间订立合同,建立合作关系。二是对其负责的志愿服务项目进行管理。三是负责对志愿服务项目进行推广,传播志愿服务精神。

划,成立了全国志愿服务教育基金,[1]扩大了全国范围内的志愿服务的机会,提供全国志愿服务教育基金给参与服务的个人。同时,还对1990年法案进行部分修正。此后,为应对志愿者服务过程中的风险和安全事件,保障志愿者权益,对志愿者提供服务的责任风险予以确认和限制,国会于1997年颁布了《联邦志愿者保护法》,对志愿者权益保护与免责事宜予以法律化处理,将志愿者激励中的减弱因素化为无形。

随后,国会于2000年通过了《志愿者组织安全法案》,通过授权给联邦调查局对志愿者组织旗下的志愿者(尤其是在儿童、老人、残疾人等弱势机构服务的志愿者)指纹、头像、不良记录等信息进行整理与体系录入,从而对志愿者组织予以规范化管理。上述举措对志愿者组织虽然造成了一些不便,但会消除长期隐性风险,提升社会对志愿者组织的信任度。随后,国会分别于2002年和2009年通过《公民服务法》和《爱德华肯尼迪服务美国法》,对前述法案内容进行修改与补充,使其越发优化。具体而言,"2002年的《公民服务法》,调整了国家与社区服务组织的功能,规划其五年内需发展的计划,推出了自由服务团项目(Freedom Corps);2009年的《爱德华-肯尼迪服务美国法》对相关志愿服务法案进行修改,扩大美国人参与志愿服务的机会"。[2]

可见,美国的志愿服务制度更侧重于志愿服务的可操作性,这就为制度激励注入了"活水",让存在于纸面的静态的制度激励变得生动和鲜活。通过"法案+项目"的方式规范义工组织运行,建立起比较完善的义工服务项目协调机制。凭借完备的法案群,经过半个世纪的发展,美国形成了形式多样、专业分工明确的义工服务项目,"国家与社区服务公司"正在开展的"老年志愿服务计划""美国志愿队计划"与"学习与服务美国计划"吸引了"约177.5万义工参加,还带动了另外约226万名义工,两项合计

---

〔1〕 设立志愿者培育基金(Volunteer Generation Fund)旨在支持非营利组织对志愿者的招募与管理,帮助中小型非营利组织提高有效管理、制订财务计划、遵守税法等方面的能力。

〔2〕 邓国胜、辛华:《美国志愿服务的制度设计及启示》,载《社会科学辑刊》2017年第1期。

共动员义工400万”。[1] 此外，联邦政府其他机构的志愿服务计划，比如，国土安全部联邦紧急措施署主管的“公民服务队计划”、内政部主办的“为美国骄傲计划”、联邦政府主办的“和平队计划”、美国国际开发署主管的“缔造繁荣义工计划”等都极大地激励了民众广泛参与到义工队伍中来。

（二）英国：“组织＋融资”模式

17世纪初，英国政府就开始大力鼓励慈善机构参与社会公共服务，并通过《慈善用途条例》和《伊丽莎白救济法》两部法案确定了社会组织在公共服务供给过程中的重要地位。随后的3个世纪，英国政府采取了一系列措施，持续激励社会组织参与公共服务供给。1998年11月，政府和全英义工组织联合会（National Council for Voluntary Organizations，NCVO）工作小组共同签署了著名的《政府与志愿及社区组织关系协定》，该协定达成了5条原则，[2]确立了资金和政府采购准则、资讯和政策评价准则、志愿服务准则、黑人和少数民族义工组织准则以及社区组织准则5个基本准则，并在资金资助、财政补贴、服务采购、税收优惠、捐赠鼓励等方面对志愿者组织给予政策支持。2006年，政府出台了《关于社会组织参与公共服务供给的行动计划》，并于2007年出台《新公共服务协议》，并通过《社会组织在社会和经济发展中的作用报告》发布政府与社会组织的长期合作战略。可见，英国政府主要通过一系列的法案指引与规范该国慈善组织的健康发展，为慈善组织社会信任度的提升提供了充分的法律依据。

2006年的《英国慈善法》在首次实现对慈善事业进行定义的基础上，

---

〔1〕 徐彤武：《联邦政府与美国志愿服务的兴盛》，载《美国研究》2009年第3期。

〔2〕 英国《政府与志愿及社区组织关系协定》在充分肯定义工组织对公共服务贡献的前提下，通过政府与义工组织之间磋商达成五条原则：(1)一个健康的义工组织是民主社会的必要组成部分；(2)与义工组织发展合作伙伴关系将有利于制定更好的政策，提供更好的服务以及取得更好的社区治理效果；(3)合作伙伴关系需要较强的关系纽带，例如整合和开放的关系；(4)政府对义工组织扮演资助者的角色；(5)充分尊重义工组织的独立性，从而形成了政府与义工组织关系“认知、独立、合作、辅助”的基本理念。

撤销了原来的“慈善委员会办公室”，明确了“英格兰及威尔士慈善委员会”（以下简称“慈善委员会”）是“不受内阁阁员及其他政府部门任何指导和控制”的独立的慈善事业主管机构，完善了对慈善组织进行激励和支持的管理机构，其主要职能包括：（1）对符合条件的慈善组织进行登记；（2）鼓励和促进慈善组织更好地运作，为需要帮助的慈善组织提供信息、技术、法律政策咨询等方面的支持；（3）辨认及调查慈善组织运作中的明显错误行为或管理行为，并采取相应的积极保护措施；（4）发放公共募捐证书并决定其效力；（5）为政府部门提供信息、建议和提议。“慈善委员会”的建立为英国的慈善监管奠定了坚实的体制和组织基础。

在融资激励方面，以“社会效益债券”[1]方式推进慈善事业的做法乃是英国首创，这也得益于英国世界金融中心的地位。2010 年，一家名为“社会金融”（Social Finance）的非营利咨询组织和英国司法部签订了社会效益债券协议，包括洛克菲勒基金会在内的 17 家投资者提供了 500 万英镑资金，旨在“赞助非营利性组织向服刑人员及其家庭提供相关服务，降低服刑人员重新犯罪行为及重返铁窗的概率”，[2]该项目创新的融资方式降低了政府购买公共服务的风险，私营部门也获得了相应的经济价值，非营利性组织在这一公私部门合作中发挥了重要作用，这一模式实现了共赢。

（三）日本：“税收＋合作”模式

2002 年启动的日本公益法人改革把以公益活动为目的的民间非营利组织纳入鼓励、支援的范畴，期待义工组织、市民团体等民间非营利组织对社会公共领域发挥更大的作用。2002 年《日本特定非营利活动促进法》修改时以第三章“税法上的特殊待遇”专章规定了特定非营利活动法

---

〔1〕 社会效益债券，又称为“基于绩效给付的债券”“社会影响力债券”，是指向外部投资者筹资，资助社会项目（如减少无家可归人的数量），项目成功后投资者可以获得回报。参见“社会影响力债券：投资社会变革”，载英国文化教育协会网，http://www.britishcouncil.cn/programmes/society/news/sib-overview。

〔2〕 参见王雪云、高芙蓉主编：《政府购买公共服务研究》，经济科学出版社 2016 年版，第 63 页。

人的税赋优惠措施问题。2006 年 6 月，日本国会颁布了《日本一般法人法》《日本公益法人法》以及《日本相关法完善法》，历时 4 年的日本公益法人改革基本完成。从总体上，义工组织等民间非营利组织作为特定非营利活动法人，能否享有税收优惠待遇仍取决于其公益目的的甄别和事务机关的认定。依据新颁行的《日本公益法人法》，公益法人的具体认定标准涵盖了公益目的、能力要求、活动限制、事业比率、法人治理、信息公开等方面的要求。公益法人必须具备公益目的，所谓"公益目的事业"，是指"学术、技术、慈善及其他有关公益的附表各项中所列种类的事业，是为增进不特定多数人利益做贡献的事业"。2008 年日本完成了所得税、法人税的部分修订工作，颁行了相应的法律，根据这些修改后的日本税法，日本国税厅 2011 年 11 月 1 日公布了《日本新公益法人关系税制手册》，由此可以清楚地看出日本公益法人制度改革的结果和税收优惠措施在实践中的运用。

日本政府除了加强对义工组织税收优惠的激励之外，还积极地通过推动义工组织支援体系建设，发展民间资金的中介机构，倡导企业的社会责任，搭建民间组织的合作网络以及为义工组织提供项目、资金、场地支持等，力求动员各种社会力量共同支持义工组织发展。

五、扶持、补贴与权力倾斜

（一）财政补贴

物质资源匮乏是每一个义工组织所面对的窘境。义工服务具有公共性、志愿性、非营利性等内在属性，是一种不计报酬的劳动，但这种劳动依然需要消耗资源、能量、时间和金钱，义工组织持续运转也需要一定的管理成本，服务项目的设计、与企业的接洽、项目实施的监督、效果的评估等环节同样需要费用支持，而义工组织本身并不具有自给自足的功能。在我国，义工组织因项目受到政府资助的事例并不多见，义工组织获得政府资金支持的比例和机会非常小。造成这一状况的主要原因包括两方面：一方面，义工组织依赖政府拨款，很可能会导致义工组织丧失独立性，义工也可能会沦为政府的廉价劳动力，这是我国义工组织与志愿者组织的主要区别点；另一方面，政府即使有项目需要与民间组织合作，也会首先倾向于那些挂靠党团组织的具有“官方”性质的志愿者组织，对纯粹的民间“草根”组织（义工组织）基本不信任。

从各国非营利组织的资金来源看，财政资金占有极高的比重。政府资助的主要出发点在于，这类非营利组织是在代替政府履行社会职责和公共服务，理应得到财政支持。莱斯特·M.萨拉蒙对22个国家非营利组织资源来源的研究数据显示，来自公共部门的资金平均占到非营利组织总收入的40%。其中，美国非营利组织收入的29.4%来自政府；[1]加拿大对非营利组织的资助更为直接，该国通过“政府出钱、社会组织出力”的方式实现政府与社会组织的广泛合作。在为公众提供社会服务项目的同时，政府也向社会组织投入大量运作资金，这类资金约占社会组织总资金的49%。德国是世界上对义工服务资助力度最大的国家，政府对于规划和编制的义工服务项目所投入到社会义工服务、环境义工服务以及国际义工服务的资金占其总资金的90%。同时，该国还对具体承接义工服务项目的义工组织或公共福利团体按每人每月480欧元的标准一次性支付政府财政补贴，接收义工的单位可获得每人每月450欧元的财政补贴，义工本人可获得每月105欧元的额外补贴。[2] 在法国，非营利组织来自政府的资助也高达60%。因此，我国在强调义工组织发展要坚持独立性的同时，也不能忽视义工组织发展中的财政支持，财政支持在一定程度上反映的是政府对义工组织发展的态度，对义工服务的持续发展与壮大有不可替代的作用。[3]

---

〔1〕 参见［美］莱斯特·M.萨拉蒙：《全球公民社会：非营利部门视界》，贾西津、魏玉等译，社会科学文献出版社2002年版，第28页。

〔2〕 参见《德国志愿服务情况报告》，载中国青年志愿者网，http://www.zgzyz.org.cn/content/2012-01/12/content_5528289.htm，最后访问日期：2018年1月17日。

〔3〕 随着社会发展，公共服务需求呈多元化趋势，政府向社会提供的公共服务产品已经无法满足，义工组织所提供的义工服务逐渐发展成为政府公共服务供给的有力补充，再加上政府愿意在公共服务领域让权，这样的一种互补关系，不仅为义工组织的发展提供了支持，更实现了社会治理模式的转换。

(二)税收优惠

对义工组织进行税收优惠是国际通行做法。以美国为例，美国政府对非营利机构的税收优惠以联邦税法为法定依据。联邦税法对非营利机构的税收优惠包括对非营利机构自身的优惠和对捐助者给予优惠两个方面。前者包括所得税、财产税、事业税等不同税种的优惠；后者包括应缴税所得额扣减、财产税和遗产税的免税等项目。[1] 在此基础上，各州还对非营利机构自设了一些优惠税种。例如，加利福尼亚州税法规定，对于获得免税资格的非营利机构可以免除消费税，凡购买政府帮助非营利机构筹集建设资金的特种债券，其利息所得可以免税。[2] 在德国法上，免税资格只授予从事非营利活动的公共福利团体，不管这些组织是否具有法人资格以及法律地位如何。[3] 非营利社团的免税资格由税务机关认定，任何一个获得免税资格的团体必须是非营利组织，其目的只能是公益目的、慈善目的或教会目的。值得关注的是，德国民众越来越怀疑税务机关是否最有资格判断某种特定的活动的慈善性质，或者说某种特定行为是否具有普遍的慈善意义。一方面，税务机关基于其基本职责的要求，必须尽最大可能多收税，由其负责免税资格认定难免有失公允；另一方面，税务机关基于其自身的业务能力和知识结构，很难正确判断出某些特定活动的慈善意义，由此也就不可能有效地从事免税资格的认定工作。[4]

---

〔1〕 所得税免税是指具有免税资格的非营利机构，在经营与他们的非营利目标相关的事业中的获利，可以免除税收；财产税免税是指这类机构所拥有的土地、房产等机构资产，可以免除土地税和房产税；事业税免税是指这类机构无须缴纳其他机构的雇主必须按人头向政府缴纳的失业保障税。应缴税所得额扣减指捐赠人的捐款额可以从应缴税所得的一定比例内扣减，但是只对已经取得免税资格的符合美国国税局501(c)(3)条款的慈善机构有效，且有一定的比例限制，对于公司法人捐赠者的规定是10%，对于个人捐赠者的规定是50%；由于美国的财产税和遗产税的税率都很高，且采用累进税制，这就使得个人有通过捐赠财产或遗产回避高额缴税的动机。

〔2〕 参见詹国彬：《第三部门的理论机理及其经营机制的特征》，载《长江论坛》2006年第1期。

〔3〕 德国法中的免税是指"免除收入税或不动产税和遗产税，但增值税不可免除"。参见[德]鲁佩特·格拉夫·施特拉赫维茨：《德国的社团和基金会——服务提供者还是市民社会主体?》，载中国慈善公益网，http://www.worlduc.com/e/blog.aspx? bid = 29655，最后访问日期：2013年4月25日。

〔4〕 关于各国义工组织税收优惠制度供给，参见陈婉玲：《义工组织法人制度研究》，北京大学出版社2014年版。

我国《慈善法》第79条、第80条和第81条分别对慈善组织、捐赠者和受益人规定了税收优惠的内容，[1]其中具体的税收优惠比率还需参考其他法律的规定。比如，企业捐赠者须参照《企业所得税法》第9条关于"企业发生的公益性捐赠支出，在年度利润总额12%以内的部分，准予在计算应纳税所得额时扣除"的规定。因此，面对义工组织相关立法不健全的情况，应在税收法规与规章中进一步明确对义工组织税收优惠的款项，并在慈善组织、非营利组织等相关法律法规中植入税收优惠转介条款，待时机成熟后将上述条款内容统一引入慈善法律法规中。

（三）参与激励

参与激励是现代民主的要求和体现，而民主本身就是一种主要的激励机制，它"肯定并尊重公民的主体地位，彰显人性的尊严，满足公民受尊重的精神需要"。[2] 参与激励功能的发挥很大程度上取决于参与的有效性，必须从法律制度上提供支持和保障，为公民参与提供渠道和条件。许多民众怀有为社会无偿奉献时间和精力的热情，政府和社会通过专业培训和教育使其获得相应能力，以激发其参与慈善的积极性，也有利于义工组织在提供服务时能够执行国家或者行业组织制定的标准和规程。

义工组织由义工群体结合而成，"任何组织都必须基于组织的目标和任务，以岗位分析为基础确立自己的人力资源政策，并为人力资源发展提供适当的培训"。[3] 长期以来，由于义工组织缺乏充足资金，义工服务激

---

〔1〕《慈善法》第79条规定，慈善组织及其取得的收入依法享受税收优惠。第80条规定，自然人、法人和其他组织捐赠财产用于慈善活动的，依法享受税收优惠。企业慈善捐赠支出超过法律规定的准予在计算企业所得税应纳税所得额时当年扣除的部分，允许结转以后三年内在计算应纳税所得额时扣除。境外捐赠用于慈善活动的物资，依法减征或者免征进口关税和进口环节增值税。第81条规定，受益人接受慈善捐赠，依法享受税收优惠。我国台湾地区的"志愿服务法"并未对义工组织的税收减免优惠进行特别的规定，而是适用一般的公益法人减免之规定。与义工组织税收优惠相关的条款散见于下列法律之中：(1)"教育文化公益慈善机构或团体免纳所得税使用标准"；(2)"所得税法"；(3)"遗产与赠与税法"；(4)"平均地权条例"；(5)"印花税法"；(6)"加值型及非加值型营业税法"；(7)"娱乐税法"；(8)"房屋税条例"；(9)"土地税减免条例"；(10)"土地税法"；(11)"使用牌照税法"；(12)"关税法"。适用的原则是公益性强则免税优惠待遇高，反之则低。

〔2〕王大敏：《行政法制约激励机制研究》，中国人民公安大学出版社2010年版，第234页。

〔3〕廖泉文：《人力资源管理》，高等教育出版社2003年版，第69～71页。

励机制未能有效建立,加之社会大众对于义工组织的误解等因素,义工组织很难吸引专业人员加入义工队伍,义工组织成员单一,缺乏专业性。我国《慈善法》第63条规定:“开展医疗康复、教育培训等慈善服务,需要专门技能的,应当执行国家或者行业组织制定的标准和规程。慈善组织招募志愿者参与慈善服务,需要专门技能的,应当对志愿者开展相关培训。”因此,要激励义工组织的发展,不仅要在财政税收方面给予“硬激励”,还要在人力资源方面给予“软激励”,即对义工开展培训,提升其专业化能力,避免陷入重数量而不重质量的误区。随着慈善领域的扩大和细分,慈善服务业已逐渐进入养老助残、医疗护理、教育培训、法律援助、应急救援等需要专门技能、受到专业标准和规程约束的行业。实践中,在这些专业性较强的领域开展慈善服务的,很多并非专业人员,操作不够规范,因服务质量参差不齐引发的纠纷逐渐增多。必须加强慈善服务行业标准的制定,虽然这样的规定看似提高了开展此类慈善服务的门槛,但是通过法律的严格约束,可以起到保护受益人的合法权益免受侵害、引导慈善服务提供者加强防范风险的意识、避免产生纠纷的效果,最终将有利于慈善服务持续健康发展。当然,也可以采取“社工+义工”的联动服务模式,由社工发展、指导、联系和服务义工,这样就可以提高义工的服务技能和服务技巧。

(四)征信与信息共享激励

信任可以降低交易成本,由于人们在交易活动中缺乏信任,为了防止上当受骗,他们就必须花费大量资源用于度量和监督,有了信任,这些资源大可不必浪费。同时,信任也是社会关系的胶合剂,“在有信任感的社会里,生活是愉快的;在不信任的气氛充斥的社会里,日常生活也能成为一种为生存而进行的战斗”。[1] 美国马里兰大学帕克学院(College Park)政府与政策教授埃里克·尤斯拉纳通过社会普查考察信任与志愿行动的

[1] [美]埃里克·尤斯拉纳:《信任的道德基础》,张敦敏译,中国社会科学出版社2006年版,第12、13页。

相关度后认为，当“你在和不同于你的人表示善意时，更重要的是信任在起作用，而不是乐于助人的精神，更不是公平”。[1] 为克服“陌生人社会”里人们相互之间的不信任，帮助“利益相关者”判断合作的义工组织是否可以信赖，政府应发展独立的征信系统，并利用政府与第三方商业与社会信用评级系统，增加义工组织信用的可见性，消除公众对义工组织的不知情状态或“众人致误现象”。

信息共享是征信激励的配置机制。构建慈善信息共享机制不仅可以弥补义工组织考核力度不够的缺陷，还可以调配义工资源，实现“有需要处有义工”的最优配置。我国《慈善法》规定，“慈善组织应当对志愿者实名登记，记录志愿者的服务时间、内容、评价等信息。根据志愿者的要求，慈善组织应当无偿、如实出具志愿服务记录证明”。[2] 实名登记是义工管理的基本条件，是开展志愿服务记录的前提。但在目前，《慈善法》有关实名登记的义务只是对慈善组织的要求，导致在实践中存在义工登记分散和资源重叠浪费的情况。当前，我国正在推动建立统一的“志愿者登记注册制度”，对志愿者年龄、技能、特长等相关信息进行登记，建立志愿者信息数据库，了解志愿者参加志愿服务活动的意愿及其专业特长，以便合理配置志愿服务资源，也为注册志愿者提供更广阔的服务空间，实现志愿服务的规范化、常态化和专业化。志愿服务是志愿者对自己时间和专业技能的捐赠，与捐赠财产相比，难以用金钱来衡量，其时效性、过程性更强。对志愿者服务时间、内容和评价等事项的记录能够激励公众积极投身社会公益，也是在全社会倡导志愿服务活动、优待志愿者的重要依据。当然，在做好服务记录的同时，还应当根据志愿者的要求，无偿如实出具志愿服务的记录证明，以备志愿者在升学、就业等方面需要时提供证

---

〔1〕［美］埃里克·尤斯拉纳：《信任的道德基础》，张敦敏译，中国社会科学出版社 2006 年版，第 85 页。

〔2〕参见《慈善法》第 65 条。

明。[1] 政府、学校与企业也应在志愿者升学与就业方面予以特殊关怀，赋予志愿者注册登记制度实质价值。

此外，政府民政部门“应当在统一的信息平台，及时向社会公开慈善信息”，[2]披露义工组织真实情况，传递救助信息，形成社会互助互救网络。当然，慈善信息共享平台的建设不能依赖政府一方，还应发动其他有能力的第三方。例如，新浪“微公益”网络公益众筹平台为中国第一个“社会化公益服务平台”，将微博上碎片化的求助信息汇聚到一起，“借助新浪微博庞大的用户群体和新媒体的裂变式传播机制，推动优秀公益项目的快速传播，同时引入全新的透明机制，推动公益组织和公众之间形成良性互动，传播了公益精神，营造了良好的社会公益氛围”。[3]

（五）义工的权利倾斜

义工并非义工组织的工作人员，绝大多数义工主要因慈善目的自愿无偿参与义工活动，并成为义工组织与外部义工环境沟通的媒介。故而，义工在关乎公共利益等重大事项方面起到至关重要的作用，其作用的持续发挥有赖于对其相关权利的合理配置，包括重大事项表决权、监督权、慈善信息知情权、利益受损救济权和获得物质与精神奖励的权利等。具体而言，为实现公共利益使命，义工组织扩容，用以保障义工也能够参与相关事务，而非由设立人等特定成员独享决定权。义工人员少则几人，多则数十万，人数众多必然出现想法分歧与利益冲突，放任冲突的蔓延将不利于义工组织利他取向的实现，这就为义工监督权的配置提供了正当性，即以防范决定权异化为宗旨。同时，义工参与义工服务虽非营利，但对其给予物质与精神奖励也能激发其持续参与慈善的动力。此外，义工在从事义工服务中也时常出现人身与财产受到损害的情形，激励义工参与慈

---

[1] 为规范志愿服务记录证明工作，民政部联合中央文明办、教育部和共青团中央联合出台了《关于规范志愿服务记录证明工作的指导意见》，对志愿服务记录证明的出具主体、内容格式、办理流程和监督管理进行规范。

[2] 参见《慈善法》第19条。

[3] 梁宇东、房涛、朱小斌主编：《2014社会影响力投资在中国》，深圳市创新企业社会责任促进中心、深圳市慈善会、上海财经大学社会企业研究中心2014年版，第168～171页。

善的最优路径是救济权的倾斜性配置。当然，由于义工肩负着社会对义工组织的信任，在对其权利配置的同时也应考虑相应信义义务的负担，方能形成状态稳定的权利义务结构。

对义工权利配置的理论障碍主要来源于义工组织内部成员权与成员角色的错位。对于营利性法人而言，成员权来源于股东对公司的所有权。股东作为其成员，通过投票等方式行使股东权利顺理成章。根据传统民事主体理论，义工组织属于社团中的非营利组织，分为法人与非法人两种形态。无论是法人型抑或非法人型义工组织，其内部工作人员为该组织成员，享有成员权，而游离于组织成员之外的义工则因不享有成员权，也就无法参与该组织的意思表示过程，表决权无从谈起。以成员权作为具体权利配置的正当性理据有其合理性，但强行适用于义工组织等慈善领域则会出现异化。一方面，义工在实现利他取向和公共利益的要求方面远比内部工作人员更为重要，义工在传统民事主体理论中虽无法取得成员权，但实践中的确在扮演着类似营利性企业中成员的角色，不对其配置相应权利有碍于义工组织公益使命的达成；另一方面，很多义工组织并无固定的内部工作人员抑或工作人员极少，仅起到信息告知等收发功能，涉及人员的培训与调配、外联沟通等核心职能皆无法胜任，转而由长期参与义工服务的无成员权的老义工承担上述核心职能，不对其配置权利也于理不合。

为排除义工权利配置中的理论障碍，须对传统成员权理论予以突破，从制度角度对义工的成员角色进行确认。当前，我国对于义工组织的相关政策与法规并无专门针对义工地位与权利义务的详尽规定。为填补这一制度漏洞，应在义工激励机制中增加赋予义工相关权利与奖励的内容。具体而言，可以根据义工在特定组织中服务累积时间的长短合理配置参与修改义工组织章程和其他重要事项的表决权。比如，在相关政策与法规中可以规定，“义工在同一义工组织服务时间累积满 3 年的，可以参与义工组织成员大会参与表决涉及公共利益等事项；对于义工组织内部成员渎职、外部第三人对义工组织的侵害行为等，累积服务时间满两年的义工可以行使监督权,并拥有在成员大会中无法满足主张的前提下提起诉讼的资格”。义工服务的保险事宜也应考虑纳入社会保障体系中,并对义工因参与义工服务造成的较大人身与财产损失予以专项基金救济。此外,在采取交通费、用餐补助和纪念品等适当物质奖励对义工身心慰藉的同时,还应重视对义工中的积极分子予以精神嘉奖,例如,我国香港特区“紫荆”系列勋章和“JP 太平绅士”的头衔作为一种社会身份的象征,被香港人视为荣耀,激发了一代又一代香港人心向公益、服务社会的热情。

第四章　政府监管、社会监督与自律

慈善是自愿的，真正的慈善行为不受强制，但“慈善”二字又承载了太多的社会信任和社会资源，“为防止靠剥削他人的慈善天性来不正当获利，维护有仁爱之心的人们的信任不被滥用”，[1]慈善组织必须接受监督和约束，以保证其活动不偏离宗旨。义工组织在当今中国社会经济发展中发挥着不可估量的作用，公益性、无偿性、自愿性是其存在的正当性基础，但事物都有两面性，志愿制度的“特殊主义”“家长式作风”和“业余主义”等“志愿失灵”问题，[2]导致资源浪费和信任缺失。民间义工组织“携带社会财富为社会服务，享受一定的免税和法律待遇，其身份不再是公民社会的组织，而是公共性质的组织”。[3] 社会资本赋予义工组织非政治“权力”的影响力，[4]当权力的行使凌乱不堪，或者似乎脱离了控制范围的时候，对权力限制的直接反应是对规范的需求。[5] 义工组织因教育、公益及健康维护和安全保障等公共性社会职能，必须承担相应的“公共责

〔1〕 陈婉玲：《义工组织社会信任培育构想》，载《东南学术》2016 年第 5 期。

〔2〕 参见[美]莱斯特·M. 萨拉蒙：《公共服务中的伙伴——现代福利国家中政府与非营利组织的关系》，田凯译，商务印书馆 2008 年版，第 47 ~ 50 页。

〔3〕 杨道波：《公益性社会组织约束机制研究》，中国社会科学出版社 2011 年版，第 41 页。

〔4〕 参见贾西津：《“伙伴关系”——英国政府与社会关系的启示》，载《学会》2006 年第 6 期。

〔5〕 参见[美]丽莎·乔丹、[荷兰]彼得·范·图埃尔主编：《非政府组织问责：政治、原则与创新》，康晓光等译，中国人民大学出版社 2009 年版，第 14 页。

任”,组织的社会信任必须通过外部约束和自律来塑造。[1] 政府监管和社会监督能够指导义工组织合理配置资源,防止其“寻租”等破坏社会信任的行为,政府监督、社会监督和自律机制共同构成了志愿者组织的多层次监督框架,以保护社会真正的慈善信托资金,引导志愿者慈善机构包括私人资产和社会信托资本拥有的社会资源的实际流动。

一、约束的价值与路径:从“志愿失灵”说起

作为志愿失灵理论的创立者,约翰·霍普金斯大学公民社会研究中心主任、全球非营利部门研究的著名学者莱斯特·M. 萨拉蒙教授(Prof. Lester M. Salamon)主张,志愿失灵乃是指义工组织等志愿组织在其志愿活动中出现种种问题使其志愿宗旨无法正常达成的现象,其主要表现为:

(1)慈善不足。不能为发达工业社会提供足够和可靠的服务资源,因此,工作人员制度往往留下严重的覆盖面差距。

(2)慈善的特殊主义。关注人口中的特殊人群,由于资金、人员和组织等资源的限制和偏好,专业化不仅导致覆盖面的严重缺口,而且还导致服务重复浪费。

(3)慈善的家长式作风。由于志愿服务本身需要时间和知识资源,那些控制慈善资源的人就可以确定部门的职责和社会需求。因此这个部门的特点并不是由整个社区的偏好所决定的,而是由社区的富人所决定的。

(4)慈善的业余主义。慈善用业余的方法来处理人类的问题,但这些方法已过时。现代社会服务问题需要更专业的方法,包括训练有素的社会工作者和顾问。社会福利的提倡者就是因为这个原因反对对私人慈善机构提供公共服务,因为他们担心这样会出现专业的公共照顾体系。

萨拉蒙认为,志愿部门的弱点正好是政府和社会公众的擅长之处,反之亦然。

---

[1] 参见[美]里贾纳·E. 赫茨琳杰:《公众对非营利组织和政府的信心可以恢复吗?》,载[美]里贾纳·E. 赫茨琳杰等:《哈佛商业评论精粹译丛:非营利组织管理》,中国人民大学出版社、哈佛商学院出版社 2004 年版,第 4 页。

(一)我国义工组织"志愿失灵"之诱因

政策导向的不确定性是义工组织志愿失灵的主要诱因。我国关于社会组织的"顶层设计"具有不确定性,改革开放以来,政府对社会组织发展的政策态度从"双重管理体制""发挥社团、行业组织和社会中介组织提供服务、反映诉求、规范行为的作用,形成社会管理和社会服务的合力",[1]到强调"社会组织在现代社会管理体系中相对于国家的辅助地位"和"社会协同、公众参与的主要组织载体",其政策路径不断调整与革新,从趋势走向看,是在逐步放松对包括义工组织在内的社会组织的"严管控",重视其在社会治理中的主体地位和与国家的协调关系。但义工组织作为社会组织中较为特殊的类型,并未受到政策法律的整体性关注。政策上的不确定极易导致各级政府部门在与义工组织合作时缺乏依据,引发行政上的随意性,只能根据政府部门的治理逻辑对与义工组织的关系作出工具性、技术性处理。义工组织政策上的不确定有其必然性,"中国幅员辽阔,地区差距很大。在社会参与方面,中央政府通常只提出一些含糊而抽象的政策信号,以赋予地方政府灵活性。这些模糊策略信号可以从多个角度读取,导致治理结构中不同地域的政府机构采用不同的治理逻辑"。[2] 这种逻辑导致义工组织发展进路呈现高度复杂、非系统、不统一、不确定的特点,诱发义工组织采用各种非正式组织策略来获得生存机会。

公共责任内涵的扩展是义工组织志愿失灵的理论诱因。非营利性组织的公共责任内容也不断发展。与传统公共责任相比,现代公共责任理论通过更全面的公共责任追求来获得公众的信赖,从而确保了非营利性组织的使命和公益性质。[3] 义工组织所涉利益相关者种类多样且数量

---

〔1〕 党的十六届四中全会提出之后,党的十七大、党的十八大报告中均有类似提法。

〔2〕 黄晓春、嵇欣:《非协同治理与策略性应对——社会组织自主性研究的一个理论框架》,载《社会学研究》2014年第6期。

〔3〕 K. P. Kearns, *Managing for Accountability: Preserving the Public Trust in Public and Nonprofit Organizations*, San Francisco, CA: Jossey Bass, 1966, pp. 69 –90.

众多,这些利益相关者彼此间的需求时常相互矛盾,产生冲突,处理不当将导致关系紧张。“志愿者组织的公共责任不限于法律或规则的确定范畴,更重要的是公共利益和公众信任的维护,志愿者组织面临如此多样化公共责任的对象,涉及的公共责任的内容也相应复杂,包括公共责任的披露、法律法规的遵守、组织的有效性、对相关方的回应以及组织使命的合法性以及避免和解决利益冲突和公共资源管理等内容”。[1]

规范上述公共责任内容的有效手段为机制化安排,包括自律机制和他律机制。自律具有三个层次:“最低层次的自律是法律约束和权威监督的结果;第二层次的自律是舆论监督与道德规范约束的结果;最高层次的自律则已成为行为主体的人格,超越一切的监督而达到自为的境界”。[2]他律包括政府的监管、第三方评估机构的监督和社会监督(舆论监督等)。自律是对抗自我并最终战胜自己的过程。很少有人或团体可以在没有任何外部约束的情况下自律。因此,自律行为的形成依赖于外部约束,在鼓励自律的同时,绝不能忽视他律的作用,自律和他律是相辅相成的。

(二)我国义工组织监管困境

第一,“政府所设计的注册体系应对义工组织的设立与运作起到帮助作用,而不应阻碍相关组织的发展”,[3]但我国目前关于社会团体注册资

---

〔1〕 蔡磊:《非营利组织基本法律制度研究》,厦门大学出版社2005年版,第80页。

〔2〕 周志忍、陈庆云主编:《自律与他律:第三部门监督机制个案研究》,浙江人民出版社1999年版,第271页。

〔3〕 2017年12月1日起正式施行的《志愿服务条例》第8条规定:“志愿服务组织可以采取社会团体、社会服务机构、基金会等组织形式。志愿服务组织的登记管理按照有关法律、行政法规的规定执行。”这里的有关法律、行政法规主要包括:2016年2月16日根据《国务院关于修改部分行政法规的决定》修改施行的《社会团体登记管理条例》(以下简称《新条例》),《新条例》第3条依然规定“申请成立社会团体,应当经其业务主管单位审查同意,并依条例规定向登记管理机关申请登记。”《社会团体登记管理条例》第6条规定,该条款对社会团体的设立登记依然采用的是双重管理体制,即设立社会团体要同时受到业务主管单位和登记管理机关的管理。社会团体要想在民政局注册,首先要找到挂靠单位,必须要有业务主管单位,而所谓的业务主管单位是“国务院有关部门和县级以上地方各级人民政府有关部门、国务院或者县级以上地方各级人民政府授权的组织”。另参见[美]何瑞思:《从一个基金会实践的视角看慈善法律制度》,载民政部法制办公室主编:《中国慈善立法国际研讨会论文集》,中国社会出版社2007年版,第155页。

金的要求导致义工组织陷入“非法”境遇，导致监管对象未能“浮出水面”。[1] 为了迎合准入需求，许多民间自发成立的义工组织也不得不寻找挂靠单位，沦为半官方背景。表 4－1 是若干义工组织章程中所体现的登记情况。

表 4－1　义工组织登记情况

义工组织名称	是否登记	核准登记机关	业务主管单位	监督管理机关
北京市慈善义工协会	是	北京市社会团体登记机关、北京市民政局	北京市社工委	北京市社会团体登记管理机关
包头市义工联合会	是	民政部门	共青团包头市委员会	包头市民政局
昆山市义工联合会	是	民政部门	共青团昆山市委员会	昆山市民政局
宁波市城市管理义务工作者协会	是	民政局	宁波市城市管理局（城市管理行政执法局）	宁波市民政局
汕头市蓝天义工协会	是	民政局	未注明	汕头市民政局
博白微笑爱心协会	是	博白县民政局	共青团博白县委员会	博白县民政局
宁夏义工联合会	是	未注明	未注明	未注明
十堰市小草义工协会	否	无	无	无

事实上，很多政府部门担心慈善组织会给自己带来麻烦，抱着“多一

[1] 参见《社会团体登记管理条例》第 6 条。

事不如少一事”的心态不愿意与其合作，因为一旦成为他们的支持者，就意味着他们必须对这些组织的行为负连带责任。通过对表4－1的分析可知，规模相对较大、社会影响力较为深远的义工组织大都未能摆脱寻找官方挂靠（如共青团）的传统路径，而规模较小的义工组织则长期存在登记困境。

2016年9月1日正式施行的《慈善法》第10条对慈善组织的设立管理进行了简化，即慈善组织只需向民政部门申请登记就可依法设立。[1]如此，不仅在形式上简化了行政审批的流程，更是在政策导向上表明政府对慈善组织的积极支持态度，但同时要注意到，《慈善法》对慈善组织规定了一系列的设立要件，[2]其中，第5项要求慈善组织成立必须“有必要的财产”，而《志愿服务条例》中并没有志愿者组织注册资金或财产方面的规定，相关内容还须借助其他法律、行政法规的规定。[3]

从对民间义工组织负责人的访谈中，我们也发现，注册资金的问题确实使部分义工组织对合法登记“心有余而力不足”。“十堰小草义工”组织负责人提道：“对于社团登记，我们也是有心无力。目前，十堰市志愿组织登记的寥寥无几。我们也想去登记，想成为真正的协会，对于我们的发展也是有利的。而且，一旦出现问题的话，我们组织也容易深陷被动，尽管目前没有出现这样的问题，但是我们也十分想尽快解决这个问题”，“前几年有过想法让我们注册，但在注册的时候发现，这个门槛太高，对于我

---

〔1〕《慈善法》第10条规定：设立慈善组织，应当向县级以上人民政府民政部门申请登记。慈善法公布前已经设立的基金会、社会团体、社会服务机构等非营利性组织，可以向其登记的民政部门申请认定为慈善组织。

〔2〕《慈善法》第9条规定，慈善组织应当符合下列条件：（1）以开展慈善活动为宗旨；（2）不以营利为目的；（3）有自己的名称和住所；（4）有组织章程；（5）有必要的财产；（6）有符合条件的组织机构和负责人；（7）法律、行政法规规定的其他条件。

〔3〕《社会团体登记管理条例》第10条第5项规定：成立社会团体，应当具备“有合法的资产和经费来源，全国性的社会团体有10万元以上活动资金，地方性的社会团体和跨行政区域的社会团体有3万元以上活动资金”，2016年5月民政部发布的《社会服务机构登记管理条例》（《民办非企业单位登记管理暂行条例》修订草案征求意见稿）第11条第2款也坚持社会服务机构注册资金不得低于3万元人民币，3万元的注册资金成了众多“草根”义工组织放弃注册登记的主要原因。

们义工组织而言,可能还是过于强求了”。许多义工组织负责人对注册资金阻碍登记注册的问题深有感触,并提出希望通过政策和法律的途径改进这一现状。根据我们搜集到的有关义工组织的内部章程发现,有些义工组织的注册资金是由发起人或协会会长个人投入的,如博白微笑爱心协会章程第 4 条明确写明:“本会的开办资金人民币叁万元,由协会会长 ××× 投入”;而大部分的义工组织的章程中都没有涉及开办资金的问题。注册资金太高,导致一部分义工组织“望而却步”,顶着“非法组织”的社会压力,依靠着内心的慈善信仰,艰难地从事着义工服务。这些未登记注册的“非法组织”一方面无法享受到法律法规的保护和政策优惠,另一方面,由于未经登记,造成义工组织与政府、社会之间的信息不对称,加重了监管的成本,也给一些违法者打着“慈善助人”“义工组织”的旗号从事违法犯罪提供了空间和机会。

第二,义工组织监管机构“婆婆”太多导致政府监管“失灵”。官方监管主体的多样化严重影响政府对义工组织进行监管的效率。依据我国《志愿服务条例》第 5 条之规定,国家和地方精神文明建设指导机构、国务院及县级以上地方人民政府民政部门、县级以上人民政府有关部门和工会、共产主义青年团、妇女联合会等有关人民团体和群众团体等在一定程度上都负有对义工组织的监督管理职责。民政部门、业务主管部门、审计部门等都负有对义工组织的监管职责,但关于部门之间的职责权限分工和监管权冲突等问题缺乏有效的协调办法。

义工组织自律监管的自觉性不足,干扰社会公信力资源的集聚。“民主、参与的开展并不意味着公共利益必然实现”,[1]一些重大的恶性慈善事件未获有效处理,破坏了留存于社会公众心中脆弱的信任,不信任的激化会形成一种强迫、偏执、玩世不恭的外部社会氛围,导致社会生活遍布

---

〔1〕 [美]詹姆斯·M. 布坎南、戈登·塔洛克:《同意的计算——立宪民主的逻辑基础》,陈光金译,中国社会科学出版社 2000 年版,第 11 ~ 12 页。

各种复杂、焦虑、慢性和弥漫性的恐惧、怀疑、阴谋、担忧和其他不安征兆。[1] 财务管理混乱是备受诟病的自律不足的集中表现。基于"恩友"这家社会组织对广东省18家社会组织的财务现状进行的调研,有1/3的组织拒绝调查财务问题;有17%的机构负责人兼任出纳和会计。在财务制度方面,有33%的机构还没有明文规定财务制度,仅50%的机构承认财务制度得到了有效执行。财务制度与实际情况符合的机构有67%。在账户方面,59%的机构承认银行账户得到了有效监控。在支出管理过程中,只有53%的机构支出报销有明确的标准。[2] 这些数据显现了社会组织财务管理的混乱,其中义工组织的问题也可见一斑。据我们对民间义工组织的访谈和对他们网站的浏览,很多义工组织因人力短缺与专业素质不高,尚不具备财务公开的动因与能力,加之自利性等诱因导致负责人不公开财务状态以节约成本,或选择简单列明开支,但未包括明细,缺乏对财务的监督管理意识。

缺乏服务质量监督机制和绩效考评等评估机制更使义工组织逃避自律。访谈中,我们了解到,义工组织在进行义工活动时,无论是自己与被服务对象直接联系,还是参与到企业的慈善项目中,大都是有活动了,在自己内部的交流平台(QQ群、微信群、网站等)上召集可以参与的义工,大家在群里通知时间、地点、活动的流程等事项,活动完了就各回各家,等待下一次有活动的时候再参与,很少有对活动的效果、被服务者体验及回馈等进行关注和评估的,更不用说服务效率了。这一方面,是由于我国目前义工组织的服务领域较大众化,没有质量监督和绩效评估的必要;另一方面,是由于服务质量监督和绩效考评需要专业组织或专业机构的参与,而聘请这些机构是需要资金成本的,我国现在义工组织的专业化程度较低,资金来源匮乏,从经济性和效益性角度来看,尚无专业评估监管机构

---

〔1〕 See Banfield, E. C., *The Moral Basis of a Backward Society*, New York: Free Press, 1967, p. 106.

〔2〕 参见钮小雪、刘智发、林巧:《恩友:NGO财务公信力的危机时刻》,载《南方都市报》2011年7月11日。

介入的条件。

义工组织信息公开方面的自觉性不够。某义工联盟是一个以互联网为平台发起爱心活动的正式登记的民间公益组织，其组织网站所记录的正式注册义工达 300 多人，另外还有经常参加活动的未注册义工 200 多人。网站共有义工考勤、爱心许愿、账目公开和爱心捐助四个模块，该网页的点击数达 7808 次，可见，有许多人关心该组织的具体操作办法，但网站对诸多内容尤其是经费明细及余额未及时记载和更新。从整个网站组织信息运作来看，呈现义工团队及义工个体的信息缺乏、网站管理更新不及时、账目管理公开不到位、组织章程及活动办法欠缺和组织活动呈现网络化趋势等。[1]

（三）内外兼修：多层次约束的内涵与路径

义工组织多层次约束框架是义工组织持续、快速与健康发展的重要制度保障。该框架是以实现义工组织公益性为宗旨，以政府的动态过程监管为龙头，以信息披露制度为核心，以社会评估和监督为动力助推组织自律，从而强化义工组织社会公信力。

政府在监督志愿者组织方面发挥着重要作用。“监督是国家（政府）在社会领域的基本干预模式，是一系列具体的国家机构或其授权的组织按照现行法律法规规定的权限和程序在社会领域实施管理/控制和指导的总称”。[2] 监管不同于管制，监管是基于市场的必要措施，具有契合经济规律或发展规律的相容性和规范性特点，而管制则主要体现政府单方的意志性，常常蕴含着反市场的强力干预行动，[3]“全能国家”的集权式理念色彩浓厚。政府必须在转变监管理念、明确监管角色的前提下，以“服务者”身份明确对义工组织的具体监管措施和监管目的，通过立法对义工组织的义工服务、培训、管理等事项做出基本要求及规范，以体系化、

---

〔1〕参见扬州义工联盟网，http://www.yzyglm.com/mailshow.asp? id=14，最后访问日期：2018 年 1 月 24 日。

〔2〕杨道波：《公益性社会组织约束机制研究》，中国社会科学出版社 2011 年版，第 162 页。

〔3〕参见陈婉玲：《义工组织社会信任培育构想》，载《东南学术》2016 年第 5 期。

制度化和本土化的监管机制规范义工组织的健康发展。[1]

首先,应实现由设立监管到过程动态监管的转型。在继续实行严格的年检制度和避免简单的数据审查和形式化的基础上,定期检查的实施与对志愿者活动的日常监督相结合。一旦发现问题,须及时处理。同时,义工组织的志愿活动,特别是重大活动,必须随时加以记录和监测,以防止出现不良现象。为此,有必要不断创新和实施有效的监督方法,如建立社会组织评估机制,加强对组织的过程监督和绩效评估,或聘请监督员监督志愿者组织所在行业或领域的志愿者活动。通过检查义工组织的年度报告、财务会计报表等加强对其的监督,并对其违规违法行为进行处罚,增强监督的强制性和威慑力。其次,还应重视对义工组织服务质量的评估,通过客观、公正的绩效评估树立义工组织的形象。同时,评估结果也是义工组织的一项资质证明和荣誉表征,在一定程度上会倒逼义工组织重视服务质量。最后,政府还应该建立健全社会组织征信系统,加强对义工组织信息公开的真实性与充分性的监管力度,正视民间义工组织与其他慈善组织、公益组织存在的差异,根据义工组织类型、规模等特殊性对其基本信息、治理信息、财务信息和业务信息等内容的公开作出差异化的要求,我国目前没有专门的征信机构对包括义工组织在内的 NGO 社会信任予以评估,政府机构仅掌握按照程序登记注册的义工组织的基本信息,详细动态信息在政府监管范畴之外。同时,大量没有登记注册的义工组织信息除有利于政府监管与社会信任评估机制以外,分散且难以收集,这种现状导致了监管困难重重,导致公众对义工组织的信用持怀疑和谨慎的态度。

政府还应该向社会灌输监督意识,发挥社会公众、组织、舆论的监督

---

〔1〕 在政府的分类控制体系中,政府根据各类社会组织的挑战能力和提供公共物品的种类持有不同态度,实施不同方式的管理,工会、协会、社区组织等都是特定利益集团的代表,这些功能性的团体具有很强的集体行动能力,潜在挑战能力最强,政府一般施予"准政府组织"的严格控制;而公益性的民间组织,对政治权威并没有显著的挑战性,相反,在公共物品的提供上能够为政府分忧解难,政府一般不应加以严格管制而应代之以规范与激励。

作用。一方面,新闻媒体对失信义工组织的揭露能够成为政府监管的主要信息来源;另一方面,自媒体时代的到来使得公众对义工组织的“曝光”极大影响公众的态度和行为。反之,公众的监督也是义工组织建立和维护社会信任最为重要的源泉。同时,受助者作为义工服务的直接体验者,对义工服务的感受最直接,通过调查即可获得社会公众对于服务满意度的信息。相较而言,来自高校、科研部门与咨询中介机构等的专门人员仅在具体项目中负责解决专门知识与技术层面难题,帮助政府部门确定评价指标,并对义工组织和义工服务进行跟踪分析与评估。这种协同监管模式在国外已有成熟经验,美国国家慈善信息局、商务发展局理事会的慈善咨询服务部及福音教会的财务理事会三个独立的权威性机构并不直接“监管”义工组织,但许多机构自愿服从“管理”,原因在于这些义工组织需要使用它们出具的评估报告。

此外,义工组织须强化自律意识与制度。自律社会实效的发挥应以良好的社会环境为前提,善良风俗所营造的公共秩序是促使义工组织自觉的责任意识和内部自律机制养成的基石。义工组织的自律不仅仅限于组织内部的自我规范和自我约束,而且还通过行业组织或者联合组织以及建立专门监督组织。“美国联合之路”和“美国华盛顿非营利研究与咨询机构(独立部门)”是当前美国志愿服务组织较有影响的独立行业组织,其推出的行业行为标准和道德规范准则对许多义工组织的行为都产生了示范效应和推进作用。[1] 我国台湾地区“公益团体自律同盟”于2005年发布“公益团体自律公约”,其旨在“为提升社会大众对非营利组织的认识及信任,协助捐款人了解非营利组织运作状况,同时,鼓励非营

---

[1] “美国联合之路”于1994年3月颁布了义工组织行为规范,包括人员正直、专业知识优秀、志愿者职责、义务和效率、利益冲突、信息保密等13个部分,为义工组织的行为评估提供了标准,已经成为美国义工服务领域最重要的行为准则。2004年,“独立部门”董事会批准《非营利和慈善组织价值宣言与伦理道德准则》(Statement of Value and Code of Ethics),具体提出了:(1)无私奉献;(2)道德承诺;(3)公益使命优先;(4)尊重个人的价值和尊严;(5)包容社会的多元性并维护社会公平;(6)对公众负责任;(7)公开和诚实;(8)慎用社会资源;(9)服从法律九项标准,鼓励其成员组织以此为基础,起草、采用或修订自己的伦理规范与价值宣言,并把它与每年的财务审计放在同等重要的位置。

利组织承诺及实践组织的公信力及责信，以增进非营利组织之公益形象及社会使命”。[1] 行业自律机构和自律规范是义工组织监管体系的内部监管部分，也是重要组成部分。

从我国现行的监管制度看，政府的行政监管对民间义工组织运行难以进行全面有效的监管，民政部门在“双轨制”废除之后集社会组织登记、审查和监督管理于一身，管理的高成本往往使其监管流于形式，重登记而轻管理。必须探讨义工组织约束机制的多元化模式，积极扶持、激励多层次社会监督的制度创新，弥补政府行政监管的不足，进而对义工组织自律发挥反哺的作用，只有这样，民间义工组织才能沿着制度化、规范化轨迹发展并获得充分的社会信任和社会资源。

二、其他国家或地区的义工组织监管经验

公益慈善的社会效能受市场成熟度、政府经济社会职权清晰度以及社会分配机制完善程度多重制约。伴随经济飞速发展，社会贫富差距显现是任何社会制度均无法回避的核心问题，在社会贫富差距无限放大的情况下，整个社会的购买力将会受到严重的影响，最终的结果是市场萎靡，导致社会矛盾激化与国家信任度的下降。而义工组织的发展与壮大则大大推动了慈善事业的成长，是社会改良不可或缺的催化剂。成熟慈善环境下的义工组织正在制造社会平等的积极效应，也在修复社会阶层自下而上流动的渠道，保持各阶层沟通的畅通，缓解局部资本配置不均的情况下的社会矛盾和冲突，值得借鉴。

（一）英国：“关系协定”框架下的义工组织监管

在自由经济盛行的英国，人们相信市场调节机制比政府干预更能解决社会问题。但放任自由的结果是慈善丑闻频发、志愿服务杂乱无章。为了改善志愿服务管理，提升义工组织公信力，英国政府以1993年《慈善

---

〔1〕《公益团体自律公约》主要内容包括：(1)组织的非营利原则；(2)组织治理与监督；(3)募款诚信；(4)服务绩效；(5)财务透明；(6)资讯公开；(7)利益回避七个方面。

法》修改为契机，增加了政府对包括义工组织在内的慈善组织进行监管的内容，构建了以“慈善委员会、政府的行政监管与法院的司法监管”为核心的慈善组织监管体系，明确了“英格兰及威尔士慈善委员会”〔1〕是“不受内阁阁员及其他政府部门任何指导和控制”的独立的慈善事业主管机构。根据英国1993年《慈善法》，义工组织纳入慈善组织体系，接受《慈善法》的规范与指引。1998年11月，英国政府和全英义工组织联合会（National Council for Voluntary Organizations，NCVO）工作小组共同签署了著名的《政府与志愿及社区组织关系协定》（“关系协定”），明确了政府与义工组织的“合作伙伴关系”，形成了政府与义工组织关系“认知、独立、合作、辅助”的基本理念并以此为前提展开对义工组织的监督与管理。

英国的义工组织受公司法和慈善法双重法律约束，“一方面，义工组织采取的公司形态、资本规模、组织结构、章程必须符合公司法要求，依法向公司注册登记机构申请注册登记；另一方面，义工组织章程必须接受慈善委员会监管和认同，任何关于公司的目的条款、公司财产使用、公司解散时资产处理等必须获得慈善委员会事先同意并依法登记注册”。〔2〕英国义工组织注册登记的条件是：第一，必须具有《慈善法》上认可的“公共利益”性的慈善目的。为了判断义工组织的目标是否是为“公共利益”，《慈善法》要求慈善委员会必须制定公共利益目标的指南，并以此对此处申请的组织进行公共利益测试〔3〕；公共利益测试主要把握两个原则：一

---

〔1〕该慈善委员会由法院领导，通过注册登记环节的初步审查、资金监管的年度审查以及特殊情况的随时调查等方式系统而有效地实现对义工组织的监管，是英国义工组织监管体系中最微观和最直接的监管机构，与行政机关和司法机关的监管相互配合和支持，共同构建了一套完整的义工组织监管支持体系。

〔2〕除了免税组织、临时存在的慈善组织以及净收入不超过5000英镑的慈善组织以外，任何慈善组织都必须在政府的注册登记处注册，其业务活动要受《英国公司法》的制约。这里的“临时存在的慈善组织”主要是指根据国务卿的决议或慈善委员会的命令，长期或临时被接受并且净收入不超过10万英镑的慈善组织。详见汤玉枢：《英国义工组织慈善化及其制度供给》，载《兰州学刊》2016年第11期。

〔3〕关于公共利益测试，2006年《英国慈善法》规定：（1）这条适用于第2条第（1）款（b）项，符合第2条第（2）款规定的为了公共利益的慈善目的。（2）在决定需求是否满足于公共利益时，不能在假设的基础上得出符合公共利益。（3）在这一部分，任何关于公共利益的索引都被理解为符合英格兰与威尔士慈善法的立法目的。（4）上述（3）款目适用于上述（2）款的规定。

是必须有一种或多种可辨别的利益且与目标相关；二是利益必须针对公众或一部分公众。第二，必须具有备忘录和章程（在标准章程不适用的范围内），备忘录只是说明建立该组织的愿望。章程可以是理事会的文件、组织的章程或相应的规定。第三，除私人公司外，必须有理事会和秘书的声明。托管理事会按照英国《托管人管理法》组建，理事会成员应包括来自政府公共部门、社区和私人部门的成员。当志愿者组织符合上述条件时，申请人依法提供备忘录、章程、登记申请表等文件。

英国慈善法人的登记注册和监督管理职责归属于慈善委员会。英国慈善委员会属于特设机构，该机构的运作资金虽由财政部划拨，但其事务管理、组织运作均独立于政府机构、议会和任何党派，只对法院负责。该委员会的主要职能包括：(1)对符合条件的慈善组织进行登记；(2)提高慈善组织运行效率，为陷入困境的慈善组织提供力所能及的技术支持，如信息、技术、法律政策咨询等；(3)辨识慈善组织运营管理中的明显错误，并采取适当的补救措施以保护公共利益及社会信任基础；(4)确认社会募捐行为及效力，并颁布证明其社会贡献的证明文书；(5)为政府主管机构提供相关信息、建议和提议。作为慈善法人的登记注册机关，慈善委员会有权作出不予注册的决定，保障义工组织具备注册慈善法人所应有的能力。义工组织申请注册的条件符合法律规定且通过了慈善委员会评估，即可注册取得慈善法人资格，依法开展志愿服务。义工组织通过注册由非法人形态转化为法人后，组织信息及人员情况须做到透明公开，这意味着法人义工组织应向慈善委员会开放资料与信息，适时和坦诚地回答委员会的正常询问与异常质疑。此外须每年在其财政年度结束之日起合理期间（10个月内）向该委员会提供财会记录、组织业绩年度报告以及年度报表，并且必须在年度汇报表中记录过去一年活动的全面且翔实的信息。[1] 当然，虽同为法人形态，但义工组织规模不同，其所公开的组织信

---

〔1〕 英国慈善委员会主要是通过理事会每年提交的年度报告和财务管理报告对慈善组织进行资金使用监管的，这些报告必须明确记录组织的资金流向、开支状况以及计划安排，慈善委员会才能获得清晰、有效的资金监管效果。

息范围也应有所不同。规模越大,要求提供的信息就越多。慈善委员会通过注册前的审核以及注册后的跟踪监测达到了全面具体的监管效果,并将这些监管结果公布在其网站上,在增加透明度的基础上,也间接推动了社会监督的进展。

基于"认知、独立、合作、辅助"的"伙伴关系"理念,英国政府对义工组织实施较为宽松的行政监管机制。具体而言,针对义工组织的行政指导、扶持、促进与相关政策法规的制定、出台与修正,须由英国政府的内务部主要通过与民间义工组织签订公私合作协议并由政府购买服务的方式负责推进,并监督和评估上述工作的执行情况。同时,《英国慈善法》授权法院对慈善组织进行监督,法院特别是高等法院应对包括义工组织在内的慈善组织拥有监督和管理权限,法院可通过对慈善委员会以强制方式将一些事项交给其负责和管理,通过对"慈善诉讼"[1]管辖和审理强化对志愿组织的司法监管。

义工组织以慈善公司为组织形式时,其内部治理必须符合公司法规范,实行理事会领导负责制,[2]由理事会集中行使权力机构、执行机构和监督机构的职能。英国义工组织的资金主要来自政府资助、社会捐赠、商业收入和投资收入,资金来源的多元化及"用他人的钱"就必须加强对资金的监管。首先,义工组织理事会对流动资金必须制定财务管理方案,严格分类记录组织的各项资金开支,明确划分募集资本的成分和基金性质,并真实披露各种不规则的资金动向。理事会年度报告必须指出资金的发放情况、投资方向和资产的保留计划,对于大型义工组织,理事会必须实行推荐会计制度。其次,理事会对捐赠财产必须根据捐赠目的制订使用计划,在捐赠财产已经达到预期目的且有剩余的情形下,理事会对剩余财

---

〔1〕 所谓慈善诉讼是指,在英格兰和威尔士的法院中提起的关于确定慈善组织或基于慈善目的信托的管辖权的诉讼。该诉讼的诉讼主体可以是慈善委员会、慈善组织、慈善受托人以及其他利益相关者。

〔2〕 所谓理事会领导负责制,是指对义工组织承担责任的不是政府官员、股东或专业管理人员,而是由来自社会上有一定经济基础和社会声望的知名人士组成理事会。

产应当采用近似原则,确保剩余财产使用最大限度接近捐赠目的。最后,理事会除法律明文规定外不得以买卖、租赁或其他方式处置义工组织的固定资产。理事会处置义工组织的固定资产必须符合三个条件:(1)拥有法院或者慈善委员会的命令;(2)标明该土地为义工组织持有或信托持有;(3)标明该义工组织是否为豁免组织。

(二)美国:政府监管与义工组织自主管理的结合

美国义工组织的自律性较强,政府对其监督管理主要集中于对其公益性、非营利性的审查以及对财务活动的监督,防止义工组织以欺诈行为骗取免税资格或公众捐赠,并督促其依据宗旨使用善款,开展活动。

美国主要由州一级政府负责义工组织的统一管理,由州政府的司法部及专门机构具体执行。具体而言,州司法部的首席检察官(Attorney General)广泛地监督该州义工组织,州义工组织须接受其强制监管,并对其定期汇报财务与业务情况,州司法部的首席检察官有权主动查阅义工组织财务账簿与义务记录,监督其理事是否违反信赖义务,是否有转移资金和欺诈行为或理事的其他不当行为,并据以决定义工组织税收减免和其他政策优惠待遇。检察官在行使权力时,一般以发送传票方式索取档案,并听取个人证言以确定是否涉及任何恶劣行为并展开调查。检察官既可以与义工组织达成协议,更加经济地解决矛盾,要求须承担责任的理事向义工组织返还资金、特定雇员或理事会成员辞职、向捐赠者返还资金或自愿解散组织等。但当检察长认为情况恶劣不可能以协议方式解决问题时须依法提起控告,要求撤销理事会成员或赔偿义工组织相应经济损失,乃至向州政府支付罚金等。[1]

一些州政府在义工组织于本州开展社会募捐资金活动之前,须预先申请执照,以便强化对该组织财务变动的及时监督。其中关键的问题是,资金的募集要符合该慈善组织的宗旨,并具体运用于与该组织公益性质

---

〔1〕 参见[美]凯琳·康斯特勒·戈德曼:《美国州政府部门在慈善管理中的角色》,载民政部法制办公室编:《中国慈善立法国际研讨会论文集》,中国社会出版社2007年版,第138页。

及目的一致的活动。另外,有的州政府审核义工组织执照申请时,还须要求其递交年度守法凭证;而另一些州则要求义工组织以书面方式披露相关信息,并将其邮寄给本州潜在的捐赠者,这一工作是州政府存档义工组织财务报表的必经程序。[1]

美国联邦政府对义工组织的监管主要集中在免税资格的确认和监督方面。义工组织作为免税组织,依法享受免缴联邦所得税的权利。申请免税资格的义工组织,要接受美国联邦税务局的审慎且严格的审查和动态监督。[2] 美国联邦税务局的审查与监管权拥有充足的法律依据,美国《联邦税法》要求申请免税的义工组织在每一个财会年度必须上报年度财务报表("990 表"),并向州检察长提交副本。[3] 根据"990 表"提供的信息,国税局审计人员会不定期地对某些组织展开重点审计。如果联邦税务局通过审查发现,义工组织确有违背组织公益目的不当使用公益资金的行为,将受到相应制裁,在法律规定时限内,若义工组织内部违规人员拒不改正,则由联邦税务局对其处以相当于该收益 200% 的惩罚性罚款,直至对其实行资格罚,即取消该组织的免税资格。[4]

与其他国家相比较,美国义工组织的行业自律水平处于极高水准,"美国联合之路"[5]和"美国华盛顿非营利研究与咨询机构"("独立部

〔1〕 参见[美]厄尔·R. 威尔逊、苏珊·C. 卡特鲁斯、里昂·E. 海:《政府与非营利组织会计》,荆新等译,中国人民大学出版社 2004 年版,第 644 页。

〔2〕 参见[美]约瑟夫·J. 厄本:《美国国税局对于免税组织的管理》,载民政部法制办公室编:《中国慈善立法国际研讨会论文集》,中国社会出版社 2007 年版,第 361 页。

〔3〕 "990 表"所要求填写的内容共有 11 部分,内容非常十分详尽。其专门为 501(c)(3)项下的免税组织设计了附表 A,要求提供的信息包括:组织中前五名报酬最高的雇员的名单、前 5 名报酬最高的独立签约人的名单、活动说明、接受资助的说明以及所有与非慈善组织之间的转让、交易和关系说明等。关于美国联邦税务局的"990 表"具体内容和格式,可参见[美]贝希·布查尔特·艾德勒、大卫·艾维特、英格理德·米特梅尔:《通行规则:美国慈善法指南》,金锦萍、朱卫国、周虹译,中国社会出版社 2007 年版,第 143 ~ 184 页。

〔4〕 参见廖鸿、石国亮、朱晓红:《国外非营利组织管理创新与启示》,中国言实出版社 2011 年版,第 152 页。

〔5〕 "美国联合之路"在 1994 年 3 月颁布的义工组织行为规范,已经成为美国义工组织服务领域最重要的行为准则,行为规范包括人员正直,专业知识优秀,志愿者职责、义务和效率,利益冲突,信息保密等 13 个部分,为义工组织的行为评估提供了标准。

门”)[1]是当前美国较有影响的志愿行业组织,其推出的行业标准和道德规范准则对许多义工组织的行为有较高示范效应。独立部门的道德规范要求其成员组织尊重共同的价值基础,即承诺提供公共服务,向公众负责,承担超越法律之外的义务,尊重每一个人的价值和尊严,具有包容性和社会公正性,尊重多元化和多样性,透明、正直和诚实,做负责任的资源管理者,承诺卓越和保持公众信任。可以说,“独立部门”提出的规范标准,不仅约束着其成员组织,也对整个社会道德具有良好的影响。行业评估能够有效促进行业内组织的规范有序发展。创建于1918年的“美国国家慈善信息局”是美国最大的公益组织评估机构。发展至今,美国国家慈善信息局一方面主动收集目标评估机构的各种信息,另一方面通过对目标评估机构发放问卷调查的方式被动收集信息,基于已形成的行业权威性,其评估结果获得政府和社会公众的普遍认可。

(三)我国台湾地区:分工明确的监管机制

我国台湾地区对社会志愿服务采取分级管辖的模式。依据其“志愿服务法”之规定,涉及全区域志愿服务事宜,主管机关,负责管理本区域志愿服务。随着我国台湾地区志愿服务涵盖范围的不断扩大,仅由某一部门对综合性志愿服务加以管理难免出现监管不到位的情况。为克服这一管理缺陷,基于各义工服务所涉及领域范畴的具体情形,我国台湾地区“志愿服务法”以列举的方式进一步明确了各级政府与目的事业主管机关各自的具体职责,凡“涉及各目的事业主管机关职掌者,由各目的事业主管机关办理”。[2] 主管机关与目的事业职能机关的具体权责划分为:主管机关主管从事社会福利服务、涉及二个以上目的事业主管机关之服务工作协调及其他综合规划事项;而目的事业主管机关则从事具体的主管

---

[1] 2004年,“独立部门”的董事会批准《非营利和慈善组织价值宣言与伦理道德准则》(Statement of Value and Code of Ethics),并具体提出了:(1)无私奉献;(2)道德承诺;(3)公益使命优先;(4)尊重个人的价值和尊严;(5)包容社会的多元性并维护社会公平;(6)对公众负责任;(7)公开和诚实;(8)慎用社会资源;(9)服从法律九项标准,鼓励其成员组织以此为基础,起草、采用或修订自己的伦理规范与价值宣言,并把它与每年的财务审计放在同等重要的位置。

[2] 参见我国台湾地区“志愿服务法”第4条第2款。

事业范围内的志愿服务，“凡主管相关社会服务、教育、辅导、文化、科学、体育、消防救难、交通安全、环境保护、卫生保健、合作发展、经济、研究、志工人力之开发、联合活动之发展以及志愿服务之提升等公众利益工作之机关”。[1] 可见，我国台湾地区各级行政部门负责志愿服务宏观发展的综合规划，协调各职能部门相互间关系。各级行政部门的具体职能机关各司其职，所负责的并非综合事务，而是处理本部门范围内的志愿服务事务，并设置专门职位，安排专职人员负责办理志愿服务相关事宜，专职人员的人数由各级政府及目的事业主管机关视其实际情况灵活规定。同时，为整合信息、规划布局、研究资料、协调关系及开拓人力资源、创新社会服务公益项目，各级行政部门还召开志愿服务大会，运营单位对志愿服务加强联系辅导，并对其所遇到的困难给予必要之协助。[2]

根据我国台湾地区“民法”规定，无论义工组织是以社团形式还是以财团法人形式取得法人资格，均须通过主管机关审批，而后依法办理许可与登记手续。其中，财团法人的许可与登记申请应由义工组织的主要负责董事向其主事务所和分事务所办公场所所在地的主管机关提出，财团法人所提交的登记申请应记载目的、名称、主事务所及分事务所、财产总额、受许可的日期、董事、监察人的姓名及住所等内容，如有代表法人的董事及存续期间，应予记载清楚。根据“民法”及其他行政法规要求，台湾当局各主管机关均制定有相应的行政规章用以规范包括义工组织在内的非营利组织财团法人的设立许可及监管措施；义工组织申请注册登记为社团法人时，因主要以专业、知识、技能向社会提供服务，且规模较小，故主管机关只需依照“民法”的规定执行即可，各主管机关并未制定相应的规章。我国台湾地区“民法”规定，义工组织申请注册登记为社团法人时，必

[1] 参见我国台湾地区“志愿服务法”第4条第3款第2项。

[2] 参见我国台湾地区“志愿服务法”第5条。

须先订立社团章程。[1] 在此基础上,台湾当局对义工组织的具体监管活动包括:

(1)登记备案监管。我国台湾地区对义工组织实施报备审核与登记管理相结合的设立监管制度。我国台湾地区义工组织首先由业务主管机关核定设立许可,再由法院负责法人登记,以取得法人地位。台湾当局通过政府内设机构调整,延伸职能范围,对义工组织的设立形成了颇具特色的"双轨制",无论是义工组织设立的许可、审批,还是法人章程、捐助契约、捐赠遗嘱备案,都有明确的职能机关主管其事,归属明确、义务法定、协调专属,设立义工组织根本不会发生找不到"业务主管机关"的问题。

(2)活动审批监管。从总体上看,台湾当局对义工组织发展采取的是"疏"而不是"堵",是"导"而不是"管"。台湾当局为顺应社会发展要求,调整行政机构设置:主管机关内增设"社会司",专职履行对涉及两个以上目的事业的志愿服务活动的协调、编制综合性志愿服务发展计划、服务、社会工作和少年福利是其主要职能。凡"主管相关社会服务、教育、辅导、文化、科学、体育、消防救难、交通安全、环境保护、卫生保健、合作发展、经济、义工人力的开发、联合活动的发展以及志愿服务的提升等公共利益工作的机关"为目的事业主管机关,[2] 主管义工的"权利、义务、招募、教育训练、奖励表扬、福利、保障、宣导与申诉的规划及办理"。

(3)财务审核监管。2006 年 4 月 25 日我国台湾地区"立法"部门三读通过的"公益劝募条例",规定"劝募团体应于劝募活动所得财物使用计划执行完工后 30 日内,将其使用情形提经理事会通过后公告及公开征

---

〔1〕 我国台湾地区"民法"第 46 条规定,以公益为目的之社团,于登记前,应得主管机关之许可。第 47 条规定,设立社团者,应订定章程,其应记载之事项如左:(1)目的;(2)名称;(3)董事之人数、任期及任免。设有监察人者,其人数、任期及任免;(4)总会召集之条件、程序及其决议证明之方法;(5)社员之出资;(6)社员资格之取得与丧失;(7)订定章程之年、月、日。第 48 条规定,社团设立时,应登记之事项如左:(1)目的;(2)名称;(3)主事务所及分事务所;(4)董事之姓名及住所。设有监察人者,其姓名及住所;(5)财产之总额;(6)应受设立许可者,其许可之年、月、日;(7)定有出资方法者,其方法;(8)定有代表法人之董事者,其姓名;(9)定有存立时期者,其时期。社团之登记,由董事向其主事务所及分事务所所在地之主管机关行之,并应附具章程备案。

〔2〕 参见我国台湾地区"志愿服务法"第 5 条。

信,连同成果报告、支出明细及相关证明文件,呈报主管机关备查”,[1]由此建立了极具我国台湾地区特色的义工组织二元财务信息报告制度。社团法人义工组织的财务管理与监督除受我国台湾地区“人民团体法”规范外,台湾当局还制定了“社会团体财务处理办法”,规定义工组织应在每个财会年度编造财务预算、决算报表,提请会员(会员代表)大会通过其报表,随后报主管机关核实与备案;同时,财会决算报表在报请会员大会前,应预先报送监事会审查与核准。“社会团体财务处理办法”对于义工组织的会计年度、会计基础、会计报告与会计科目、会计账簿、会计凭证、预算决算的编审、财产管理、财务及会计处理、财务人员及财务核审等进行了详细的制度设定。

财团法人义工组织的财务管理与审核因其资合而非人合特性,没有相应的意思机关,为维护社会公众的公共利益并确保捐助人的合法权益,我国台湾地区政府对财团法人义工组织财务状况的审核比人合法人更为严格。坚持的基本原则是财团法人义工组织财务监管的规则由目的事业主管机关制定。关于期末财务报表是否应经过会计师签证,各主管机关的规定及标准并不一致。而关于预算与决算申报的期间大都相同。有关预算与决算申报的期间,各主管机关几乎都要求财团法人应于年度前1~3个月内,拟具和申报预算及业务计划书,向主管机关报备审核;年度结束后也是在1~3个月内申报决算,除非有会计师审核而得以延迟。

(四)我国香港特区:制度供给与结果考核

我国香港特区政府对义工组织活动的监督集中于制度供给和结果考核,即政府提供系列的包括义工组织创立、活动、质量考核在内的法律制度,辅之相关的指引、流程、指南等具体办法,引导义工组织自觉遵守;同时,各种考评、考核制度的落实使成绩优异的义工及义工组织获得各种精神和物质奖励,直接推动了义工组织的规范化运作。实践证明,我国香港

---

[1] 参见我国台湾地区“公益劝募条例”第20条。

特区政府以监督者的姿态对义工组织的监管是有效的,既没有破坏义工事业自由、开放、迅速、多样化的发展态势,也没有压制义工组织自主管理、自由发展的空间,它直接推动义工组织向着高效、透明、积极、合法的方向健康发展。

第一,创立监督。与其他国家和地区相比,我国香港特区法律对义工组织设立的要件与程序有着独具特色的制度供给。具体而言,我国香港特区义工组织在设立中的法律依据充足,包括《公司条例》《社团条例》《注册受托人法团条例》以及各种不同的特别法。我国香港特区义工组织可以根据上述法律条例分别取得私人公司、社团法人、信托以及特别法团的组织形式。但不管是何种形式,义工组织均须秉承公益慈善的宗旨,其组织所提供的服务须具备救助弱势群体、促进基础教育普及、推广宗教信仰及其他具有慈善性质的目的。此外,义工组织的内部章程及实施细则明确规定其全部财产或者取得的任何收入均必须用于义工服务的实践,禁止向董事、受托人、理事等义工组织机构管理者支付报酬、薪资。

第二,税收豁免资格监督。依据我国香港特区《税收条例》第 88 条之规定,“具备公益属性的慈善机构或慈善信托”的义工组织均有享受税收豁免的主体资格。可见,义工组织的税收豁免资格取决于其慈善机构或慈善信托的属性。慈善捐款的扣除不是任意的,而是受到严格的控制。公民捐赠能否享有税收豁免则取决于其捐赠的组织是否为拥有免税资格的义工组织。因此,义工组织免税地位的确立直接关系到其自身和捐赠人的切身利益。我国香港特区税务机关负责对义工组织免税地位的资格进行审查、监督。这种免税资格监督在一般情况下 4 年一次,但税务机关认为有必要时可以进行更频繁的复查或提前复查。税务机关通常以向义工组织发放问卷的方式进行复查,并要求复查对象在 1 个月内交还问卷,同时还须提交往来账目、业务年报和其他佐证材料,以便于税务机关能够及时准确地核实义工组织的公益性,税务复查不合格的义工组织将被撤销税收豁免资格。税务机关根据复查结果即时更新获得豁免缴税的机构名单。

第三,义工组织社会募捐活动监督。我国香港特区政府针对义工组织社会募捐实行资格审核制度,对义工组织在公共场所的慈善筹款活动进行事前监管。[1] 具体而言,义工组织计划在公众场所进行慈善募捐之前,须率先向社会福利署提交计划申请并取得“公开筹款许可证”。我国香港特区社会福利署在收到义工组织提交的申请后,须根据《简易程序治罪条例》第4条之规定对该公共筹款是否符合组织公益宗旨进行审慎核实。此外,义工组织还须就募捐公共场地取得管理机构的批准,否则将被视为违法占用,并要接受刑事法律的处罚。同时,社会福利署、我国香港特区会计师公会及廉政公署等机构也制定了许多软性事务指引,比如社会福利署制定的《慈善筹款活动内部财务监管指引说明》等,供相关进行慈善筹款活动的人士参考。

第四,服务质量监督。对于义工组织提供社会服务质量而言,我国香港特区目前采取分散监管模式,即由社会福利署、民政事务局、教育局及食物环境卫生署等部门基于各自职能范围对归口的义工组织服务质量实施定期监督,而非设立统一义工监督部门。获得政府资助的义工组织必须受社会福利署的监管。自2000年起,社会福利署对接受其资助的社会组织,设计出了整笔拨款资助制度和服务表现监察制度。[2]

三、我国义工组织政府监管理念与路径调整

(一)政府由设立监管到过程监管的理念调整

我国的义工组织发育尚处于稚嫩期,需要政府秉持“监管就是服务”的理念,以“服务者”的姿态介入并提供支持,变设立监管为过程监管,通过体系化与本土化的监管机制规范其发展,方能有效促进其社会效能的

---

〔1〕 目前的监管主体主要有社会福利署、影视及娱乐事务管理处、事务环境卫生署等部门。参见李金玉、金博:《香港慈善组织法治监管机制及其启示》,载《湖北社会科学》2011年第11期。

〔2〕 整笔拨款制度是政府对受资助服务机构由以前的实报实销制度改为每年一次性给予一定的拨款,受资助机构自负盈亏的制度。这一制度在原有的基础上大大提高了政府问责水平和机构的运行效率。

发挥。

目前,《社会团体登记管理条例》《民办非企业单位登记管理暂行条例》和《基金会管理条例》共同构成政府对社会组织(义工组织)设立监管的基本框架。就登记核准而言,须由业务主管单位率先对社会组织申请材料进行初审;在登记管理部门收到经业务主管单位审查批准的社会组织登记申请后,须作出是否准予登记的决定。就登记管理而言,具备登记管理职能的部门负责社会组织的变更、注销登记、年度检查、监督检查及行政处罚等业务;而业务主管单位除监督、指导社会组织活动外,还要负责对登记管理部门的上述行为进行事前审查、初审或协助查处等工作。[1] 但是,世易时移,由上述三个条例所支撑的社会组织双重管理体制无法适应我国建设现代化社会管理体制的现实需求,导致大量的民间自发成立的从事公益慈善活动的义工组织合法性或合理性的缺失,而合法的义工组织对其业务主管单位或挂靠企业则具有较强的依附性,影响主管机关对义工组织所实施的有效监管。[2]

政府应加快慈善组织登记制度改革的步伐,在其设立环节实行备案登记制,取消相关制度对慈善组织登记的财产规模限制,简化行政机关的

---

〔1〕 一方面,为降低对社会组织监管成本,登记管理部门比较注重对登记环节的监督以及以材料审查为主的年检制度,使整个监管重点前移和外移,而对社会组织的具体活动,由于社会组织数量庞大、业务繁杂,难以有效履行监管责任;另一方面,双重管理要求实际也是双层监管,降低了管理和监督风险,但同时也分化了监管责任。简单地说,其中任何一个部门监管不作为,其后果由两个部门分担,这容易导致出现双方监管实质无人监管的局面;无论是登记管理部门还是业务主管单位都存在能力限制,难以对庞大的社会组织提供有效监管。参见张玉强:《从"双重管理"到"三层协同"——中国社会组织登记管理体制的重新构建》,载《天津行政学院学报》2017 年第 2 期。

〔2〕 在双重管理体制下,一方面,政府习惯了传统管控社会组织发展的思维,相关部门缺乏对社会组织内部治理的重视,并依托自身政策和资源优势,吸附了大量的社会组织;另一方面,业务主管单位的设置,使政府和社会组织之间存在业务性的联系,社会组织希望从业务主管单位那里获取更多行政资源,主管单位也愿意将业务范围内的事务部分交由社会组织来完成,这容易导致业务主管单位人员兼任社会组织领导职务,部分社会组织成为业务主管单位的延伸机构,甚至以"二政府"形象存在,失去了社会服务的独立性。这不仅造成了由于登记制度高门槛制度导致内外社会组织发展境遇的差异,也使得制度内合法的社会组织越来越缺少独立开展服务的能力。这就是很多的志愿者组织后来演化成为政府或党团组织的"附属机构"的原因。参见张玉强:《从"双重管理"到"三层协同"——中国社会组织登记管理体制的重新构建》,载《天津行政学院学报》2017 年第 2 期。

审核流程，整合分散的审核监督机关，降低慈善组织准入门槛的同时，落实事前审查程序；除了做好事前监督之外，各级民政部门须肩负起过程监管的职能，合理设置审核标准和业务履行情况，更加重要的是须对义工组织正常业务运作实现全过程监管，"明确监管主体体系架构、职权与职责范围，全过程监管须围绕义工组织遵守法律、法规、章程开展业务活动情况、公益活动运行情况以及组织、人员变动情况等展开，所采取的监管方式主要包括资格审查、不定期检查、年度检查（定期检查）、变更和终止监管等。同时，相关部门还须对监督审查结果作出评价，并依据评价结果对慈善组织实施奖惩。我国虽已推行社团年检制度，但法制化水平不高，年检内容流于形式，年检结果实质审查不充分，也没有配套有效的激励和惩戒制度，对不定期的临时检查则没有专门规定，这些缺陷严重影响了政府对义工组织全过程监管的有效性"。[1]

（二）加强绩效管理，构建完善的义工组织评估机制

政府必须加快构建包括义工组织在内的慈善组织绩效评估机制，加强对义工组织公共服务活动的绩效管理，一方面畅通公众与义工组织沟通的路径，树立义工组织公信力；另一方面也对义工组织形成一种外部监督力量，通过绩效评估反馈的结果，促使义工组织积极反思和总结经验教训，进一步改进服务计划和内容，督促其提升服务质量。[2] 随着世界范围内的政府改革和新公共管理运动的开展，绩效评估机制在政府管理以及非政府组织管理领域得到广泛运用，许多国家对社会组织的监管正在发生由"行政国家"到"评估国家"的转变。[3]

目前，义工组织绩效评估主体主要包括政府和第三方评估机构，构建

---

〔1〕 参见陈婉玲：《义工组织系统信任的制度构建》，载《江苏社会科学》2014 年第 2 期。

〔2〕 义工组织应制定和执行"质量提升"框架体系，具体包括"服务计划—服务执行—服务评估—服务提升"四个环节，服务计划即评估及确定社会需求，将需求转化为项目计划；服务执行即落实、检验、收集数据；服务评估包括（自评）成果评估、过程评估［同级员工之间讨论、服务对象反馈（满意度调查）］；服务提升即将成果评估、过程评估所产生的信息作为采取纠正或改进措施的基础。参见陈婉玲：《义工组织社会信任培育构想》，载《东南学术》2016 年第 5 期。

〔3〕 参见刘传铭：《社会组织绩效评估指标体系构建研究》，载《中国社会组织》2013 年第 4 期。

完善的社会组织评估机制是政府不可推卸的职责。政府作为义工组织管理者理应对信息披露制度负责,不仅要注重信息公开的渠道,更要重视对信息的把关、筛选和评价。由于政府部门时间精力有限,难以对义工组织进行全面管理,一般而言对于义工组织的监督检查均以其提交的相关文件为主,大多数情况下都只是例行的程序性检查,难以发现实质问题,2008年“小天使基金”挪用善款丑闻就是例证。第三方评估机构的建立有助于形成客观、公正、高效的评估结果,弥补政府评估的不足。

首先,第三方评估机构的评价更为中立、专业。第三方评估机构往往会拥有更加专业化的研究人员和评估机制,在标准的制定、信息的处理与分析、综合评价方面都有着相应的理论和专业化背景,其评估活动的专业性、中立性和有限性是政府部门评估难以媲美的。通过对义工组织进行分层、分类的有效评价,帮助受益人和捐助人识别负责任的和没有诚信的义工组织,并将评价结果运用于相应的考评、激励当中,避免“劣币驱逐良币”现象的发生。例如,德国“社会福利问题中央研究所”(DZI)作为独立的第三方评估机构,负责监督慈善组织善款的使用情况,通过审查向慈善组织颁发“捐助徽章”,由于该机构的权威性,获得其“捐助徽章”的组织比未获认证的组织更受公众信赖。[1] 从这个意义上说,第三方评估具有筛选和纯化慈善组织的作用。其次,第三方评估机构还可以对义工组织信息披露进行帮助与引导。信息披露制度的建设在我国仍处于起步阶段,许多义工组织都没有完善的制度配套以及专业人才,而第三方评估机构可以以自身专业性和规范性为义工组织提供相应的信息披露的专业化培训和技术支持,能够对义工组织的信息披露进行指导和规范。最后,第三方评估还具有预防作用。第三方评估机制的存在能够为公众了解义工组织提供更多渠道,例如,“美国慈善组织联合会”不仅会公开相应的评估标准还会向社会公众开放原始数据,方便公众更为客观地了解信息。同

---

〔1〕 参见朱晓萌:《慈善信息如何跨越公开透明这道坎》,载《人民代表报》2011年7月16日,第5版。

时，评估组织还会接受社会公众的信息反馈，提供相关帮助，诸如义工组织排名、义工组织活动安排等信息。对于公众的信息需求，第三方评估组织也能够及时对义工组织进行反馈，避免因为信息沟通失误而导致公信力危机。信息披露制度在评估机制下能够发挥持续效力，并对义工组织相关事宜进行全程动态监管。义工组织自律意识的产生是渐进过程，当规范化约束对日常行为产生惯常重复性并最终演化为行为主体的"下意识"之举时，则标志着其自律意识的产生，这种主体本身的自律为预防义工组织的违规失信提供了新的思路。[1]

长期以来，我国慈善组织评估主要由政府部门负责，第三方评估的社会价值并未得到应有的重视，独立、权威和规范化运作的第三方机构亟需加快步伐进行培育。然而，相关评估标准的制度设计滞后也给第三方评估应然效果的实现带来了诸多不确定性。其中，科学指标体系尤须引起注意，第三方评估中如未设置科学的、系统的评估指标，那么该评估机制将会被打上主观主义的烙印。我国义工组织的多样性决定了评估指标体系的复杂性，既反映义工组织的共性，又反映它们的差异性，绝不是一件容易的事。另外，"慈善组织不以营利为目的、组织成员的服务行为大多是无形的，难以考察"，慈善组织的固有属性决定了很难用可以量化的参照系计算和分析出该类组织准确的经营绩效与日常业绩。同时，受评估配套机制不健全等因素的影响，第三方机构的科学性也常常受到质疑。例如，某些地方的第三方机构的评估环节均要受地方政府主管部门的约束，甚至连评估指标的设置和评估主体的选取也均由相关政府部门牵制。缺少第三方权威机制的配合，评估结果自然也会大打折扣。[2]

第三方机构的独立性与发展壮大离不开与政府主管部门合作与互补关系的营造。第三方评估对义工组织的规范与促进作用不言自明，但这并不等于该评估机制能够替代政府的评估。实际上，同为他律监管方式的

---

〔1〕 参见孙发锋：《第三方评估我国慈善组织公信力建设的必然要求》，载《行政论坛》2014年第4期。

〔2〕 参见王名：《中国民间组织30年》，社会科学文献出版社2008年版，第153页。

第三方评估与政府评估并不是对立关系，而是相互补充、相互促进的包容关系。但是，我国慈善组织行政化的程度极高，二者在某种程度上结成了利益共同体，这就使本属他律监管的政府评估转变为自律监管。显然，自律监管属性的政府评估业已失去了他律的优势，这也是善款滥用事件频发的重要诱因。相较而言，第三方机构因独立于政府行政序列之外，其职业操守也决定了与慈善组织并不会当然形成利益共同体，从而使第三方评估结果更有利于强化或恢复公众对包括义工组织在内的慈善组织的社会信任感。因此，政府部门应正视第三方评估的应有作用，将其视为与政府评估相互补充的评估形式。另外，第三方评估也不是没有缺陷的，第三方评估结果虽然有助于政府、公众了解义工组织信息，但也不能完全保证信息的正确。同时，第三方评估缺乏强制力，难以对义工组织产生约束，使得评估结果容易沦为一纸空文。加快政府与义工组织之间互动旨在构建完善的信息评估体系，有利于加强外部对于义工组织的监督。第三方评估结果不仅可以用于义工组织自查，也可以与政府监察、激励挂钩，充分发挥评估机制作用。

（三）建立健全义工组织信息公开、统计与发布制度

为提升义工组织社会公信力，各国慈善立法均对慈善组织的信息披露义务做了强制性要求，我国《慈善法》第 71 条强调，“慈善组织、慈善信托的受托人应当依法履行信息公开义务。信息公开应当真实、完整、及时”。作为信息管理的公共基础设施，通畅的信息发布通道是信息管理的前提，《慈善法》将建立健全慈善信息统计和发布渠道的义务赋予县级以上人民政府。以此为基础，“县级以上人民政府的民政主管部门应当在统一的信息平台及时向社会公共公开重要慈善信息，并免费为慈善组织提供慈善信息发布服务”。[1] 同时，慈善组织和慈善信托的受托人也有义务在政府设立的信息平台发布慈善信息，并对信息的真实性负责，以便为社会公众查询相关信息提供渠道。[2] 可见，义工组织信息披露义务的落

〔1〕 参见《慈善法》第 69 条。
〔2〕 参见《慈善法》第 69 条、第 71 条。

实需要政府的推动和支持,明确义工组织向社会公众公开信息的义务并为之提供路径是政府监管重心所在。信息披露不只是义工组织向政府登记、备案相关信息,而是政府与义工组织共同将信息传递给社会公众的过程。

政府应实施信息披露差异化管理,推动义工组织信息披露义务的进一步落实。我国对于对不同性质的慈善组织信息公开没有体现差异化要求,有关慈善组织信息披露制度主要体现在《慈善法》《基金会管理条例》《基金会信息公布办法》之中,《慈善法》第 72 条规定,"慈善组织应当向社会公开组织章程和决策、执行、监督机构成员信息以及国务院民政部门要求公开的其他信息。上述信息有重大变更的,慈善组织应当及时向社会公开。慈善组织应当每年向社会公开其年度工作报告和财政会计报告。具有公开募捐资格的慈善组织的财务会计报告须经审计",同时,对具有公开募集资格的慈善组织的信息披露做了特别的要求,规定"具有公开募捐资格的慈善组织应当定期向社会公开其募捐情况和慈善项目实施情况"[1]。这些关于慈善组织信息披露的制度设计明显偏向于对慈善捐赠的资财管理,对从事慈善活动为主的义工组织的信息披露缺少针对性。实践中各地政府部门在慈善组织信息披露制度的落实上更多的是把焦点集中在各级慈善总会、各级红十字会等,信息公开的重点内容是捐赠款物的使用信息以及财务信息。[2] 而对于提供慈善服务的义工组织的活动计划、内容、方案以及义工的使用等信息关注较少,致使义工组织开展慈善服务活动的信息披露流于形式。对于义工组织而言,其更多的是向社会提供慈善服务,共享的是时间和技能,其活动只是少量的涉及公开募捐,有的义工组织"只是提供平台,直接由捐赠人向受赠人提供相应物资,减少义工组织在其中参与",[3] 因此,应该将对义工组织信息披露的重点放在对其活动内容和过程的信息管理上。

---

〔1〕 参见《慈善法》第 73 条。

〔2〕 参见昌乐县民政局网,http://mzj.changde.gov.cn/art/2016/6/16/art_17523_736076.html,最后访问日期:2018 年 1 月 12 日。

〔3〕 参见"附录"对十堰小草义工组织的访谈。

基于义工组织规模大小、人员构成以及服务性质的差异，对于义工组织信息披露的要求也应该进行区分。根据中国志愿服务网的信息，我国目前有427,434个志愿组织，有着社区志愿者、青年志愿者、文化志愿者等九大分类，但在法律上对这些包括民间义工组织在内的志愿组织并没有任何差异性的规定。以青年志愿者为例，共青团、教育部出台了《关于加强中学生志愿服务工作的实施意见》，主要强调活动的管理与培训，而对于信息公开与披露没有特别的规定。至于从事消防、旅游、医疗服务等专业化的义工组织，则无具体的信息披露规定。信息披露制度的意义不仅在于推动义工组织的透明化运作，还可以依此对义工组织的运作进行绩效评估，是义工组织规范化、制度化发展不可或缺的重要环节。美国信息披露制度的运用也值得我们学习。美国对不同规模的非营利组织信息披露有着不同的要求，如资产在5000美元以上的非政府组织无须向主管机关申请即可直接获取税收豁免，也正因为其自动税收豁免资格，政府对这类非政府组织的相关信息公开程度也提出了更高要求，拟公开信息主要包括基本业务信息、治理信息、财务信息和业务信息；而在5000美元规模以下的非政府组织须公开的信息范围相对较窄，仅体现在其组织章程、业务内容及年度报告等基本信息。[1] 上述信息差异披露机制显然有利于更好、更全面履行信息公开义务。

（四）加强信息质量审核，加快信息共享机制建设

政府必须对义工组织披露的信息进行审核，确保义工组织在法律框架内开展活动。2017年12月13日，民政部发布《慈善组织信息公开办法（征求意见稿）》（以下简称《办法》），提出慈善组织应当依照有关法律法规和该办法规定，在民政部门统一的信息平台向社会公开其“基本信息、年度工作报告和财务会计报告、公开募捐、慈善项目、慈善信托信息以及重大资产变动及投资、重大交易及资金往来、关联交易”等有关信息，并在下列基本信息形成之日起30日内在统一信息平台向社会公开：（1）经民

[1] 参见杨龙军：《美国非营利组织的税收制度及其借鉴》，载《海外税收》2004年第11期。

政部门核准的章程；(2)理事长(会长)、副理事长(副会长)、秘书长、理事、监事的基本情况；(3)下设的秘书处组成部门、专项基金和其他机构的名称、设立时间、存续情况、业务范围或者主要职能；(4)发起人、主要捐赠人、理事主要来源单位、管理人员、被投资方等与慈善组织存在控制、共同控制或者重大影响关系的个人或者组织(以下简称重要关联方)；(5)本组织的联系人、联系方式，以本组织名义开通的门户网站、官方微博、官方微信或者移动客户端等网络平台；(6)信息公开制度、项目管理制度、财务和资产管理制度。慈善组织可以将基本信息制作成纸质文本置于本组织的住所，方便社会公众查阅、复制。[1] 虽然《办法》指出了慈善组织需要向管理部门提交相关文件，但未进一步健全对这些文件所包含信息的审查筛选制度，只是一味要求慈善组织公开的信息应当“真实、完整、及时”。信息披露不能只是大量信息的堆砌，而是要能够规范、系统的向社会公众、利益相关者及时有效地公布相关信息，如果政府部门只是机械地收集信息，必然会导致义工组织对于信息披露制度建设的漫不经心。必须进一步构建义工组织信息的审查、抽查与筛选制度，保证义工组织信息披露常态化、制度化和真实性，更好地体现管理部门监督、评价的权威和严肃性。

政府一方面要注重义工组织信息的及时公开，另一方面应该积极搭建信息的共享平台。2014 年 12 月，国务院《关于促进慈善事业健康发展的指导意见》指出，要建立民政部门与其他社会救助管理部门之间的信息共享机制，同时建立和完善民政部门与慈善组织、社会服务机构之间的衔接机制，形成社会救助和慈善资源的信息有效对接。对于经过社会救助后仍需要帮扶的救助对象，民政部门要及时与慈善组织、社会服务机构协商，实现政府救助与社会帮扶有机结合，做到因情施救、各有侧重、互相补充。社会救助信息和慈善资源信息应同时向审计等政府有关部门开放。

---

〔1〕 参见民政部《慈善组织信息公开办法(征求意见稿)》第 3 ~4 条。载中国法律服务网公开征求意见系统，http://zqyj. chinalaw. gov. cn/readmore? listType = 2&id = 2297，最后访问日期：2018 年 4 月 5 日。

做好民政部门相关信息公开工作,民政部门通过门户网站等途径向社会公开慈善事业发展和慈善组织、慈善活动的相关信息,具体包括各类慈善组织名单及其设立、变更、评估、年检、注销、撤销登记信息和政府扶持鼓励政策措施、购买社会组织服务信息、受奖励及处罚信息、本行政区域慈善事业发展年度统计信息以及依法应当公开的其他信息。[1] 目前,民政部全国志愿服务信息系统(www. chinavolunteer. cn)已正式上线运行,为此,民政部办公厅于 2017 年 8 月发布关于《推广使用全国志愿服务信息系统的通知》指出:“各级政府及相关部门将通过联合发文推广使用系统、联合举办系统使用培训班等多种方式着力推进全国志愿服务信息系统广泛使用,并加大志愿服务信息资源开发利用和跨部门、跨地区、跨层级、跨系统共享应用。”[2]

信息共享机制建立是奖惩机制的基础,也是相关部门监督管理的依据。信息披露过程中要保障信息的有效传播,让信息能够为关注主体所知悉。第一,信息共享制度建设要防止信息传播阻碍。不同层级的政府部门在信息共享上应该是平等的,除了法律规定不予公开的信息外,社会公众也应该能够便捷地获取信息。义工组织信息披露不能仅靠一个中国志愿服务网的公开,还需要各方协助建设。义工组织的信息披露如果不能做到独立披露,也应告知查询相关信息的方式。第二,加快信息利用。信息披露制度的建设能够较为客观地评价某个义工组织或是某个地区义工组织的发展水平,有必要将其纳入其他各项评价体系当中。第三,利用信息共享制度加大对公益事业宣传。广播电视、报纸刊物、互联网、手册、海报等媒体可以开设慈善专栏,为义工组织提供信息披露平台,定期分享有关义工组织信息,加大对义工活动等公益项目宣传,促进信息披露制度

[1] 参见 2014 年 12 月民政部关于贯彻落实《国务院关于促进慈善事业健康发展的指导意见》的通知(国发〔2014〕61 号),载中国政府网,http://www.gov.cn/gongbao/content/2015/content_2799012.htm,最后访问日期:2018 年 4 月 5 日。

[2] 参见《民政部办公厅推广使用全国志愿服务信息系统的通知》(民办函〔2017〕252 号),载福建省民政厅网,http://www.fjsmzt.gov.cn/xxgk/jggk/cszz/mgj/wjgg/201708/t20170829_1593401.htm,最后访问日期:2018 年 4 月 5 日。

建设。

为配合政府对义工组织的信息管理，克服政府监管资源不足，实现义工组织信用的可见度，政府应该积极培育社会征信机构，尽快形成社会组织征信体系，满足社会公众对义工组织信息的获取需求。当前，我国尚未出现专门针对非政府组织的征信机构，政府主管机构仅掌握登记注册的义工组织的基本信息，大量未登记造册的义工组织长期处于征信盲区，这些义工组织的相关信息散乱在各处，信息承载形式也杂乱无章，导致社会公众对义工组织的信用程度始终持怀疑和谨慎的态度。建立义工组织征信体系的目的在于，为社会公众提供一个开放且准确的义工组织信息获取渠道，而这些信息则是公众建立对义工组织社会信任的基础。社会公众最为关注的是义工组织的背景和宗旨、组织的项目和运作、组织的成员和权利义务等信息，对义工组织上述信息的征集与公开能够极大减少社会公众对义工组织的怀疑程度，减少因建立信任关系而投入的时间、精力、金钱等成本，降低信任风险的同时保证信任安全，同时也可以有地缓解政府的管理压力。[1]

四、社会交代：以义工组织信息披露为视角

(一) 义工组织社会交代义务[2]

社会交代是对义工组织依其被授权的职责所进行的工作给予解释、说明的要求，其目的是督促组织有效完成所计划的服务，最终实现其社会功能。一个组织被它所在社会承认的过程，也是它公示自己并获得公信力的过程，这就要求组织：(1) 在行使职责时，应考虑公众的信任问题，即

---

[1] 而这些信息的征信程序应该为：(1) 征信机构从各种渠道采集某义工组织的各种信息；(2) 征信机构对信息进行核实、归类、筛选；(3) 征信机构依据一定的标准对信息进行分析评估，作出评估报告；(4) 征信机构将经过加工分析的报告进行公开披露；(5) 如果发现信息有偏差或者失误，及时予以修正或者删除。这个过程将涉及征信机构的权利义务、信息采集的途径、信息评估的标准、信息披露的方式和信息保护等问题的制度构建。其中的征信机构的主体性质是征信系统构建所需要解决的问题之一，英国与美国的征信机构都是私人部门所有，德国和意大利则既有国有的征信机构，也有私人部门所有的征信机构。

[2] 关于义工组织社会交代问题，参见陈婉玲：《义工组织系统信任的制度构建》，载《江苏社会科学》2014 年第 2 期。

社会公信力的问题；(2)有义务提供详细资料来通告和解释自己是如何执行其职责范围内的工作的，以获得公众对其工作的了解，从而建立社会公信力；(3)必须承认和纠正工作中的问题，而不是回避或向公众隐瞒问题。[1] 虽然，社会交代属于社会组织自律行动范畴，但社会交代义务必须以法律形式加以固化，才能强化义工组织履责的自觉性。

义工组织社会交代义务的对象包括政府、社会公众、工作对象和义工成员。义工组织不仅要对政府部门进行问责交代，还必须建立对其他相关利益群体，如义工成员、社区、被服务对象、普通公众进行问责交代的机制，服务对象(受助者)基于信任将身心安全系于义工服务和照料之下，其有权利获得照料者或帮助者的组织信息和运作信息；义工是义工组织的基本构成，其根据组织安排向服务对象贡献自己的劳动、技能、技巧、时间和精力等，作为社会组织最重要的人力资源，义工组织必须正视其问责权利，向他们交代和说明组织状况、工作环境和权利义务，避免将义工沦为廉价劳动力或小时工。同时，义工组织还必须就工作方向、行动计划与目标、活动内容、工作过程和结果向公众进行公开说明和解释，履行社会交代义务。工作方向的交代也即对组织使命、工作重点和整体工作状况进行说明；财务方面的交代则包括组织运行费用的筹措、募集以及资金使用情况；工作过程的交代则侧重在说明组织是如何运作和行使其行政职责的，包括是否善用工作人员、义工及其服务对象；对项目执行结果的交代则涉及项目的受益者改善状况，如项目是否使目标人口受益、具体的成本、项目是否改变和提升了目标人口的生活质量等。

哥达德和阿萨德曾言："那些具备更强大的会计功能，拥有更高资格的会计人员以及文件更齐全的会计制度的组织并不必然被利益相关者认为是更负责任的。公信力被认为与社会监督的可接近性和事情如何得到

---

[1] 参见崔玉、马凤芝：《中国非营利组织社会公信力建设的制度化途径：自律与社会交代》，载 http://www.help-poverty.org.cn/helpweb2/ngo/n37.htm，最后访问日期：2013 年 2 月 26 日。

解决的透明度有关。”[1]我国社会组织行为透明度不高，需要“实施金鱼缸法则，要让义工组织的行为好像处于金鱼缸一般，主动持续接受公众的监控”。[2] 我国目前慈善组织信息公开的路径较为单一被动，主要集中在民政部主办的“中国慈善网”，但“其数据不全、时效性不足、查询困难，且缺乏根据需求查询和组合数据的工具”。[3] 建议与义工组织征信系统相衔接，构建一个“一体多翼”的义工组织大数据。“一体”即义工组织，“多翼”包括义工组织的自身信息（章程、内部机构设置、运行规则、管理人员、义工信息等）、第三方评估信息（及时、多元）、政府监管信息（诚信名单和黑名单等）等。如此，实现大众对义工组织的“一站式”检索服务，满足不同人对义工组织各方面信息的不同需求。

完善的社会交代机制能够促使义工组织强化内部自律与治理，由于义工组织具有崇高、神圣而与经济利益相去甚远的公益性使命，这种使命不乏“兴奋之情——有时甚至是一种急迫之情，这些使命陈述还可以对那些认同组织的信念、关心组织成败的职工、志愿者与其他人士形成号召力”。[4] 为契合社会公众对其抱有的崇高期望和保持良好的组织形象，义工组织必须强化其内部治理结构，通过组织的章程、内部机构、规章制度安排对组织的内部人形成的牵制与约束，避免无序和混乱。同时，引入使命与战略规划的自我评估机制和项目绩效的自我评估，加强内部能力建设，提高业务水平。

（二）义工组织信息披露的理论依据

从 2012 年民政部印发《志愿服务记录办法》（民函〔2012〕340 号）开始，义工组织信息披露业已成为义工组织履行社会交代义务的主要表现。

---

〔1〕 Goddard A. , Assad J. M. , *Accounting and Navigating Legitimacy in Tanzanian NGOs. Accounting*, Auditing & Accountability Journal, 2006, 19(3), pp. 377 – 404.

〔2〕 刘春湘、郭梓焱：《当前我国社会组织公信力危机及重构》，载《湘潭大学学报》（哲学社会科学版）2016 年第 4 期。

〔3〕 林敏华：《公共管理视角下的社会组织分类及信息化管理》，载《广州大学学报》（社会科学版）2017 年第 2 期。

〔4〕 [美]詹姆斯 · P. 盖拉特：《21 世纪非营利组织管理》，邓国胜等译，中国人民大学出版社 2003 年版，第 19 页。

目前,我国义工组织信息披露制度体系并不健全,学界研究多侧重于义工(志愿)组织管理方面,对于信息披露机制的源起、适用范畴、政府责任和规范结构等方面研究较少。无疑,信息披露制度可以适用于金融、财税、市场监管等方面,应用领域极为广泛,对于实体市场、虚拟经济与社会治理的透明化发展起着举足轻重的作用。义工组织的信息披露主要是指将义工组织的活动信息、财务信息、人员信息以特定的方式在特定的时间、地点向社会公众公开的制度,其主要作用在于促进捐赠人、政府以及社会公众对于义工组织内部的了解,以提高该组织的社会公信力和资源调配能力。我国义工组织起步较晚,信息披露制度还处于成长阶段,亟需通过研究信息披露制度的理论起源,分析国内外相关制度的发展情况,对我国义工组织的信息披露制度的发展与完善提供可行性建议。

信息披露制度的建设不仅是对信息的公开,信息透明度的保障,还要对信息的真实性、完整性加以保证。信息评估机制的建设就是为了能够提升信息质量,畅通信息渠道,更为直观便捷地反映义工组织信息披露水平。失信惩戒制度的引入是为了保证义工组织履行信息披露义务,使信息披露制度不再流于形式而是能够真正发挥实效。

信息披露制度因英国"南海泡沫事件"[1]被设计出来,主要以委托代理、信号传递和利益相关者三种理论为依据。委托代理理论由美国经济学家伯利和米恩斯创设,该理论中的声誉模型具备比较优势,并在很短的时间就在经济与社会诸领域予以运用,产生了良好的实效。但因信息陷阱等缺陷,该理论在信息披露制度中的应用存在显著的局限性。信号传递理论与信息披露制度有着天然的契合性,但因信息传递环境的变动,也导致该理论模型存在固有缺陷。相比之下,利益相关者理论因其限定条件的开放性,使该理论在信息披露制度中的运用更具灵活性,也成为信息

---

〔1〕"南海泡沫事件"是指在1720年春天到秋天之间,由南海股票脱离常轨的投资狂潮引发的股价暴涨和暴跌,以及之后的大混乱事件。在此次事件中投资者损失惨重,此后较长一段时间,民众对于新兴股份公司闻之色变,对股票交易也心存疑虑,由此导致了整个股票市场的长时间的阴影。

披露制度设计与完善的主要理论源头。

1. 委托代理理论

委托代理理论由美国经济学家伯利和米恩斯于20世纪30年代首创。他们在深入研究“契约理论”以及现代企业治理当中得出结论：企业所有者兼具经营者的双重身份不利于企业的治理，为了企业的长远发展应将所有权与经营权分离，所有者保留的是剩余索取权，而将经营权利让渡。但由于“经济人”假设，投资者与管理人追求的利益存在不一致，二者皆会尽最大可能使自身利益最大化，由此将产生“非对称信息下的博弈论”问题。为解决代理人与委托人之间的利益博弈，美国学者尤金·法玛提出应更加重视市场对于代理人的声誉约束作用。代理人的行为并不是完全为被代理人负责，有部分原因是基于自身利益的考量，在声誉约束中，代理人会主动向被代理人甚至全社会公开其代理信息，除了积极践行被代理人赋予的任务，也会主动避免一些失信败德行为，从而维持良好的市场形象。委托代理理论在经济以及社会领域普遍存在。虽然义工组织中并不存在实质的委托代理关系，但义工、义工组织和社会捐助者、服务对象之间可形成多层次的委托代理关系。具体而言，一方面可将委托方视为财务捐赠者、服务接受者以及相关监管机关等，在义工组织接受捐赠和提供服务时，双方的关系可以以委托代理关系进行解释。代理人对自身信息进行公开，尤其是对委托方所关心的信息公开，将有助于营造良好的社会声誉，代理人将自身信息公开的越多，委托人越容易对代理过程进行掌控，更容易形成及时反馈。在这样的良性循环之中，代理人的声誉将有着极快、极高的提升，从而实现了义工组织“来自社会，服务社会”的目的。另一方面，义工以义工组织的名义对外提供志愿服务的做法，可以视为代理权的授予行为。以代理人身份对外活动的义工对委托人身份的义工组织之声誉将造成重大影响，声誉是义工组织社会信任的重要来源，也是该类组织能否长效的关键。一个声誉好的义工组织在社会中能够长足发展，而不努力营造良好声誉的义工组织终将会被整个社会所摒弃。声誉约束很好地解释了义工组织对自身信息进行公开的社会动力。

2. 信号传递理论

信号传递理论基于对传统市场的分析被设计出来。一般认为，完全竞争市场实现资源的高效配置有两个基本假设：一是竞争假设；二是完全信息假设。但现实社会中这两个假设通常难以成立。尤其是完全信息假设，在信息不对称情况下，信息传递、接收的真实性和错误信息的误导都可能影响信息传递的成本，如何向外界传递有效信息并控制信息传导成本是市场主体必须考虑的问题。义工组织接受捐赠、营造良好的社会形象都取决于其向外界公开的信息。依据信号传递理论，社会公众能够运用这些信息来了解判断义工组织的“效率”“效果”以及“组织运行的可持续性”。实践中义工组织最常公开的信息是其活动情况，因义工活动不同于企业的经营活动，捐赠者一般不保留剩余索取权，他们最为关心的是这笔资金的运用，及时有效地反馈活动信息可以满足其信息需求。但是，我们也应注意到，慈善事业中还存在更多的潜在信息需求者，如政府监管部门、社会公众和新闻媒体等，单靠活动信息的公开无法满足这些潜在信息需求者对义工组织信息的全方面需求。政府对义工组织的监管更多的是关注其社会影响力，政府仅能获取义工组织的活动信息并不能有效的对整体社会服务水平进行评估管理，还须对义工组织专业化、规范化及信息化提出要求；社会公众人员众多，不同人群有不同的信息需求，群体信息叠加，义工组织须通过调整信号传递渠道与方式，吸引各类社会群体参与信息反馈；新闻媒体的信息需求不如政府需求刚性，亦不如社会公众的繁杂，但新闻媒体对于义工组织而言是一把“双刃剑”，如何有效地保障新闻媒体获取最优信息并保持职业操守，则是义工组织面对媒体信息披露的首要任务。义工组织作为信息发布者与众多信息需求者们组成了一种信息非对称环境，在设计义工组织信息披露制度时，须考虑义工组织作为信息的公布者在非对称信息环境中效率降低的情形与原因，再考虑特定的不完全信息环境下信息效用最大化问题。

3. 利益相关者理论

利益相关者理论在经济学与社会学领域被广泛应用，其核心思想在于“任何组织生存与发展都是利益相关者的投入与参与的结果，这些利益主体或是直接参与或是间接受影响，他们事实上为一个组织的发展提供前进动力”，因此，任何组织在做出决策之前都应该考虑利益相关者的利益。义工组织是一种以提供非营利、非政府、志愿和利他的产品和服务为目的的组织类型，其出现实质上是市场对资源的第一次分配与政府对资源的第二次分配的有益补充。信息披露机制为义工组织内部管控机制与外部反馈机制搭建起一座桥梁，是该组织内外机制互动的关键节点。义工组织利益相关者可以概括如下：(1)捐赠者、政府机关、受助者以及团体成员属于确定利益相关者；(2)合作组织、义工群体以及购买服务或商品机构属于预期利益相关者；(3)社会公众、媒体、第三方评估机构为潜在利益相关者。不同的利益主体在义工组织治理的不同阶段有着截然不同的信息需求，这也就解释了为什么社会公众等潜在信息需求者对义工组织信息披露不满意。

在利益相关者模型下，义工组织的信息公开将从主动转为被动，促使义工组织在信息披露时不得不考量多方面因素。但义工组织最大的特征是公益性，如果过多地考虑其他因素，会导致公益性发挥的低效，还须为信息披露设置公益性这一最高价值取向，以便在信息需求者利益冲突中起到协调的作用。为实现该公益性，信息披露制度应与其他配套机制形成互补。这些配套措施包括行业基本规范的制定、第三方评估机制的引入等。总之，构建政府与义工组织的有效互动将是利益相关者理论下义工组织信息披露制度的发展与完善方向。

(三)我国义工组织信息披露的立法与实践

义工组织信息披露义务一方面依靠政府通过制度安排推进，另一方面是自身管理能力水平提高后的必然要求。我国关于义工组织单独立法较少，但义工组织本身所具有的公益性也决定了它需要接受关于慈善、公益、志愿服务等法律、法规的规范。我国《慈善法》《公共事业捐赠法》《志愿服务条例》《慈善组织公开募捐管理办法》等都为义工组织的信息披露提出了基本要求。

首先,我国《慈善法》对于慈善事业的信息公开义务作出了明确规定,其设专章分别对慈善组织的信息披露义务和政府部门的信息统计、发布等义务分担作出了详细规定。要求慈善组织"应当依法履行信息公开义务,信息公开应当真实、完整、及时",慈善组织信息披露的主要内容包括:(1)向社会公开组织章程和决策、执行、监督机构成员信息以及国务院民政部门要求公开的其他信息;(2)向社会公开年度报告和财务会计报告,具有公开募集资格的慈善组织还应定期向社会公开募集情况和慈善项目实施情况;(3)开展定向募集的,应当及时向捐赠人告知募捐情况,募集款物的管理使用情况;(4)应当向受益人告知其资助标准、工作流程和工作规范等信息。[1] 并对慈善组织"未依法履行信息公开义务"的法律责任做了严格规定,除"由民政部门予以警告、责令限期改正;预期不改正的,责令限期停止活动并进行整改"以外,"有违法所得的,将由民政部门予以没收;对直接负责的主管人员和其他直接责任人员处二万元以上二十万元以下罚款"。[2] 这些保障和促进慈善组织信息披露义务实施的基本规定同样适用于民间义工组织的运行。另外,我国 1999 年实施《公共事业捐赠法》也在其第 22 条要求"受赠人应当公开接受捐赠的情况和受赠财产的使用、管理情况,接受社会监督";2017 年 12 月生效的《志愿服务条例》第 13 条、第 19 条也对志愿服务组织的信息保管、共享做了些原则性规定。

其次,民政部、共青团中央、原文化部等部委相继出台相关管理办法及规定,进一步推进公益慈善组织信息披露的建设,《公开募捐平台服务管理办法》(2016)、《慈善组织公开募捐管理办法》(2016)、《社会组织评估管理办法》(2011)、《慈善组织认定办法》(2012)、《志愿服务记录办法》(2012)、《公益慈善捐助信息公开指引》(2011)从义工组织登记成立、活动开展、资金募捐、人员管理各个方面对信息公开做出了不同程度的要

---

〔1〕 参见《慈善法》第 71 ~ 75 条。
〔2〕 参见《慈善法》第 99 ~ 100 条。

求。《公益慈善捐助信息公开指引》针对信息公开基本原则、信息公开内容、信息公开时限及方式作出了详细规定，让公益慈善组织信息公开更具可操作性。2017 年民政部办公厅发布《关于推广使用全国志愿服务信息系统的通知》，建立统一、标准的全国志愿服务信息系统，为志愿服务组织的信息公开提供了权威、便捷的披露平台。

最后，在地方性法律法规方面，各省、市地方政府出台的志愿服务规范性文件对志愿服务组织的信息披露也作了相应的要求，如《广东省志愿服务条例》第 11 条规定："志愿者组织招募志愿者时，应当公告志愿服务项目和志愿者的条件、数量、服务内容以及风险等信息"，《北京市志愿服务促进条例》第 22 条规定：接受志愿服务的组织"应当尊重志愿者的人格尊严，就志愿服务项目对健康及安全构成的风险以及防范这些风险的措施作出必要的告知和说明"，《上海市志愿服务条例》第 15 条也要求：志愿服务活动的组织者在向社会招募志愿者时"应当将志愿服务活动项目的相关内容予以公布。并告知在志愿服务过程中可能出现的风险"。但大部分地方的志愿服务立法主要围绕总则、志愿服务组织、志愿者、志愿服务(活动)、保障和激励措施、法律责任等方面进行，并没有单独设计信息公开制度。

从立法角度来看，我国关于义工组织信息披露的制度建设还存在问题。第一，各位阶之间的法律法规不匹配。《慈善法》对信息公开作出了规定之后，相关的部门规章、地方性法规没有及时体现，使得许多规定流于形式。公益活动法律、慈善组织法律、义工组织法律、志愿组织活动法律存在多方重合，标准要求不尽相同。第二，外界缺乏查询渠道。法律法规目前只对义工组织、政府部门作出了信息披露要求，却没有给予民众等外界人员查询相关信息的方法，知情权保障仍有缺陷。第三，信息披露内容较为单一。义工组织信息披露应当涵盖有关组织人员、财务、活动以及组织规划等多方面内容，而目前的法律多是关于财务信息，对于义工人员的进入、退出及黑名单制度建设均显不足。第四，对专业化志愿组织关注度不足。随着社会发展，旅游、文艺、教学、救援等方面义工人数显著增加，目前的规定多是针对普遍性的助老、助残、助幼等活动的信息披露。

从实践来看，我国目前全国性的志愿者信息披露平台有中国志愿服务网、中国青年志愿者、中国义工网、中华义工网等。中国志愿服务网是官方建立的全国志愿服务信息系统，在该网站上可以查询全国各地的志愿者组织及活动信息，根据该网站显示：全国截至目前共有实名志愿者80，110，557人、志愿团体总数430，323个、累计服务时长为846，980，597小时；[1]通过该网站可以链接至各个省、市志愿服务平台，查询各个地区志愿服务信息。但仔细查询会发现，许多志愿组织并没有相关信息，在介绍栏“项目详情”“项目动态”及“时长”等均为空白，还存在联系方式较为单一、人员构成简单等问题。中国义工网是自发建立的民间全国性义工组织网，网站中介绍了全国义工组织发展、活动情况，但对于具体地方义工组织的介绍或是联系方式则少之又少。各地关于义工或是志愿者平台建设多是依靠民政局一手建设，但登录民政局网站却很难找到这方面的相关信息。在基金会中心网可以查询有关慈善基金会相关信息，截至目前全国慈善基金会数量6375个，总体透明指数为33.6分（百分制），净资产总规模为12，034，853.69万元。[2] 可以看出，我国基金会透明指数仍有待提升。

在我国，对义工组织的定义较为模糊，常常与“志愿组织”“公益活动组织”等概念混淆，同时义工组织发展规模差异较大、水平参差不齐，规模较大的义工组织有自己的门户网站，而其他小规模的义工组织则没有这样的平台，大多通过简单方式来实现信息披露，如建立聊天群进行公示、建立微信公众号平台或是微博转发等。虽然有门户网站的建立，信息披露仍存在一些明显缺陷。深圳市义工联与深圳市政府合作开发建立，义工信息公开、志愿组织信息公开、政府信息公开存在杂糅现象；湖北十堰

---

〔1〕 参见中国志愿服务网，http://www.chinavolunteer.cn/，最后访问日期：2018年1月24日。

〔2〕 参见基金会中心网，http://fti.foundationcenter.org.cn/，最后访问日期：2018年1月24日。

小草义工组织，在网站首页有着“关于我们”“爱满十堰”等栏目，但这些下面许多子栏目为空白链接，不能提供有效信息，两个网站均存在信息不能及时更新、信息不全面等问题。

结合全国性志愿服务信息公开以及义工组织自我信息公开情况来看，法律规定的信息披露制度得到了实施，但由于各地实际情况的差异，信息披露制度实施情况也有较大差异，也存在待改进之处。第一，政府信息披露缺乏审核机制、退出机制。从目前信息公开结果来看，信息公开质量有待提高，政府对于义工组织信息披露应当保质保量推进，真正发挥信息披露制度作用。第二，各级政府缺乏联动，不同层级政府只是将信息收集、汇总，没有相应的筛选，对于信息质量并没有过高要求，对外公布信息多是义工组织单方面提交信息，而且信息公开内容并没有被很好地运用到政府奖惩制度中。第三，义工组织信息披露缺乏实质。义工组织对信息披露做到了尽力而为，公开了认为自己能够公开的信息，为了更好地树立公众形象，信息披露不应局限于“汇报”式公开，而是能将义工组织全面地展示在社会公众面前。第四，义工组织信息披露缺乏专业人员。信息披露制度要求义工组织提供年度报告等专业信息，这样的信息需要专业人员严格依照相关规则制定，义工组织往往不能提供这样的报告。第五，反馈机制建设不全面。无论是政府信息披露平台还是义工组织自我披露平台，都没有提及如何评价、给出意见等反馈制度，也没有可以加以关注或者讨论的制度，使信息披露制度成为单方面的信息公示。

（四）完善与借鉴

各国义工组织的发展都有着自身的特质，这与每个国家与地区的文化、宗教因素有着密切联系。美国义工组织渗透到社会各个角落，纷繁的义工组织却能用一张纳税登记表很好地加以概括；英国义工组织起源较早，有着明显的“市民社会”烙印，义工组织与政府协作成为信息披露的坚实基石；我国台湾地区独具一格的“志工”组织以完善的法律体系为依托，经过几十年发展，各项制度都发挥出积极作用。义工组织的信息披露制度建设需要能够与义工文化相结合，充分发挥信息披露宣扬义工文化，推进义工组织公信力建设。

1. 美国义工组织信息公开与税务制度的良性结合

美国义工组织信息披露最大的成功之处在于将信息披露与税收制度相结合，在保障信息披露效率的同时还能够保障信息的及时获取与公布，充分发挥了信息披露的价值。根据《美国公开披露法案》要求义工服务组织承担信息披露义务。《美国公开披露法案》还要求免税组织披露最近3张“990表格”的复印件和30天内的个人免税书面申请，否则会被处以每天20美元的罚款。这些信息披露有助于公众和国税局充分了解志愿服务组织的宗旨和目的，监督其是否按其宗旨和业务范围从事可免税活动。依据美国税法的规定，包括义工组织在内的志愿组织可以申请免税资格，但志愿服务组织有义务向公众通告它们的各种业务服务活动，有义务向任何要求了解信息的人提供机构免税申请的副本、最近3次退税情况以及除捐赠人名单之外的所有附件副本。申请免税资格之时，义工组织需要提供许多申报材料，诸如义工活动说明、接受资助的说明以及所有与非慈善组织之间的转让、交易和关系等，这些信息社会公众也可以获知。在获取足够多信息的前提下，美国通过建立相应的配套制度，以保障信息披露的真实有效。美国法授予美国国税局和州司法部对义工组织在内的志愿服务组织的信息公开进行管理，根据“990表”提供的信息，国税局审计人员会不定期对某些组织开展审计。

而在美国志愿服务实践中，国家慈善信息局、全美慈善协会等非政府组织也在一定程度上约束和督促包括义工组织在内的志愿服务组织履行信息收集和公开义务。因为这些非政府组织的基本职能就是负责义工组织信息收集和公开义务。他们收集整理每个义工组织的完整资料，同时保存由美国国税局转送过来的义工组织的申报表和年度报告书，包括成立宗旨、负责人、董事会成员、详细的资产负债表、收支决算表等，以供社会大众查阅。创建于1918年的“美国国家慈善信息局”是美国最大的公益组织评估机构。它收集被评价机构的各种信息，并要求被评机构回答评估所需问题，然后根据自己拟定的相应标准对公益组织进行定期评估，公布达到其评估标准的公益机构名单。其他的一些慈善机构也会对行业进行评级,按照信誉等级由高到低为5星到1星,同时提供各个标准下前十名排行榜,也有负面排行榜,比如筹款回扣率排行、财务危机排行等。[1]

这些机构为了扩大和方便信息公开,还主动向公众提供各种服务,如备有指南手册,协助民众查阅中心的各种资料、接受组织请求安排说明会以及提供相应公开设备等。信息公开不仅是义工组织的法定义务,也是行业自主规范的重要内容。信息公开是政府规制、社会公众监督和义工组织自身监管的重要环节,有利于提高组织和行业运作的透明度。

2. 英国义工组织伞状结构体系对信息的集中管理

英国志愿服务起源于中世纪,志愿文化发达。在长达四百多年的发展过程中,英国志愿组织形成了独具一格的发展特质,而这些特质也深深地影响着义工组织对外信息公开。伞状结构体系是英国志愿组织的重要特征。所谓伞状组织,即会员制组织,其会员中又有各种联盟、网络、伞状组织,联盟中再有联盟,不过相互之间并非相互隶属,它们之间是相互多元、独立、松散的关系,伞状组织只起到代表会员进行政策倡导、战略前瞻研究、促进第三部门法律政策环境建设等倡导作用。[2] 组成众多的伞状组织以及志愿部门联合体,构筑多层次志愿部门社会网络体系,以此作为一个部门的行动主体和整体的发声器,成为英国义工组织经久不衰的经验之一。将义工组织作为整体对外公布信息,无论是在社会参与还是义工组织公信力建设方面都发挥了"1+1>2"的效果。单个的义工组织可能只会根据自身需要建立备忘录、章程以及登记依据等法律规定的公开文件,而对社会公众或者监管部门所需要的财务信息、人员构成等方面有所忽略。在伞状结构之下,所有成员的信息公开都将被囊括在其中,对单个组织形成良好的互补。同时,英国义工组织也有着多样的分类,不同行

---

[1] 陈婉玲:《义工组织法人制度研究》,北京大学出版社2014年版,第136页。

[2] 参见王名、李勇、黄浩明编著:《英国非营利组织》,社会科学文献出版社2009年版,第141页。

业之间的信息可能并不尽相同,但以行业为单位的伞状结构实质形成了内部规范,从而显著地提升了信息公开的水平。而且许多地方性的义工组织通过志愿服务理事会、志愿管理委员会等中介网络,将各地义工组织与全国性义工组织联系在一起,社会公信力建设将会有显著的提升。

英国长时间的志愿服务还证明义工组织与政府之间的关系是影响其发展的关键因素。英国义工组织一直与其政府有着千丝万缕的联系,英国政府一直以"公民社会"和"大社会、小政府"作为其执政理念。《政府与志愿及社区组织关系协定》正是政府与义工组织双方合作的成果,它也成为义工组织与政府之间合作伙伴关系的良性基础。政府会向义工组织及其协作伙伴提供各种资源,目的就是让这些组织能够快速成长,发挥社会服务作用。英国政府在财政政策、税收政策等各方面对义工组织都予以了极大帮助,信息公开制度的建设也由此受益。有了政府的帮助,信息公开不仅能够更具有公信力,同时信息公开也更为便捷,外界获取义工组织信息也更为容易。具有政府信用背书的信息也不容易受到负面信息打击,使义工组织在信息传播以及信息质量方面有着更高的可靠性。正是与政府之间的伙伴关系,让义工组织在各方面都能有着极大便利,二者之间的伙伴关系也最终使英国民众享受福利。

3. 我国台湾地区义工组织信息的高度自治以及与政府的良性互动

我国台湾地区志愿服务组织作为非营利性组织,具备非营利性组织所有属性,但作为公众自觉参与、无偿奉献社会的重要方式,相较于其他地区的义工组织,我国台湾地区志愿组织更具有利他精神以及去政府化特质。我国台湾地区的义工组织的组织形式是社团法人或是财团法人,而我国台湾地区"民法"以严格的规范和制度保证了我国台湾地区义工组织的独立地位。因此我国台湾地区义工的建设不同于其他地区的"公众公司""社会企业"的模式,反而是借鉴了有关公司治理的经验。公司治理结构是一种内部治理的组织结构,一般分为公司内部关系与公司外部关系两大部分。之所以把公司治理结构引入义工组织治理,是为了建立一种能够使义工组织规范、严谨和高效运行的机制。在这种机制下,义工组织对于自身管理运作有着更强的主动性，活动的开展、信息的公布等内容不再是被动反馈。我国台湾地区义工组织以公司化的治理模式管理义工组织，使得义工组织在内部规章制度方面更加的严格，义工组织管理人员水平亦显得更加的专业化。在信息公开制度建设上，一方面，信息公开更加规范化。义工组织章程会有着严格而详尽的安排，公布什么信息、如何公布、向谁公布都将规范化的操作。不同的义工组织也会根据自身情况作出最优安排，而不会因为行业同质化丧失自我特性，就像上市公司报表，总是要能够体现一个公司最为出色的地方。另一方面，信息的质量会有显著提升。信息公开不再是义工组织简单介绍自己的工具，这些信息其实更多地起到向外界介绍、描绘公司发展历程、未来前景等作用。通过这样的信息公开制度，外界可以充分把握获取信息的主动权。在公司化的治理模式之下，在信息公布及信息获取方面会保持着较高黏性，不容易出现信息传播不通畅或是误读信息的尴尬境地，进而保障了良好社会公信力的建设。

虽然我国台湾地区义工组织保持着高度的独立性，但这并不意味着与政府的脱节。“台湾义工组织与政府之间的关系，既不是合作伙伴关系，也不是控制与被控制关系，而是一种以志愿服务为纽带的良性互动关系”。[1] 政府在治理义工过程中并不追求权威统治，取而代之的是较为温和的疏导和引领，通过完善的立法保障义工组织内部自律与外部监管的有效结合。例如，我国台湾地区“公益劝募条例”第 19 条规定：“劝募团体应于劝募活动期满之翌日起三十日内，将捐赠人捐赠资料、劝募活动所得与收支报告公告及公开信息，并报主管机关备查。”第 20 条规定：“劝募团体应于劝募活动所得财物使用计划执行完竣后三十日内，将其使用情形提经理事会或董事会通过后公告及公开，连同成果报告、支出明细及相关证明文件，报主管机关备查。但有正当理由者，得申请延长，其期限不得超过三十日。”从相关法律来看，台湾当局在信息公开方面也保留着义

〔1〕 陈婉玲：《义工组织法人制度研究》，北京大学出版社 2014 年版，第 333 页。

工组织的主动权，没有过多的强制性、命令性规定。我国台湾地区对义工组织实施柔性监管是建立在义工组织高度自治化基础上，双方之间的优势互补也使得台湾当局能够放心地让义工组织在公共服务领域承担更多的职责。

4. 我国义工组织信息披露制度的完善

信息披露制度建设与义工组织公信力有着密切关系，如果不能满足社会对义工组织的信息需求，义工组织活动开展以及经费募集都将困难重重。信息披露制度建设不只是信息的公布，更是对信息内容、质量的保障和信息披露方式的创新，以做到信息公开的准确、及时和完整。目前，我国义工组织信息披露制度建设应该加强以下几方面的内容：

第一，完善信息披露内容。目前我国关于义工组织信息披露的立法与实践重点放在财务信息的披露之上，而对于义工组织的人员信息、活动信息关注较少，义工组织在信息披露时更多是对自身开展活动的报道，对于其他信息的披露则较少。对于义工组织人员信息、财务信息及活动信息的披露都有待加强。根据义工组织活动中参与者身份的不同，主体信息可从义工组织平台、组织管理成员和志愿者三个层次进行分析。义工组织平台是义工们开展任何活动的核心，因此平台的建设与管理尤为关键。目前，义工服务平台已经逐渐演化，各个组织之间的差距已然显现。不同层次的义工组织在对外服务能力、内部管理能力方面都有着巨大的差别。无论是志愿者还是接受志愿服务的人员，对于义工组织的选择主要衡量尺度都是志愿服务的能力与水平，让最合适的组织服务最合适的人群应该是义工组织开展活动的目标，而这些都以义工组织首先展示其自我信息为基础。义工组织平台首先要做到的是社会公示，如果一个义工组织不能向有关部门做好登记工作，也须有相应的自我公示平台。组织管理人员可以分为创立者与管理者。《志愿服务条例》要求对志愿者信息加以登记公示，但对于这类人员的资格要求却没有体现。其实就像好的公司离不开好的管理人员，好的志愿活动离不开好的管理者。创立者是指在志愿服务过程中，志愿活动的发起人，决定着志愿活动的目标，义工组织活动的精神。对于创立者的主体信息披露不仅需要关注其个人基本信息,对于其相应的社会履历也可以稍作要求,对于义工组织的日后管理有着一定的意义。管理者是指在义工组织创立后,对于义工组织的日常活动加以管理,对志愿服务进行规划,诸如理事会、监事会成员。其实这类人员的信息也需要做到相应的公开,正所谓"麻雀虽小,五脏俱全",管理人员的水平对于保障义工组织的公信力与内部自治能力有着举足轻重的作用。

《志愿服务条例》第 7 条、第 19 条对志愿者的信息采集与使用有着基本要求,[1]对于采集的信息也可以运用到活动安排、培训及奖励评价中去。这其实已经体现了对于志愿者信息公开的重要性,但还须提及的是信息共享制度的建设。由于志愿者的个人基本信息以及活动信息在很大程度上可能出现重复记录,因此加快各地志愿者信息联动,推动全国志愿服务信息系统建设迫在眉睫。对于人员信息的披露还应注重对专业人员的分类,对于专业化的义工团队,信息披露制度也应有所差别。对于这类人员的信息公开需要注意相关资历的保障,同时还应注意主动对专业人员评价的公开。对于活动信息的公开是义工组织最为完善的,但就目前的活动公开而言过于简单,只是对活动简单展示,这样还不能够做到信息披露的要求。在义工组织开展活动时,相应的信息公开主要针对前期的报备、公示以及后期的保存与管理。义工组织的活动一般自发较多,因此在活动前期的筹划过程中政府干预较少。但对于一些较大的义工活动,或者是具有一定影响力的活动,还是需要做好向政府的报备工作。一是有助于政府管理,减少重复或是盲目的义工活动,增加社会整体效率;二是也可以通过政府平台,增加整个活动的信用基础,有助于吸引更多社会

---

〔1〕《志愿服务条例》第 7 条规定:"志愿者可以将其身份信息、服务技能、服务时间、联系方式等个人基本信息,通过国务院民政部门指定的志愿服务信息系统自行注册,也可以通过志愿服务组织进行注册。志愿者提供的个人基本信息应当真实、准确、完整";第 19 条规定:"志愿服务组织安排志愿者参与志愿服务活动,应当如实记录志愿者个人基本信息、志愿服务情况、培训情况、表彰奖励情况、评价情况等信息,按照统一的信息数据标准录入国务院民政部门指定的志愿服务信息系统,实现数据互联互通"。

力量的加入。另外,义工组织需要做好公示。在公示时尽可能把活动的规划详细地向社会公开,尤其是对于活动的要求、对于志愿者筛选机制、相应的资金筹划,增加义工活动的透明度。义工组织的志愿服务活动,不仅需要让组织内部人员有着清晰的认识,更要让被服务的人员、地方有着对接安排与计划。虽然义工组织活动多是自愿、自发、自主的,但没有相应的信息的公开,这样的行为就会演化成盲目、低效的及对整体社会秩序造成影响的行为。

对于活动后期信息的保存与管理,《志愿服务条例》规定:"志愿者需要志愿服务记录证明的,志愿服务组织应当依据志愿服务记录无偿、如实出具。"[1]对于志愿活动的信息,一方面需要向志愿者负责,做好信息的保管与保密;另一方面需要向社会负责,客观合理地评估志愿服务的社会效应,相机调整支援活动的后期管理。这些信息要能够真正在志愿者服务系统共享将信息披露制度运用到相关奖惩机制中去。活动信息的公开还应注重危机处理能力建设,危机处理就是能够对社会监督及时作出反馈,出现社会质疑应当主动澄清,而"不应该遮遮掩掩,而应该及时向社会进行信息公开,以敢于担当的形象和果断的补救措施来挽回人们的信任"。[2]

财务信息中仅对募捐信息进行公开是不够的。目前法律规范中对于公开募捐、募捐善款用途等作出了明确规定。但义工组织活动运营所涉及的并非只有善款,还有人员薪资、相关采购、借贷以及资产运营等信息。我国《民间非营利组织会计制度》中对有关财务信息有详细而明确的规定,义工组织应当尽力按照该标准进行公示,难以达到标准的也应该做到参照适用。义工服务属于公益事业,社会监督对这类组织要求其能够在尽可能透明的环境工作,若公益事业被黑暗所侵染很容易造成社会信用的损伤。将义工组织所有涉及财产的信息公开是为了保障义工组织透明

---

〔1〕 参见《志愿服务条例》第19条第2款。
〔2〕 石国亮、廖鸿:《慈善组织诚信建设的战略思考》,载《党政研究》2015年第6期。

公开的运行，塑造良好的社会公信力。

第二，注重信息准确真实、完整及时。义工组织应当保障所公布信息的真实、准确、完整、及时。我国目前义工组织的信息披露存在一定的随意性，各个组织之间对信息公开并没有相应的标准，对于规范性文件中提及的信息披露义务，只是简单的对外公布相关信息。信息披露制度建设意义不仅在于对信息的有效传导，更需要引起信息接受者的“注意力”。现代社会信息变得纷繁复杂，简单的信息公布只会起到形式上的规范作用，而不能实质上起到吸引公众的效果，为了更好地发挥信息披露制度作用，需要尽快形成相应规范标准，这样才能够帮助受众高效、快捷地获取、分析信息。

真实性是信息披露制度最根本的要求，是指义工组织公开的信息资料应当是“以客观事实或具有客观事实基础的判断和意见为基础的，准确、真实，不得有虚假记载、误导和欺骗”。准确性是指非营利组织必须精确不含糊地公开信息，准确地表达公开信息的含义，内容易懂不会引人误解。从另一角度来讲，义工组织作为信息源，必须对所披露的信息负责。义工组织作为信息披露主要承担者不仅要能够做到真实披露有关信息，更要保证信息质量，避免出现错误信息。如果出现虚假信息，义工组织负有及时澄清、公布事情真相的义务。之前的慈善事件持续发酵，其中也有相关公益组织没能够积极回应的原因，最终导致了社会舆论的彻底混乱，造成了严重的影响。信息的准确真实，不仅要能够做到信息发出真实，更要能够保障在传播途径过程中的真实有效。而为了保证信息的完整性，除了要做到信息提供的完整，更要能够保障每一次信息披露内容的完全，不做重点披露而是将信息加以全面公开。及时性是对义工公开信息时间上的规定，要求义工组织及时公布与其相关的重大信息，同时能够将义工组织最新消息公之于众。目前立法上对于时效性的规定只限于涉及财务的重大变化，其实人员构成、组织结构的变化同样也应做到及时披露。

第三，依托行业协会促进义工组织信息披露。目前，政府对义工组织的管理方式较为机械，基本以提交相关文件为主，管理方式流于形式；另外,相关配套机制仍处于建设之中,义工组织许多行为尚未纳入法律规范,因此难以对其进行监督。对于义工组织而言,信息披露亦非轻而易举之事。许多义工组织只是从事简单的社会服务,本身并不需要特殊能力,而随着现代社会发展,相关制度的要求也逐步提高,对于实行信息披露制度的会计制度、审计制度义工组织也是心有余而力不足。行业协会的组建有利于解决这样的困扰。行业协会是介于义工组织与政府之间的缓冲组织,它一方面可以发挥自律性,对行业内成员进行管理,符合政府监管要求;另一方面也是行业服务者,为组织成员提供相应的人员、技术帮助,更好地弥补各个组织成员差异,促进行业整体的发展。

行业自律是行业协会的最大功能。从外国志愿组织的行业协会看,行业协会通过对义工组织信息进行收集公布,建立相关数据中心、提供免费出版物等方式使公众和捐赠者能够更为方便地获取相关信息;行业协会通过独立制作相关标准,如信息公开表格、公开募捐指引、参与义工方式等,更好地促进义工组织与公众的互动。我国目前也有相关义工联合会建设,但均处于初级阶段,没有发挥行业协会作用,使许多行业规范成为一纸空文。行业协会的自律性要求能够起到对成员的有效管理,使行业内部形成良好的规范,促进行业与整体社会秩序良好适应。

第四,完善失信惩戒制度。义工组织信息公开透明度是社会关注的焦点话题,信息公开制度需要信息责任人主动履行信息公开义务。目前,我国义工组织失信惩戒制度由两部分构成:一是对不履行信息公开义务的慈善组织加以整改或处罚;二是对监管不力的政府机关加以处分。我国《慈善法》第 99 条规定:慈善组织未依法履行信息公开义务的,由民政部门予以警告、责任限期改正;逾期不改正的,责令限期停止活动并进行整改;第 108 条规定:义工组织监管部门"未依法履行公开义务的,由上级机关或者监察机关责令改正;依法应当给予处分的,由任免机关或者监察机关对直接负责的主管人员和其他直接负责人给予处分";另外,民政部 2017 年 12 月发布的关于《慈善组织信息公开办法(征求意见稿)》公开征求意见的通知中也提及了关于失信惩戒制度的内容。

虽然立法上已经明确行政机关监督信息公开责任以及义工组织信息公开义务，并通过相应的处罚措施来保障义工组织信息披露制度的施行，但是对于没有尽到信息公开义务的失信惩戒措施仍然有待提升。失信惩戒制度是信息披露制度的重要组成部分，其目的在于借助处罚的威力充分倒逼义工组织履行信息公开义务，平衡义工组织与外部的信息不对称，以社会道德压力、经济处罚以及法律处罚等措施来保障信息披露的真实与完整。失信惩戒的目的并不只是对义工组织或是监管机关的处罚，因此仅仅规定经济处罚或行政处分是不够的。义工组织等公益组织生存的根基在于社会公信力，而失信惩戒的目的在于对其公信力的惩罚。这样的处罚并不是为了摧毁义工组织良好的社会形象，而是在于保障义工组织的真实可靠性，让人们能够找到符合自身定位的义工组织。

失信惩戒的手段可以划分为直接惩戒手段和间接惩戒手段，直接惩戒手段主要包括监管性惩戒、行政性惩戒等；间接性惩戒手段主要包括社会性惩戒和道德惩戒等。监管惩戒的主要内容就是在监管过程中对违规行为加以规范、整改，这属于一种动态的反馈机制；行政性惩戒是对义工组织不履行信息公开义务的处罚，主要是因为其出现的违法违规行为。直接惩戒手段较为严厉，能够高效、严格地保证信息义务的履行。鉴于直接惩戒的严厉性，需要谨慎处理。义工组织本身属于公益组织，如果贸然对其进行处罚很容易影响其运营基础，因此处罚时应尽量考虑到主观恶性以及社会影响，对于过失或是能力欠缺导致的履行不能可予以较轻的处罚；若是存有恶意规避信息披露义务或是利用义工组织身份从事营利行为的情形应予以重罚，真正发挥信息披露制度作用。社会惩戒主要来源于行业协会等中立组织或第三方组织，对于不能履行信息披露义务的行为加以批评纠正；道德惩戒是在社会信用体系之下，使失信主体承担相应的道德以及舆论压力，主要是由媒体进行公开或是社会公众之间的自发传播。间接惩戒相较于直接惩戒并没有如此之高的强制力以及拘束力，其主要目的在于促进义工组织自发地履行信息公开义务，主动与外界保持良好的互动关系，真正做到信息的透明公开。通过直接惩戒与间接惩戒的结合,能够让义工组织承担其本身具有的道德责任、法律责任,在信息披露的基础之上促进公信力的提升。

义工组织无论是活动经费还是参与人员都依靠社会供给,本身具有公益性。以对营利单位的处罚方式直接适用于公益性质的义工组织缺乏针对性。义工组织的根本在于其公信力,失信惩戒系统在于对其信用的考核,从社会信用角度出发,失信惩戒机制的一项内容是制作失信组织和个人的黑名单,并以合法的形式向合法的用户传播其不良信用的情况。对于被列入"黑名单"的组织和个人,处理的总原则是"鼓励纠错、有限期惩戒、有条件修复。有限期惩戒,就是在规定期限内纠正失信行为、消除不良影响的,可以不对其进行惩戒。有条件修复,就是要建立一个对轻微失信行为鼓励主动纠错、主动自新的社会鼓励和关爱机制,允许失信人通过一定的补偿措施来修复个人信用"[1]。"黑名单"制度不仅是对失信人员进行公示、公开,还要把守信人员做成相应的"白名单"形成完善的守信激励、失信惩戒的体系。

---

〔1〕 参见《国务院关于建立完善守信联合激励和失信联合惩戒制度加快推进社会诚信建设的指导意见》(国发〔2016〕33 号),载 http://www.gov.cn/zhengce/content/2016-06/12/content_5081222.htm,最后访问日期:2018 年 4 月 5 日。

第五章　法律关系、法律责任与救济

义工组织通过与社会的互动和交往形成多层次复杂的法律关系，受助者是其提供无偿帮助的服务对象，义工则是其实现公益价值的基本人力资源，基于义工组织慈善活动的行为特征，伴随而来的各种法律纠纷逐渐显现。由于义工组织提供的社会服务在性质上属于非市场产出，存在严重的质与量的衡量困难，尤其是义工服务的受助者大都是社会上身心残弱、需要帮助的弱势群体，他们根本无力对自己的"施主"行为进行监督和问责，"营利组织中发挥重要作用的'用手投票'、'用脚投票'监督机制很难在公益社会组织中发挥其作用"。[1] 创立有助于安全的责任机制有利于帮助、支持和促进义工组织社会信任的养成与积累；反之，如果缺乏责任机制或者责任机制低效率，则会产生义工组织社会信任的贬损。因为"如果每个人的权利保证只掌握在他们自己手中——因为可以依靠的仲裁者不存在或不容易得到或有偏袒和不公正的恶名，人们感到无助，怀疑和不信任将变成自然的反应"。[2] 义工组织法律责任主体的确定是其责任体系构建的基石。在义工组织法律责任主体中，义工一方面经过义工组织的选任和监督、接受义工组织的工作安排和管理，另一方面又是直

〔1〕 杨道波：《公益性社会组织约束机制研究》，中国社会科学出版社 2011 年版，第 76 页。

〔2〕［波兰］彼得·什托姆普卡：《信任——一种社会学理论》，程胜利译，中华书局 2005 年版，第 167 页。

接与服务对象接触提供无偿服务的行为主体，各方在交互关系中形成了复杂的法律关系和权义结构。认真梳理义工组织法律关系，建立完善的义工组织责任制度，有利于提高义工组织的公共性与公共服务的品质，减少义工组织的不当行为，同时通过明确清晰的归责构建，保护义工从事慈善服务的热情，减少义工服务中不必要的人身与精神损害。

一、义工组织法律关系与行为性质

义工组织法律关系是义工组织依托义工成员为他人和社会提供义工服务时与政府、社会和组织内部成员之间形成的权利义务关系。政府管理机构对义工组织的设立、运行及注销等活动进行监督管理，与义工组织构成行政管理关系；义工组织通过向社会招募义工，义工作为义工组织的重要成员，以义工组织名义从事志愿服务工作，基于合同与义工组织形成委托代理关系；义工组织与服务对象则“既无合同关系，也无亲属关系或友情义务”。〔1〕 义工组织在提供义工服务的过程中既可能会影响到服务对象或第三方的利益，比如不当使用捐赠人所捐赠的资金和物品，发生意外事故造成第三人的损害，义工在代表义工组织行为也可能遭受外来的侵害。受主体多元性影响，义工组织服务行为与雇佣行为、帮工行为、职务行为、好意施惠、无因管理等行为具有某种程度上的相似性和关联性，但义工组织具有公共属性，其提供义工服务的行为是践行其社会角色，实现社会公共利益，而不是针对具体的某个个人，具有受益“主体的整体性和内容的普通性”。〔2〕 为构建权责清晰的法律责任体系，有必要进一步厘清义工组织行为与上述民事活动之间的差异。

（一）义工组织与义工

第一，必须澄清二者是否属于雇佣关系。雇佣关系是雇工以自身技能为雇主提供劳务，雇主支付相应报酬而形成的法律关系，判断是否属于

---

〔1〕［美］马克·A. 谬其克、约翰·威尔逊：《志愿者》，魏娜等译，中国人民大学出版社 2013 年版，第 4 页。

〔2〕参见陈婉玲等：《经济法责任论》，中国法制出版社 2005 年版，第 135 页。

雇佣关系有三方面的标准:一是双方是否订立口头或书面的雇佣合同;二是雇主是否对雇员的劳动给付对价;三是双方是否存在控制与被控制关系,即"雇主在雇员的选聘、任用、管理、监督和处分等方面享有较大的权力,而雇员则处于从属、被管理者的地位"。[1] 基于义工组织对义工具有选聘、管理和监督的权利和义务,这一点与雇佣关系中"雇佣人于选任受雇人时,应衡量其从事职务的能力、品德及性格适合性等是否足以胜任委办职务,并于任职期间随时予以监督"[2]几乎一致,很多人因此认为义工与义工组织之间为雇佣关系。实践中,义工具体如何开展义工服务活动,对接什么样的服务对象,都必须听从义工组织安排,我国《志愿服务条例》关于志愿者组织选派志愿者从事志愿活动,"应当与志愿者的年龄、知识、技能和身体状况相适应,不得要求志愿者提供超出其能力的义工服务",[3]以及"志愿者接受志愿者组织安排参与志愿服务活动的,应当服从管理,接受必要的训练;志愿者应当按照约定提供志愿服务……"等规定,[4]直接体现了义工组织基于合同对义工形成的选任、管理和监督等控制权利。但是,义工组织对义工的监督管理权与雇佣关系中雇主对雇员的控制权有着不同的权利基础,前者是在保障义工从事志愿服务的主动权和自主选择权,维护义工主体意志独立基础上赋予义工组织的权利,其目的是通过规范化的服务管理更好地服务社会,义工享有随时退出义工组织的自由;而后者则基于必须付出对等经济报酬的前提,雇主对雇员的劳动方式和行为具有绝对的控制权,即雇员必须严格按照雇主的意志从事相关活动,雇员受到雇主较大的支配与约束。另外,义工无偿奉献时间、精力的行为特质也是雇佣关系中雇员的劳动所不具备的,因此义工与义工组织的法律关系不宜以雇佣关系对待。

第二,必须解决义工志愿行为是否是职务行为的问题。依据我国《民

---

〔1〕 郭树理、肖浩:《奥运会志愿服务法律责任问题初探》,载《法学评论》2008 年第 4 期。

〔2〕 王泽鉴:《侵权行为》(第 3 版),北京大学出版社 2016 年版,第 521 页。

〔3〕 参见《志愿服务条例》第 15 条。

〔4〕 参见《志愿服务条例》第 22 条。

法通则》关于“国家机关或者国家机关工作人员在执行职务，侵犯公民、法人的合法权益造成损害的，应当承担民事责任”[1]和《最高人民法院关于审理人身损害赔偿案件适用法律若干问题的解释》中关于“法人或者其他组织的法定代表人、负责人以及工作人员，在执行职务中致人损害的，依照民法通则第一百二十一条的规定，由该法人或者其他组织承担民事责任”[2]的规定，职务行为具有职权性、时空性和身份性特征，可见，在《民法总则》出台之前，职务侵权的适格主体已经扩大到“法人或者其他组织的法定代表人、负责人以及工作人员”。基于民事主体类型的重大调整，我国《民法总则》乃至《民法典》明确提到“执行法人或者非法人组织工作任务的人员，就其职权范围内的事项，以法人或者非法人组织的名义实施的民事法律行为，对法人或者非法人组织发生效力”，[3]义工组织无论是否取得法人资格，均符合我国现行职务侵权制度中的主体要求。从行为内容看，义工接受义工组织的委派，以义工组织的名义从事慈善活动，这与职务行为的“职责标准”和“工作性质”相似，因此，有学者认为“在义工组织中登记的义工与组织之间的关系应视为职务关系，义工在服务过程中的侵权行为应归于职务侵权责任制度调整”。[4] 义工组织“以开展志愿服务为宗旨”，[5]义工提供义工服务的过程也是践行义工组织宗旨的过程，但同时也是实现自身乐善好施、助人为乐情怀的一种表达，其行为的目的并非为组织牟取利益。义工提供服务行为虽然也是基于义工组织的派遣，但与企业、机关等用人单位基于身份和经济依附形成的控制、管理与服从关系不同，义工本身具有行动的自愿性、主动性和无偿性，其与义工组织关系平等，不存在依附和控制，因此，义工志愿服务行为应该定性为一种特殊的职务行为。

---

〔1〕 参见《民法通则》第121条。

〔2〕 参见《最高人民法院关于审理人身损害赔偿案件适用法律若干问题的解释》第8条。

〔3〕 参见《民法典》第170条。

〔4〕 田兴洪：《论志愿者侵权责任分配及免除——以社区矫正志愿服务为语境》，载《南华大学学报》(社会科学版)2015年第5期。

〔5〕 参见《志愿服务条例》第6条第2款。

第三，义工与义工组织属于职务代理关系范畴。我国《慈善法》第64条第2款规定："慈善组织根据需要可以与志愿者签订协议，明确双方权利义务，约定服务的内容、方式和时间等"，从内部关系看，义工组织与义工基于相互信任签订合同，符合委托合同"一方委托他方处理事务，他方允诺处理事务"的合同特征，[1]双方形成委托关系。义工组织的"招募"、义工的"申请"和义工组织的"答复"环节构成委托合同的要约邀请、邀约与承诺，双方通过签订合同明确权利义务关系。[2] 但"委托关系"重点强调的是义工与义工组织之间的内部关系，它只是义工以义工组织名义对外开展志愿活动的合同依据，解决的是义工与义工组织之间的权利义务问题，并不直接涉及第三人。而在解决义工服务法律责任归结问题上，除了义工和义工组织之外，必然会牵扯到服务对象的问题，所以，义工与义工组织的关系并不能仅仅着眼于"委托"，而应把外部关系也考虑进来。根据《民法典》关于委托代理和职务行为的界定，本书认为，以"职务代理关系"原理解释义工与义工组织法律关系，能够解决由于志愿服务行为引发的义工、义工组织和服务对象（包括第三人）三方主体法律责任分配问题，在实践中具有较强的可操作性。其一，代理涉及三方法律关系，契合义工服务中义工、义工组织、被服务对象（第三人）三方的关联性问题；其二，义工接受义工组织的安排，以义工组织的名义开展志愿服务活动，符合代理制度中"代理人在代理权限内，以被代理人名义实施的民事法律行为，对被代理人发生效力"[3]的制度安排；其三，代理权的授予属于单方民事法律行为，代理人在代理权限范围内可以独立进行意思表示，被代理人自愿承担代理人行为后果，这也与义工行为的自主性相符；其四，委托

---

〔1〕 参见王利明、杨立新等：《民法学》，法律出版社2011年版，第673页。

〔2〕 《志愿服务条例》第12条规定："志愿服务组织可以招募志愿者开展志愿服务活动，招募时，应当说明与志愿服务有关的真实、准确、完整信息以及在志愿服务过程中可能发生的风险"。第13条规定："需要志愿服务的组织或个人可以向志愿服务组织提出申请，并提供与志愿服务有关的真实、准确、完整信息，说明在志愿服务过程中可能发生的风险。志愿服务组织应当对有关信息进行核实，并及时予以答复"。

〔3〕 参见《民法典》第162条。

代理产生的基础在于委托授权,义工与义工组织签订的书面协议可以认为是双方的授权基础。

(二)义工、义工组织与服务对象

首先,义工的志愿服务行为与帮工行为不同。帮工是民间广泛存在的一种互助方式,帮工关系是帮工人无偿为他人提供劳务而形成的一种法律关系,根据《最高人民法院关于审理人身损害赔偿案件适用法律若干问题的解释》关于"为他人无偿提供劳务的帮工人,在从事帮工活动中致人损害的,被帮工人应当承担赔偿责任。被帮工人明确拒绝帮工的,不承担赔偿责任","帮工人因帮工活动遭受人身损害的,被帮工人应当承担赔偿责任。被帮工人明确拒绝帮工的,不承担赔偿责任;但可以在受益范围内予以适当补偿"的规定,[1]帮工关系具有自愿性、无偿性和合意性特点,这与义工的志愿服务行为具有一定的契合性。但义工的服务行为与帮工行为具有显著的区别:(1)二者行为对象不同。帮工行为以特定的"熟人关系"为基础,而志愿服务行为针对的是不特定"无合同关系、无亲属关系和友情义务"的"陌生人"。义务帮工是在某一区域内基于个人之间特定的熟人关系而存在的一种互帮互惠关系,即我们常说的"人情",就其本质而言是基于私利的行为,一般不包括为社会公共利益而实施的帮助行为。相反,义工服务行为并不是处于熟人社会中,更多的是帮助那些素未谋面的人,而且义工服务行为完全是基于"正确的理由",是为了实现自己的社会价值,除了公共利益外没有其他的个人边际效益。(2)二者的表现形式不同。帮工行为仅是单个人对他人的帮助,不存在组织化的载体和依托,是典型个人行为。而义工服务行为往往是义工组织的安排和联络,义工以义工组织名义开展志愿服务活动,其行为是一种组织行为。(3)二者所追求的价值也不同。帮工行为所追求的仅是小范围的互帮互助,被帮助者的感恩之心只是对施惠者个人的感激,无法形成社会示范效

[1] 参见《最高人民法院关于审理人身损害赔偿案件适用法律若干问题的解释》第13~14条。

应,也无法实现社会公共利益,而义工服务行为追求的则是社会利益,服务对象所享受到的义工无偿服务,对于其自身而言,这种帮助和救助是社会给予的,而不是义工个人给予的,内心所产生的是对整个社会的感恩之心。

当然,也不能将义工和服务对象的关系与"无因管理"关系相混淆。我国《民法典》对无因管理行为做了明确界定,"没有法定的或者约定的义务,为避免他人利益受损失而进行管理的人,有权请求受益人偿还由此支出的必要费用"[1],由于无因管理行为将产生民法中法定之债,为解决义工在为服务对象提供志愿服务过程中的侵权救济问题,有的学者主张将义工与服务对象的关系比照无因管理关系处理。虽然,义工对服务对象提供帮助在形式上符合无因管理"管理他人事务、为了他人的利益和无法律上的义务"的构成要件,但是,无因管理之债的发生以双方"没有事先约定对他人的事物进行管理"为前提,我国《志愿服务条例》在《慈善法》的基础上,更加注重对义工和服务对象知情权的保护,要求义工组织和义工、服务对象应该"根据需要签订协议,明确当事人的权利和义务,约定志愿服务的内容、方式、时间、地点、工作条件和安全保障措施等"。[2] 一些省、市的志愿服务规范性文件都对义工、义工组织与服务对象的服务协议作出详细的规定,如《河北省志愿服务条例》就规定以下情形之一必须就志愿服务签订相关协议:(1)对人身健康和安全又较大风险的;(2)连续三个月以上上门服务的……[3]《北京市志愿服务促进条例》要求"志愿者组织与接受志愿服务的组织或者个人之间,应当就志愿服务的主要内容协商一致,任何一方要求签订书面协议的,应当签订书面协议",可见,义工提供志愿服务的内容属于事先存在约定的情形,这种约定基于双方的认同和互信而产生,直接代表了当事人共同的意思表示。可见,两者最大的不同就在于,义工和义工组织在提供服务时被服务对象是知晓的并且

---

〔1〕 参见《民法典》第 121 条。
〔2〕 参见《志愿服务条例》第 14 条。
〔3〕 参见《河北省志愿服务条例》第 25 ~26 条。

是积极接受的，而无因管理中本人对管理人的管理行为并不知情，事先也没有得到本人的同意。因此，义工与服务对象之间基于志愿服务而产生的关系应属于无偿性质的服务关系而非无因管理关系，根据法律规定，无因管理中本人还需要对管理人支出的必要费用给予补偿，可见，义工服务行为的性质界定不同将产生完全不同的法律后果。

实践中，义工向服务对象提供义工服务大都是以义工组织的名义进行，义工按照义工组织的安排提供志愿服务，对义工组织负责。以委托代理关系为基础，可以对义工、义工组织与服务对象之间的关系得出清晰的认识：(1)义工与义工组织存在职务委托代理合同关系，义工在志愿服务过程中的侵权责任应以职务型代理理论和归责原则加以分配；(2)义工代表义工组织与服务对象之间形成无偿服务关系，其并非合同关系的当事人；(3)三者之间基于职务委托代理行为进行权利义务分配，并以此划定合同责任或侵权责任的主体与归责。

(三)义工服务侵权行为类型化

义工组织以向社会提供无偿的志愿服务为宗旨，以义工实施具体服务为志愿服务的表现形式，基于职务委托代理关系，义工组织与义工之间的合同关系较为明确。由于对义工服务这种具有公共性的慈善行为的定性未能达成一致共识，义工、义工组织与服务对象之间法律关系并无统一、明确的依据。长期以来，义工志愿服务致害行为或受害行为的法律救济引发司法裁判的困惑与混乱，2016年《慈善法》明确提出："慈善服务过程中，因慈善组织或者志愿者过错造成受益人、第三人损害的，慈善组织依法承担赔偿责任；损害是由志愿者故意或者重大过失造成的，慈善组织可以向其追偿。志愿者在参与慈善服务过程中，因慈善组织过错受到损害的，慈善组织依法承担赔偿责任；损害是由不可抗力造成的，慈善组织应当给予适当补偿"，[1]该规定确立了义工服务侵权责任归责的法律依据，彰显弘扬慈善文化，保护义工志愿精神的立法宗旨，在一定程度上加

---

〔1〕 参见《慈善法》第106条。

重了义工组织的法律责任负担，对促进义工组织规范化、制度化发展具有激励和促进作用。

义工致害行为因其发生的时间、地点及环境的不同可以分为超越义工服务安排的致害行为和义工服务行为过程中的致害行为。对于前者，无论义工在这种情形下侵犯的是人身权还是财产权，均应适用过错责任原则，由义工个人承担，称为“义工自担责任”，但由于义工组织对义工以及服务对象的人身和财产安全负有注意义务〔1〕，应根据其过错程度，在其能够防止或制止致损害发生的范围内承担相应的补充赔偿责任。而受害人寻求救济之时，需要证明义工存在过错，以及过错与损害之间有因果关系。

对于义工根据义工组织的安排提供服务所产生的致害行为，“故意”和“过失”两种主观状态是判断义工及义工组织责任分配的主要依据。但是，实践中“故意”和“过失”的主观状态判断是很难把握的。我国《民法典》中一共使用了 6 次“故意”的表达，〔2〕对“过失”的使用也只有 3 次，从法条内容上看，基本都是侵权人减轻或免除自己责任的“举证责任倒置”的制度安排，是举证责任在侵权人和受害人之间的平衡配置。我国《慈善法》第 106 条第 1 款采用慈善组织（义工组织）“替代责任”的方法对义工

〔1〕《最高人民法院关于审理人身损害赔偿案件适用法律若干问题的解释》第 6 条规定：组织其他社会活动的自然人、法人、其他组织，未尽合理限度范围内的安全保障义务致使他人遭受人身损害，都应当承担相应的赔偿责任。

〔2〕《民法典》第 1174 条规定：“损害是因受害人故意造成的，行为人不承担责任”；第 1237 条规定：民用核设施或者运入运出核设施的核材料发生核事故造成他人损害的，民用核设施的营运单位应当承担侵权责任；但是，能够证明损害是因战争、武装冲突、暴乱等情形或者受害人故意造成的，不承担责任；第 1238 条规定：民用航空器造成他人损害的，民用航空器的经营者应当承担侵权责任；但是，能够证明损害是因受害人故意造成的，不承担责任；第 1239 条规定：占有或者使用易燃、易爆、剧毒、高放射性、强腐蚀性、高致病性等高度危险物造成他人损害的，占有人或者使用人应当承担侵权责任；但是，能够证明损害是因受害人故意或者不可抗力造成的，不承担责任。被侵权人对损害的发生有重大过失的，可以减轻占有人或者使用人的责任；第 1240 条规定：从事高空、高压、地下挖掘活动或者使用高速轨道运输工具造成他人损害的，经营者应当承担侵权责任；但是，能够证明损害是因受害人故意或者不可抗力造成的，不承担责任。被侵权人对损害的发生有重大过失的，可以减轻经营者的责任；第 1245 条规定：饲养的动物造成他人损害的，动物饲养人或者管理人应当承担侵权责任；但是，能够证明损害是因被侵权人故意或者重大过失造成的，可以不承担或者减轻责任。

致害行为进行归责，规定“慈善服务过程中，因慈善组织或者志愿者过错造成受益人、第三人损害的，慈善组织依法承担赔偿责任；损害是由志愿者故意或者重大过失造成的，慈善组织可以向其追偿”，[1]这里，“故意”和“过失”的认定只是义工组织内部责任分配的依据，并不影响外部主体的权益主张。实践中，义工提供义工服务往往是以义工组织的名义展开的，服务对象也是基于对义工组织的信赖接受义工的服务，义工与义工组织之间是委托代理关系，义工组织对义工负有选任、监督和管理的义务，义工行为出现问题时，义工组织应当“首当其冲”。

义工是义工组织提供服务的重要主体，加强义工权益的有效保护是维护义工组织稳定性，激励义工慈善热情的重要抓手。《志愿服务条例》明确要求义工组织“应当解决志愿者在志愿服务过程中遇到的困难，维护志愿者的合法权益”。[2] 义工在义工服务过程中遭受的人身或财产损害主要来自三个方面：“一是义工组织侵害其合法权益的行为；二是服务对象或其他单位、个人在义工服务活动中的侵权行为；三是因不可抗力等不能归责于第三方的原因导致的损害”。[3] 我国《慈善法》第106条针对第一、第三种行为对义工造成的损害作出了明确的归责，但关于第二种情形，现有的法律法规仅有部分省、市的志愿服务规范性文件中有规定服务对象对义工造成损害时的责任承担及权益救济问题。比如，《广东省志愿服务条例》规定：“志愿者在参加志愿者组织安排的志愿服务过程中，因志愿者组织或者志愿服务对象过错受到人身财产或者其他损害的，志愿者

[1] 我国地方各省、市“志愿服务条例”也都有义工组织替代责任的安排，例如《广东省志愿服务条例》第35条规定：“志愿者在参加志愿者组织安排的志愿服务过程中，因志愿者过错造成志愿服务对象人身财产损失或者其他损害的，志愿者组织应当依法承担民事责任。如果损失或者损害是因为志愿者故意或者重大过失造成的，志愿者组织承担民事责任后，可以向其追偿”，《杭州市志愿服务条例》第25条也规定：“志愿者按照志愿服务组织的安排在提供志愿服务时因故意或过失给服务对象或其他相关人员造成损失的，由志愿服务组织依法承担民事责任，志愿服务组织承担民事责任后，可以向故意或重大过失的志愿者形式追偿权”。

[2] 参见《志愿服务条例》第17条。

[3] 袁文全、王文娟：《志愿服务行为的法律关系与法律责任解构》，载《西南大学学报》（社会科学版）2011年第4期。

组织或者志愿服务对象应当依法承担民事责任；因第三人原因受到损害的，志愿者组织应当协助志愿者向第三人取得赔偿”，[1]《广州市志愿服务条例》规定：志愿者在志愿服务活动过程中受到侵害且有下列情形之一的，志愿服务组织应当依法承担相应的民事责任：(1)因不可抗力等不能归责于第三方的原因导致的；(2)依法应当承担民事责任的单位或者个人无法查明、逃逸或者无赔偿能力的。[2]

综上所述，独立于义工服务行为之外的致害行为，义工组织若未尽合理注意义务，其必须在能够防止或制止致损害发生的范围内承担相应的补充赔偿责任；义工服务过程中的致害行为，义工组织则有不可推脱的替代责任，而在义工受损行为中，义工组织也必须承担相应的赔偿和补偿责任。可见，义工组织自“开张”之日起即面临着沉重的责任风险，如果不能通过适当的制度设计，有效地缓解义工组织法律责任的压力，将严重影响义工组织社会价值的实现。

(四)义工组织合同责任

除侵权责任外，义工组织与义工基于委托代理关系还可能产生合同责任问题，我国《慈善法》《志愿服务条例》和各省、市志愿服务规范性文件均对义工组织、义工的权利义务作了相关的规定，实践中，义工组织在开展志愿服务项目活动中往往会就各方的权利义务及服务的内容、方式、时间等进行约定，双方在合同法上均是受约束的主体，违反合同所规定的义务，将会产生相应的合同责任。义工组织对义工承担的合同责任主要体现在：公示与义工服务有关的全部信息，告知服务过程中可能发生的风险；与义工签订协议，明确双方权利义务，约定服务的内容、方式和时间等；对义工实名登记，记录义工的服务时间、内容、评价等信息；根据义工的要求，无偿、如实出具义务服务记录证明；安排义工参与义工服务，应当与义工的年龄、文化程度、技能和身体状况相适应；为义工参与义工服务

---

[1] 参见《广东省志愿服务条例》第 26 条。
[2] 参见《广州市志愿服务条例》第 40 条。

提供必要条件，保障义工的合法权益；安排义工参与可能发生人身危险的义工服务前为义工购买相应的人身意外伤害保险；尊重义工的人格尊严，不得侵害义工的隐私；招募义工参与义工服务，需要专门技能的，应当对义工开展相关培训等。上述义工组织对义工承担的合同责任应适用过错责任原则和严格责任原则。

二、义工服务侵权责任之救济

（一）义工责任豁免制度

志愿服务活动具有公益性，对于义工在提供服务过程中的致害行为所发生的法律责任在一定范围予以有条件的豁免，在志愿服务较为发达与规范的国家已有相应的做法。1997 年，美国通过《美国联邦义工保护法》法案，以专项立法的方式规定，“与义工服务有关的民事诉讼中给予义工、非营利组织和政府机构相应的保护”，其中，义工责任豁免与限制是《美国联邦义工保护法》的核心内容。《美国联邦义工保护法》第 4 章“对义工承担的法律责任的限制”规定，义工代表非营利组织和政府机构行为时，因行动或疏忽造成的损害，只要满足下列情形之一的，一律不被追究法律责任：(1) 义工的行为属于非营利组织或政府机构的义工职责范围之内，即义工对服务对象造成损害的行为是职务执行行为；(2) 义工在其他州执行其所在的非营利组织或政府机构的职责范围内的任务，且损害发生时持有执行该活动或行动的证明、执照或者得到适当的授权的；(3) 损害的发生不是由于义工故意、构成犯罪的不当行为及严重疏忽、不顾后果或对受害者的权利及安全的重大过失等；(4) 义工在执行职务过程中因使用交通等工具致使他人受到损害，但义工并未违反交通等法律、法规的规定。如果义工执行职务过程中没有驾驶执照或持有保险，由此对他人造成损害，依法不能豁免其法律责任。[1] 可见，是否属于职务执行行为以及主观状态是美国义工侵权责任豁免的主要判断依据。

---

〔1〕 参见陈婉玲：《义工组织法人制度研究》，北京大学出版社 2014 年版，第 110 ~ 116 页。

美国的义工责任豁免制度是从慈善机构的豁免制度发展演变而来的。1869年,美国的"慈善医院过失案"确立了"慈善机构之侵权行为免责原则"。[1] 依据传统的慈善豁免原则,大部分慈善组织的侵权责任都将得到豁免。但是,随着慈善事业的发展,慈善组织完全豁免理论引发诸多争议,因为美国的司法实践往往以"雇佣关系"原理处理慈善组织与义工之间的问题,许多学者认为,慈善组织对其雇员和代理人的行为本身应履行控制和注意义务,废除此豁免规则可以激励慈善组织的勤勉意识,并督促义工在提供服务时对安全性多加注意。同时,慈善组织日益增长的偿付能力和完善的责任保险体系等都为慈善组织承担责任提供了有力的保障,相较而言,处于弱势地位的义工才是更需要法律保护的主体,[2] 由此,《美国联邦义工保护法》及相关立法将重点集中在义工个人的保护上。但是,理论界对义工免责范畴的界定存在争议:有学者认为,"免除义工过失侵权的全部责任将过度加重义工组织的负担,从长远角度来看是不利于义工服务事业的发展,也不利于义工提高安全意识和注意义务,不利于加强对义工的监督管理"。[3] 义工提供志愿服务过程中的致害行为作为客观现实在实践中往往引发侵权赔偿争议,需要法律制度加以界定,但在《慈善法》出台之前,相关立法并未形成制度安排,只是一些地方性立法提到志愿服务协议应当规定"志愿者责任的免除"内容,[4] 义工责任的豁免只是义工与义工组织之间的约定,这种状况不利于义工组织的风险管理和义工慈善热情的保护。我国2016年出台的《慈善法》对义工致害责任予以积极回应,其第106条关于义工志愿服务致害行为的法律归责采纳了义工责任豁免的相关原则和制度,除主观上存在故意或重大过失外,义

---

〔1〕 关于美国"慈善医院过失案",参见潘维大:《英美侵权行为法案例解析》,高等教育出版社2005年版,第310~312页。

〔2〕 Jeffrey D. Kahn, *Organizations. Liability for Torts of Volunteers*, 133 U. Pa. L. Rev. 1433 (1985).

〔3〕 田兴洪:《论志愿者侵权责任分配及免除——以社区矫正志愿服务为语境》,载《南华大学学报》(社会科学版)2015年第5期。

〔4〕 如《北京市志愿服务促进条例》第14条第6项、《宁波市志愿服务条例》第30条第6项等。

工对其在志愿服务中的致害行为引发的赔偿责任都可以得到豁免。

(二)义工组织替代责任

义工组织“替代责任”基于义工利益保护的立场而产生。美国在Baxtery Momingside案中遵循“长官负责制”(respondeat superior)[1]原则,以司法判例的形式确认了慈善机构的替代责任形式。[2] 义工组织“替代责任”的承担,以“有权控制”为前提,即如果让义工组织对义工的侵权行为负责,那么,义工组织对其内部义工必须具有很强的“控制力”,包括选用和监督义工时采取的各种积极预防措施。“控制力”是“长官负责制”产生的重要且必要的联结点,如果义工组织与义工关系松散,这一联结就会缺失,义工组织就可据此拒绝对义工侵权行为承担责任。[3] 美国以“长官负责制”基本理论考量义工组织是否承担“替代责任”,其前提是将义工与义工组织视为雇佣关系对待,本书认为考察义工组织与义工关系的紧密程度,必须严格区分义工与义工组织关系中的雇佣性质和代理性质,但这并不影响义工组织“替代责任”的合理性和可能性。史尚宽先生将替代责任的基础归结为以下四点:(1)报偿理论,即谓受其利者任其害;(2)危险理论,为维持社会一般安全,有促雇佣人为深切注意之必要;(3)伦理的理论,被害人及雇佣人虽均无过失,受雇人普遍缺乏资历,不能为满足之赔偿,而雇佣人以他人为其手足,扩张其活动之范围,其受雇人即为自己之替身,以受雇人之过失,视同雇佣人之过失,使之负担损

[1] 所谓“长官负责制”原则,即由于存在雇佣关系,雇主应对雇员载履行职务时所犯错误行为负责。因此,对针对雇员侵权行为引发的诉讼,雇主有以委托人身份出现进行答辩的必要和义务。

[2] 美国的Baxtery Momingside案:某志愿者在为一个慈善机构办事的途中,因驾驶疏忽而发生了车祸,导致了车上人员受伤。受害方将该有过失的志愿者以及该慈善机构同时告上了法院。初审法院认为该慈善机构并不负担替代责任,而上诉法院基于雇佣关系认为,该慈善机构与侵权人存在雇佣关系,且雇员的致害行为是在履行受雇工作的范围之内,该慈善组织必须承担相应的赔偿责任:参见郭树理、肖浩:《奥运会志愿服务法律责任问题初探》,载《法学评论(双月刊)》2008年第4期。

[3] Jeffrey D. Kahn, *Organizations. Liability for Torts of Volunteers*, 133 U. Pa. L. Rev. 1443 (1985).

害,合于伦理上之观念;(4)损害公平分担原则。[1] 此观点虽也以雇佣关系为基础,但其中的危险理论、伦理理论与损害公平分担原则却是可以推广作为义工组织承担“替代责任”的理论依据的,以义工与义工组织的代理关系而言,史尚宽教授的理论可以解释为:(1)义工组织对义工的选任监督义务(危险理论);(2)义工是义工组织的代理人,代理义工组织为义务服务行为,义工之过失即为义工组织之过失,义工组织应为义工之过失承担责任(伦理的理论);(3)个体的义工的财力远不及社会组织类的义工组织,在义工无力承担时由义工组织承担替代责任(损害公平分担原则)。

义工组织的替代责任应当采用过错推定归责原则。一方面,接受服务的对象大多属于行为能力有限的弱者,如果以过错责任归责原则让他们证明义工或义工组织有过错,对他们来说有失公平;另一方面,义工组织作为一个非营利组织,其本身并无固定的资金来源,对其采用无过错归责原则显然过于严格和牵强,从现实情况来看,过错推定归责原则可以协调这种张力:一方面过错推定可以切实保护服务对象的合法权益,另一方面其将举证责任从服务对象转移至义工组织,进而很好地平衡义工组织和服务对象的紧张关系。替代责任在具备一定的条件时可以使责任人产生追偿权,学理上称为“可追偿的替代责任”。义工组织替代责任追偿权的产生以行为人在实施致害行为时的主观过错为前提,即根据行为人的主观故意和过失程度落实追偿权的内容。[2] 就义工个人责任而言,若其在服务过程中产生的侵权是由于个人故意所造成,根据可追偿的替代责任规则,由义工组织在向服务对象或第三者等受害人承担责任后可以向其追偿,对此没有任何分歧。问题在于如何判断义工在服务过程中有无过失以及承担哪个层次上的过失责任?对此,有观点认为可以借鉴现代

---

〔1〕 参见史尚宽:《债法总论》,中国政法大学出版社2000年版,第120页。

〔2〕 根据对注意程度的要求不同,民法学者又将违反相应的注意义务标准的过失分为重大过失、具体轻过失和抽象轻过失三个层次,参见王利明、杨立新等:《民法学》(第3版),法律出版社2011年版,第207页。

侵权法对过失的经济分析，即利用汉德公式[1]来判断行为人有无过失。但是该公式只把行为人活动的价值及防止风险的经济因素作为认定的标准，却忽视了过失的认定还包括人格等非经济的价值，这是经济因素难以囊括的，且“侵权行为法的理念在维护个人自由并合理地分配损害，非仅为成本效益的微积分，不能使侵权行为法上的善良管理人成为冷血、精于计算的经济人”。[2] 因此，对于义工服务这类在本质上增加社会福利的活动，从公平和社会整体效益考虑，本书认为义工组织向义工行使追偿权除故意外应该仅限于义工个人的重大过失。只要其在服务过程中不具有“其所属职业某种社会活动的成员或某年龄层通常所具的智识能力”[3]，那么即可认定其具有重大过失，继而自己承担最终的责任。

义工服务对象在接受义工服务之前，应当准确地向义工组织和义工说明自己的相关情况，比如患有某种特殊疾病等，倘若没有说明抑或是提供虚假信息，则应当按照侵权法的相关规定依照其过错程度承担相应的责任。不仅如此，在义工提供服务的过程中，服务对象也应当力所能及地为义工提供一些安全保障措施，在义工侵害其相关权益后应当积极采取相应的补救方案，避免损失的扩大，否则也应当根据其过错程度相应减轻义工组织承担的替代责任。加强对被服务对象注意义务的要求，不仅可以降低义工服务的损害风险的发生，还可以避免义工的无偿服务被肆意滥用。反之，针对义工权益受损情形，如果被服务对象没有能力赔偿或致害人无法确定，为了避免挫伤义工无偿奉献的热情，同时根据义工与义工组织之间的委托代理关系，义工组织也应当对义工遭受的损害承担相应的责任。

---

[1] 汉德公式，美国著名的法官勒恩德·汉德（Learned Hand）在 United States v. Carroll Towing Co. 案，为过失提出以下公式：若发生损失概率为 P，损失金额为 L，并用 B 表示预防成本，则在 $B < PL$（预防成本小于损失金额乘以损失发生概率）时，加害人具有过失。其基本思想系建立在所谓经济效益，即鼓励以合理费用预防意外事故，不鼓励在安全上的超额投资，而对财富予以极大化，对成本费用予以极小化。

[2] 王泽鉴：《侵权行为》（第 3 版），北京大学出版社 2016 年版，第 302 页。

[3] 同上书，第 299 页。

（三）义工责任保险

通过保险的社会救济功能来分担义工的致害责任风险具有现实意义：一方面，通过保险的经济分担机制，减少义工提供服务中的权益争议和纠纷，充分保障义工、义工组织、义工服务对象以及第三人的合法权益；另一方面，在实现对义工慈善动力和积极性的呵护和激励的同时，对于义工组织而言，保险的设立在一定程度上缓解了其组织责任压力，转嫁了一部分在特定情况下由其承担的替代责任，减轻其运行负担。我国相关立法已经关注到保险制度在义工服务中的具体运用，《慈善法》和《志愿服务条例》均强调“慈善组织安排志愿者参与可能发生人身危险的志愿服务前，应当为志愿者购买相应的人身意外伤害保险”。[1] 实践中，义工组织在运用义工时为义工提供保险保障的意识正在提高，通过购买保险的方式对诸如义工在志愿服务活动中不小心摔伤、义工外出开展活动时发生车祸等意外事件引发的风险进行防范。在我们的调研中，发现每个地方保险救济的路径各不同，有的义工组织负责人表示，其所在的地方共青团系统设立专门“志愿会”为受害义工提供人身保险赔付；宁夏义工联合会为专职义工购买五险一金，但对于临时的社会义工，受资金限制只能根据活动的风险等因素酌情购买。一般来说，购买保险的资金都是来源于义工组织本身，另外，义工组织与保险公司有一些合作，比如保险公司做一些慈善活动，义工组织会尽力帮助他们筹划和安排，反过来保险公司在义工组织购买保险的时候会提供一些优惠政策，例如，十堰小草义工组织通过与保险公司的合作，获得为义工购买意外保险的优惠，尽量降低侵权赔付的风险；庆阳市阳光志愿者也是通过为义工购买人身意外险来实现对义工权益的保护。

建立有效的义工服务风险防范与救济机制，对于完善义工和义工组织权益保障制度有着重要的价值。现行法仅仅要求义工组织为义工提供“人身意外伤害保险”，其关注的重点在于义工的人身安全与保护，但并不

---

〔1〕 参见《慈善法》第 68 条第 2 款和《志愿服务条例》第 17 条第 2 款。

能解决志愿服务致害行为责任的分担问题。因此,在推行义工服务“人身意外伤害保险”的基础上,在义工责任机制中引入“责任保险”制度,设计由保险公司分担义工组织替代责任的机制是义工组织法律责任体系建设中不可忽略的环节。

三、义工组织责任保险制度的引入

美国现实主义法学派代表人物卢埃林曾指出,“我们发现,规则本身只是词语的形式,是没有价值的”。[1] 这一观点明确指出了法律规则与价值的分离,传统民法作为经济自由主义和法律形式主义的代表,对于当代社会整体利益、弱势群体、公共秩序等的关注显得力不从心,这一点在义工组织的身上得到充分体现:一方面,如果义工同一般的民事主体一样要承担相应的完全民事责任,相对于他们用自己的时间和精力无偿提供社会公益服务的初衷而言,不仅违背了私法的公平原则,还可能降低对志愿服务的热情,也不利于义工组织服务事业的健康发展;另一方面,如果其不承担民事责任,被服务对象损害将无法得到救济,对原本就处于弱势地位的被服务对象又造成了二次伤害。此外,义工组织经费不足,民事责任承担能力严重欠缺导致义工自身的权益往往又得不到保障。罗尔斯曾经说,“一个社会体系的正义,本质上依赖于如何分配基本的权利义务,依赖于在社会的不同阶层中存在着的经济机会和社会条件”。[2] 因此,需要一个“深口袋”来分担义工组织这类致力于提供社会公益服务的非营利组织责任风险问题,而保险机制就是其中一个选择。

(一)保险机制引入之现实基础

现如今,社会飞速发展导致了公共服务需求的多元化,继而形成公共治理主体和公共服务供给主体的多元化,政府向社会提供的公共服务产

---

〔1〕 [美]史蒂文·J.伯顿:《法律和法律推理导论》,张志铭、解兴权译,中国政法大学出版社1998年版,第25页。

〔2〕 [美]罗尔斯:《正义论》,何怀宏、何包钢、廖申白译,中国社会科学出版社1988年版,第5页。

品已经无法满足多元化的社会需求，因此现代社会发展要求政府必须转换社会治理模式，拓宽社会福利供给模式，鼓励社会力量积极参与。就义工组织而言，其以个性化、普遍化的社会服务满足了不同层次、不同群体、不同领域的多元化的社会需求，这一特征也成为义工组织存在的社会价值之基础，也是义工组织逐渐发展为政府在公共服务领域最有力助手的关键。此外，义工组织作为一股民间社会力量，是社会福利重要的人力资源，其长期无偿为公众提供个性化、普遍化的公共服务，已然成为我们社会的“润滑剂”，发挥着不可替代的独特作用。

受义工组织自身能力和外部条件的限制，义工开展志愿服务的相关技能和知识培训并不规范也不到位，义工服务缺乏相关的服务标准和认定机构，义工服务过程存在诸多不确定的因素，义工行为侵害第三人的权益或义工在服务时遭受人身、财产伤害都是客观存在的现实。志愿服务中的被服务对象几乎都是社会弱势群体，他们本来就生活拮据或生存困难，如果还要承受外来行为可能带来的不利益风险，那么他们根本不会接受这种志愿服务；相反，如果让那些无私奉献的义工因为自己的一次意外而承担沉重的侵权损害责任，或者满腔热情助人救困而自己的合法权益却得不到任何的保障，那么慈善的动力将大打折扣。我国《慈善法》第106条关于义工组织“替代责任”的规定以义工权益保障为核心，虽然在一定程度上缓解了义工个人从事志愿服务的风险压力，但却加重了义工组织的责任负担。与西方发达国家的志愿者组织不同，我国民间义工组织缺少长期的资金积累、稳定的筹资渠道和物质保障，偿付能力具有不确定性，动辄追究义工组织法律责任，不可避免地会挫伤义工组织提供志愿服务的积极性，从长远来看可能会造成社会整体福利的减损。

在当今时代，保险制度作为一种社会化的危险保障机制，已然成为人们应付各种危险的必要且普遍的工具和手段，它不仅“有利于完善社会保障体系，满足人民群众多层次的保障需求”，而且对“社会管理和公共服务创新，提高政府行政效能”也有促进作用。利用保险机制的“深口袋”功能，一方面通过责任风险的转移，保护义工组织、义工以及第三人的合法权益；另一方面，在转移了义工服务过程中的不确定危险因素之后，有利于促进义工组织的健康发展，进而提高义工服务活动的社会效益。因此，引入保险机制是目前解决义工组织责任分担问题的一个最佳措施。保险作为一种重要的风险管理手段，是“集合同类危险聚资建立基金，对特定危险的后果提供经济保障的一种危险财务转移机制”。[1] 保险“分担风险”和“损失补偿”的两个基本职能可以在一定程度上降低风险不确定因素带来的负外部性，使得人人都能安居乐业、经济稳定有序发展，进而创造和谐的社会环境。因此，保险对于我们社会的稳定、经济的发展以及家庭的和谐都具有十分重要的意义。所以，在义工组织责任风险的分担这一紧张的利益平衡关系中，引入保险机制是最佳的解决渠道之一。一方面，它可以在义工“好心办坏事”的情况下分担义工组织和义工的责任风险，使得个人不需要过于担心自己单独应付风险；另一方面，其充足的保险基金可以解决义工组织资金长期不足、责任承担能力有限的缺陷，不论是在义工致害或义工受害情形下发生的损害赔偿，都能够充分地保障第三人和义工的合法权益。

志愿服务较为发达的国家或地区，其运用保险机制为义工服务保驾护航的做法较为成熟。日本为了保障义工在志愿服务活动中因自身过失或外部事故导致的本人伤亡和第三人人身财产损害而产生的损害赔偿责任，针对义工设立了两种投保风险，即损害赔偿责任事故和伤害责任事故。损害赔偿责任事故是指“活动过程中伤害到别人的情况的赔偿金保证”等；伤害责任事故则是“活动参加中突如其来的伤害：天灾；食物中毒；传染病”，[2]包括义工在往返途中遭遇的事故。此外，“日本青年海外协力队”还为义工设置了灾害补偿和互助制度，为义工提供工伤事故保险等。在志愿服务起步较早的欧洲，其志愿服务保障体系较为完善，“义工

[1] [美]罗尔斯：《正义论》，何怀宏、何包钢、廖申白译，中国社会科学出版社 1988 年版，第 28 页。

[2] 参见张秀芹、岳宗福：《志愿者保险制度研究：一个初步的文献述评》，载《中共青岛市委党校——青岛行政学院学报》2013 年第 3 期。

享有保险利益"成为大多数国家志愿服务立法必须强调的内容。《西班牙志愿服务法》在"义工之权利"中规定义工"享有因从事志愿工作直接造成的意外及疾病之平安保险",在"组织"中强调义工组织必须"正式为义工人员加保平安保险,保险内容适合义工所从事工作之特性及环境,且涵盖志愿工作衍生之意外及疾病危险";[1] 波兰法律赋予"义工享有普通健康险以弥补其在服务过程中遭受的事故损害",并规定义工组织"必须为提供服务超过 30 天的义工购买事故保险";[2] 德国综合性的《社会福利法典》第 7 卷第 1 条规定了中央政府要为特定的国家机构中的志愿者购买保险。我国香港特区《香港义工约章》第 4 部分第 3 条规定,"义工有权知道所担当角色的责任和风险,并得在一个安全的工作环境下进行服务,并在合适的情况下得到适当的保险保障"。我国台湾地区"志愿服务法"第 5 章第 16 条规定,"志愿服务运用单位应为志工办理意外事故保险,必要时,并得补助交通、误餐及特殊保险等经费"。

(二)我国义工服务引入保险机制的制度障碍

义工服务在一定程度上是对政府失灵和市场失灵的一种矫正和补救,但是,义工服务也存在一些自身难以克服的"缺陷"和所谓的"志愿失灵"问题,需要为义工组织的发展提供一个必要的制度环境。随着我国义工服务领域的不断扩大,内容的不断更新,针对义工服务的保险机制相对滞后,保费来源的保障性程度不高,投保义务强制性程度较低,投保主体往往有心无力,险种多样性和险别衔接性缺乏,这些缺陷对保险机制进入义工服务领域构成了制度障碍。

第一,我国关于义工服务保险机制的规定不完善。截至 2017 年 12 月,我国有关志愿服务的法律、法规、部门规章和地方性法规 90 余部,其中 51 部法规涉及志愿服务保险问题,占比 56.04%。从法律位阶角度来分析,除《慈善法》第 68 条第 2 款、《志愿服务条例》第 17 条第 2 款一致规

〔1〕 参见《西班牙志愿服务法》第 6 条、第 8 条。

〔2〕 Katerina Hadzi-Miceva: *Comparative Analysis of European Legal System and Practices Regarding Volunteering*. International Journal of Not-for-profit Law, Vol. 9, No. 3 June 2007, p. 53.

定:“慈善组织安排志愿者参与可能发生人身危险的慈善服务前,应当为志愿者购买相应的人身意外伤害保险”外,规定志愿者保险的法规绝大多数都是地方性法规或地方规范性文件,宣告性、鼓励性特征明显,几乎所有的法规都没有对未依法购买保险的责任主体作出承担相应不利后果的强制规定,法律责任落实空白,保障能力有限。

表5-1 51部法律、法规和规范性文件关于志愿服务保险的规定

内容	类别	相关规定的文件数/件	比例/%
保费来源	志愿服务专项基金	2	3.92
	政府财政、社会捐赠等	38	74.51
	志愿服务基金会	11	21.57
强制程度	应当购买	25	49.02
	可以购买	26	50.98
投保主体	志愿者组织	35	68.63
	活动主办方	3	5.88
	志愿者组织或被服务对象	5	9.80
	志愿者组织或志愿者自己	3	5.88
	志愿者组织或活动主办方	3	5.88
	约定	1	1.96
	没有规定	1	1.96
投保险种	规定了具体险种	3	5.88
	只规定人身意外伤害保险	13	25.49
	相应人身、财产保险	1	1.96
	购买“相应”保险	34	66.67

第二,保费来源保障性程度不高。在保费来源上,2部法规规定来源于志愿服务专项基金,占比3.92%;11部法规规定来源于志愿服务基金会,占比21.57%;38部法规很笼统地规定来源于政府财政、社会捐赠、捐助等,占比74.51%。上述数据虽然从表面上看,志愿者保险的资金来源

途径比较多,但很少规定资金的筹集方式,经费不足严重制约志愿者保险的发展才是真实写照。北京青年报曾以“226 万志愿者上保险方案遭遇难产”为标题报道为志愿者购买保险的资金困境,“以平安保险为例,一年期综合意外险(5 万元身亡、5 万元残疾、5000 元医疗)投保费用为 82.6 元起,目前本市有注册志愿者 2,261,087 名,这样为所有注册志愿者上一年的保险费用约为 1.87 亿元”,[1]可见,即使为义工购买保险的意愿已达成共识,保费的压力也是巨大的。

第三,投保义务强制性程度较低。51 部法规中只有 25 部规定义工组织“应当”为志愿者购买保险,占比 49.02%;另外 26 部法规规定“可以”为志愿者购买保险。单从数据比例上看,“应当”购买和“可以”购买平分秋色,但是“应当”购买中包括在“危险性较高的情形下”“应当”为志愿者购买保险的情形,即排除这一理所当然需要购买的部分,真正规定“应当”购买保险的只占 15.69%。以任意性规范“可以”来规定义务主体的义务,意味着法律允许法律关系的参加者在一定的范围内可以自行决定其权利和义务,即义工组织或其他主体可以自行选择是否为义工购买保险。义工在志愿活动中不仅无偿提供社会公益服务,而且处于一个风险较大的环境中,大多数情况下相关合法权益得不到一定的保障,以任意性规范来规定义工组织为义工购买保险的义务,无法起到有力的约束作用。在法律规范本身强制性很低的情形下,又没有相应违反义务的法律责任制约,由于资金限制,真正为志愿者购买保险的相关主体屈指可数。

第四,投保主体往往有心无力。在 51 部相关法律文件中,有 35 部法规规定义工服务的投保主体为“志愿者组织”,而缺少稳定的筹资渠道和物质保障是志愿者组织生存最大的困境,在运营资金都得不到长足保证的情境下,志愿者组织往往抱有侥幸的心理,认为只要将志愿活动的每一步骤计划都做得合理安全,就不会发生义工致害或受害的风险,所以其往

---

〔1〕 史祎:《226 万志愿者上保险方案遭遇难产》,载《北京青年报》2013 年 12 月 6 日,第 A09 版。http://epaper.ynet.com/html/2013-12/06/content_28970.htm?div=-1,最后访问日期:2018 年 1 月 20 日。

往会选择不购买保险来节省开支，志愿者组织为义工购买保险的要求或意愿最终往往是以“难产”而告终。

第五，险种规定缺乏针对性。从数据上看，除有13部法规规定“人身意外伤害保险”的险种以外，大部分对险种的要求只是以“相应”一词笼统概之，险种不清晰问题明显，没有明确在何种情况下购买哪类险种，给保险购买责任人留下很大的解释空间。

（三）多层次义工组织保险体系的构建

除2016年颁布的《慈善法》外，目前我国专门针对义工服务最高位阶的法规是国务院2017年12月颁布的《志愿服务条例》，在此之前是各个地方的地方性法规。虽然这两个层级较高的立法都相应提及义工服务保险问题，如《志愿服务条例》第17条第2款提到“志愿服务组织安排志愿者参与可能发生人身危险的志愿服务活动前，应当为志愿者购买相应的人身意外伤害保险”，但对于何种情况属于此处的“可能”，志愿者组织有无购买其他类型险种的义务以及志愿者组织不购买如何处罚等问题缺乏具体详细的规定。应当建立以社会保险为主，商业保险为辅的多层次义工服务保险体系，将所有义工纳入社会保险的对象范围之内，实现低保障全覆盖。一方面，应明确规定义工组织必须强制为义工购买的险种和最低保额；另一方面，需要授权有关部门视情况根据义工服务活动面临的风险大小及时调整保险的险种和保额，对于不遵守相关规定的义工组织制定相应的处罚措施等。建立健全义工服务保险机制，必须细化相关规则，使之具有可操作性，不能仅仅停留在宣示性的条文上。

第一，以社会保险为基础。义工服务行为以服务社会为目的，具有非营利性，是利他主义的体现。义工组织安排义工服务他人和社会，在性质上代表的是公共机构。被服务对象接受义工提供的服务，从本质上说属于接受社会的给予。由此可知，义工服务活动中的三方主体都体现着社会公益性的特征。因此，从社会公平角度来看，其相关权益的保障也应当由社会整体来承担。国外有学者就认为，“国家应当将社会福利范围涵盖到那些长时间持续为社会提供服务的义工身上”。[1] 并且也有许多国家就是这样做的,例如德国法将义工纳入劳动法保护范畴,认为义工向社会贡献自己的知识、经验、技能和智慧,在本质上仍然是一种劳动,与德国劳动法所指的劳动者从事的劳动最根本的区别在于义工是无偿的,而普通劳动者是有偿的。因此,德国法关于医疗保障、劳动灾害、工伤事故、义工年金、伤害保险、失业保险等保险在解释上也一般地适用于义工,费用由联邦和各州依照法律规定的标准承担,强化了义工的保险救济制度。[2] 在德国,对适龄群体根据《奖励社会活动年法》《奖励环境活动年法》《兵役替代服务法》,从事相应的义工服务活动,其社会保险费统一由联邦政府或各州政府缴纳;对基于《海外开发援助法》在发展中国家从事义工服务的义工,国家不仅为义工及其家庭成员负担社会保险费用,对发展中国家固有的危险和劳动时间外的危险也提供相应的保险。[3]

“社会保障是国家或社会依法建立的、具有经济福利性的、社会化的国民生活保障系统”,[4] 即社会保障是国家或社会对公民生活的一种保护,也即公民在因某种社会风险而造成生活困难的时候,有权利从国家和社会得到救助的一种社会制度。社会保障具有维护社会公平,促进社会稳定和谐的功能,既是一种社会稳定机制也是一种社会互助机制。因此,将义工纳入社会保障体系中,不仅可以使每一位义工的身心都增加一份保障,还可以促进义工服务事业的持续健康发展。由于我国志愿服务事业刚刚走向正轨,其规范化、标准化制度建设头绪复杂,义工相应的社会保障问题尚未得到重视,相应的制度设计基本空白。应当借鉴国外先进做法,将义工服务纳入社会保险体系加以考虑。例如,可在义工在服务活

---

〔1〕 Katerina Hadzi-Miceva: *Comparative Analysis of European Legal System and Practices Regarding Volunteering.* International Journal of Not-for-profit Law, Vol. 9, No. 3 June 2007, p. 53.

〔2〕 日本労働政策研究・研修機構(JILPT):《NPO 就労発展への道筋－人材・財政・法制度から考える》,《労働研究政策報告書サマリー》2007 年版。

〔3〕 日本文部科学省:《諸外国におけるボランティア活動に関する調査研究報告書》2007 年 3 月版,第 141 页。

〔4〕 郑功成:《中国社会保障论》,湖北人民出版社 1994 年版,第 5～6 页。

动中遭受人身伤害依法享受工伤保险待遇方面首先进行突破。我国《工伤保险条例》第15条规定，职工"在抢险救灾等维护国家利益、公共利益活动中受到伤害的"视同工伤，按照规定享受工伤保险待遇。虽然义工服务涉及类似抢险救灾的活动较少，但从实质意义上说，其性质具有维护社会公共利益的属性，因此规定义工依法享受工伤保险待遇是有法律依据的。有人提出由于义工来自不同的职业群体，流动性较大，且可能存在一人参加多个组织的情形，这样就会出现义工的组织归属难以确定的问题，继而给工伤保险的费用缴纳造成困境。但这不能成为社会保险对义工无所作为的理由，我们完全可以通过制度设计来解决此类问题。比如，将义工群体分为两类：一类是本身有正式职业的在职人员，即已经纳入工伤保险保障范畴内的，这类义工的缴费问题按照原规定缴纳；另一类没有纳入社会保障体系的义工，有关部门应当建立相应的登记、审查制度，由政府财政为其支付工伤保险费用。当然，政府对此还应该制定详细的实施细则，但这些制度设计问题不能成为义工获得相应社会保障的阻碍。

第二，以商业保险为补充。社会保险的设立目标是为了更好地贯彻和实施国家的各项社会政策和经济政策，具有社会性和福利性的特点，但是其提供的保障只限于基本生存和生活利益的界限。所以从维护义工和义工组织的健康发展以及保障第三人合法权益的角度出发，引入商业保险是必要的，且义工开展志愿服务面临的是大量的、同质的风险和责任，而这些"风险和责任对被保险人来说是或然的，损失的程度和其发生的频率也是不能控制的"，故而完全符合保险设计的基本原理。[1] 具体来说，义工商业保险应当包括以下险种：

一是意外伤害保险，即被保险人（义工）在保险有效期内，因遭受意外伤害而导致死亡或残疾时，保险人按照合同约定给付保险金的保险，目的是对义工的意外伤害所致的死亡和残疾进行补偿。义工组织应以团体形式为义工购买团体意外伤害险，一方面是因为义工组织的志愿服务往往

---

〔1〕 石兴：《保险产品设计原理与实务》，中国金融出版社2006年版，第73页。

都是有组织的统一行为;另一方面团体意外伤害保险一般具有保险期限短、保费低而保障高的优势,“在雇主需为员工承担一定事故责任的场合,对雇主更为有利”。[1] 但是,在团体保险中,被保险人一旦脱离投保的团体,保单的效力对该被保险人即终止。因此,在义工团体意外伤害保险中,需要改变团体保险的传统承保模式,设计“义工意外伤害整体保险条款”,将一定数目的特定专业方向义工作为整体购买意外伤害保险,确定统一的保险期间、保险责任和保险额度,适用相同的保险条款和投保费率,当该专业方向的义工提供服务时,只需将当次出勤义工相关信息提交给保险公司即可,不必为该专业方向的每个义工都核保。

二是健康保险。健康保险是以义工的身体为对象,保证被保险人(义工)在因志愿服务环境等因素导致的疾病、志愿服务过程中遭遇意外伤害时的所需费用或损失获得补偿的一种保险。对于短期从事义工服务的义工,意外伤害保险基本上可以满足要求,但对于那些年复一年持续性提供服务的义工就应当考虑其所在的服务环境是否对其健康产生负面影响,因此有必要考虑为某些专业的义工购买健康险。根据保险保障的内容不同,健康险分为医疗保险和收入补偿保险。收入补偿保险可由意外伤害保险替代,对于义工来说,应当为其购买医疗保险,即保障义工因疾病或意外伤害需要治疗时支出的包括医生的医疗费和手术费、药费、住院费、护理费、检查费以及医疗设施的使用费等。与上文相似,可以为义工购买团体医疗费用保险,保障被保险人在疾病或意外事故所致伤害时的费用或损失。“团体医疗费用保险具有手续简便、费率低、保障范围广等特点。在团体医疗保险中,合同条款的规定比个人的医疗保险条款要灵活,便于针对不同的团体进行调整”,[2]一定程度的灵活性适合义工组织这类团体。

三是责任保险。责任保险是以被保险人的赔偿责任为投保标的的险种。将责任保险纳入义工保险制度体系中,主要是为了针对义工的致害

---

[1] 张洪涛、郑功成:《保险学》(第3版),中国人民大学出版社2008年版,第206页。
[2] 同上书,第212页。

风险。如前文所述,义工组织、义工和被服务对象三者之间是委托代理关系,义工组织对义工的侵权行为后果要承担替代责任,而义工组织本身缺乏资金,责任承担能力受限,为了使第三人的损害赔偿权尽快得到实现,从保护第三人利益角度来说,有必要将责任保险纳入其中。具体来看,我国责任保险有公众责任保险、产品责任保险、职业责任保险等险别,对于义工组织来说,可以考虑购买公众责任保险中的综合公共责任保险。所谓综合公共责任保险,是指其承保被保险人在任何地点因非故意行为或活动所造成的他人人身伤害或财产损失依法应付的经济赔偿责任。责任保险可以很好地处理义工组织无资本属性与第三人合法权益保护之间的张力,属于义工组织不可不购买的险种。

概言之,义工保险制度应构建以社会保险为基础,商业保险为补充的保险体系,以致害险和受害险为两个基本类别,其中致害险主要以综合公共责任保险为主,受害险以社会保险中的工伤保险和商业保险中的意外伤害保险为互补,再根据服务时间的长短,相应考虑补充购买健康保险。针对义工组织志愿活动的有组织及统一性并考虑成本效益的因素,在购买相应保险类别时应优先考虑选择团体险。在保险经费方面,社会保险中原本就属于社保体系的在职人员,由所在单位缴纳,不在社保体系内的义工的工伤保险应当由政府统一缴纳。商业保险可以按照一定的比例由多方共同分担,不能让任意一方主体独自承担,应当充分考虑各方的资金充足率,例如,可以规定政府财政支付 60% ,义工组织支付 30% ,义工个人承担 10% 。

第三,健全保险资金保障制度。资金是义工组织有效运行的关键因素,也是义工组织实现其社会性目标的根本保证。我们应当构建以财政拨款为主、其他途径为辅的义工保险资金保障机制。

首先,从世界主要国家和地区的政府对义工组织的财政支持来看,我国香港特区义工组织经费来源 65% 为政府财政资助,[1] 加拿大义工组织

---

〔1〕 参见黎熙元等:《社区建设——理念、实践与模式比较》,商务印书馆 2006 年版,第 94 页。

的费用和投资60%来自政府投入,以色列49%来自政府投入,美国政府投入占31%,日本政府投入占38%。[1] 英国《政府与志愿及社区组织关系协定》中指出,志愿者从事志愿服务需要一定的成本,志愿者不应当因为从事志愿服务而变得一文不值。政府有责任为志愿者提供必要的资源、支持和发展机会,同时,政府应当为志愿者提供其支出的成本费用。英国政府明确承诺政府将制定明确的政策,规定有关志愿者的相关费用的安排,对志愿服务实施财政补贴,确认志愿者有权报销从事志愿服务所有必要的费用。例如英国政府制定的"千年志愿服务计划"等义工服务项目,一旦义工组织的服务项目得到政府的认可或确认,即可按照服务项目资金50%的额度给予政府财政的资助等。我国《志愿服务条例》第4条规定:"县级以上人民政府应当将志愿服务事业纳入国民经济和社会发展规划,合理安排志愿服务所需资金,促进广覆盖、多层次、宽领域开展志愿服务。"[2]基于我国人口基数庞大且社会公益服务缺乏的现况来说,各级政府应当加大对义工服务所需资金的投入,科学核算义工保险费用的比例并列入各级财政预算中。

其次,各级政府及其有关部门应当积极依法通过购买服务等方式支持义工组织的运营管理,凡是社会能办好的,都交给社会力量承担。例如英国政府将公共服务领域的公益事业交由社会组织运营,政府以特定公共服务项目外包或直接向社会组织购买相应的公共服务的方式实现社会关系稳定和持续发展。日本从中央到地方政府均有将一定的公共服务委托义工组织的做法,如交流中心年资金来源的20%~30%即来自政府委托项目。中央各个省都有通过委托项目对非营利组织进行资助的情况。[3] 我国香港特区社会各项服务领域80%的工作都由非政府组织(包

---

〔1〕 参见江汛清:《与世界同行——全球化下的志愿服务》,浙江人民出版社2005年版,第217页。

〔2〕 参见《志愿服务条例》第4条。

〔3〕 参见民政部"日本NPO法律制度研修"代表团、文国锋:《日本民间非营利组织:法律框架、制度改革和发展趋势——"日本NPO法律制度研修"考察报告》,载《学会》2006年第10期。

括义工组织)提供,[1]政府则与社会组织建立各种各样的合作伙伴关系,直接向这些社会组织购买或委托服务,义工服务也包括在内。相关法律规定每一个义工组织每年完成一定的义工服务定额,经过社会福利署义工督导委员会考核合格,政府即拨付相应的服务经费。具体来说,我们可以将一些基本社会公共服务,如社会救助、防灾救灾、养老服务、残疾人服务、公共文化、公共体育、环境保护等领域由义工组织来运营管理,随着义工组织专业技能的提升,在今后还可以进一步扩大社会服务的范围。为了保证政府购买服务的质量,我们还可以尝试由政府或行业组织搭建义工组织的合作网络,“整合不同团体资源优势共同提供服务、协调不同团体行动形成共同政策建议、实现信息共享”。[2] 此外,政府还可以通过相关政策和法律的引导,鼓励有关社会企业承担社会责任,展开与义工组织的对话和对接,也向义工组织购买服务支持其稳定发展,建立较为稳定的合作关系,通过购买义工服务,合作共赢。

最后,通过税收政策引导企业和个人捐助。我国《企业所得税法》第9条规定:“企业发生的公益性捐赠支出,在年度利润总额12%以内的部分,准予在计算应纳税所得额时扣除”,[3]另外,《企业所得税法实施条例》对“公益性捐赠”的解释是“指企业通过公益性社会组织或者县级以上人民政府及其部门,用于符合法律规定的慈善活动、公益事业的捐赠”,[4]义工组织是企业开展公益性捐赠的适格对象。另外,我国《个人所得税法》第6条第2款规定,个人将其所得对教育事业和其他公益事业捐赠的部分,按照国务院有关规定从应纳税所得中扣除,[5]《个人所得税法实施条例》进一步解释,税法第6条第2款所说的个人将其所得对教育事业和其他公益事业的捐赠,是指个人将其所得通过中国境内的社会团

[1] 参见陈婉玲:《义工组织法人制度研究》,北京大学出版社2014年版,第384页。

[2] 民政部“日本NPO法律制度研修”代表团、文国锋:《日本民间非营利组织:法律框架、制度改革和发展趋势——“日本NPO法律制度研修”考察报告》,载《学会》2006年第10期。

[3] 参见《企业所得税法》第9条。

[4] 参见《企业所得税法实施条例》第51条。

[5] 参见《个人所得税法》第6条第2款。

体、国家机关向教育和其他社会公益事业以及遭受严重自然灾害地区、贫困地区的捐赠。捐赠额未超过纳税义务人申报的应纳税所得额30%的部分,可以从其应纳税所得额中扣除。[1] 根据现行法的规定,企业或个人向经登记注册的义工组织捐赠享受税收优惠的规定是明确的,这种鼓励政策使得义工组织可以通过募捐获得足够的事业发展资金,包括为义工购买相应保险的资金保障。为了更好地保障义工组织的发展,我国税收相关的法律法规应当对其给予适当地倾斜,包括对那些未登记的民间义工组织。此外,还可以尝试采用事先规定阶梯性的税收政策,根据企业或个人在一年内捐助财产价值的多寡分别享受不同的税收优惠,鼓励社会捐助义工服务事业。通过相关法律和制度的引导,将企业参与义工服务的频率和程度与税收挂钩,不仅可以给企业本身减轻税收负担,还可以鼓励企业对员工的志愿行为予以支持。恰当的税收减免政策在一定程度上比政府直接的财政拨款要更有意义,因为它避免了政府对义工组织过多的和不必要的干预,符合构建服务型政府的原则,政府只要保证捐赠在法律规制的框架下运行即可。

正如前文所述,义工组织不以追求利润为目的,属于非营利组织的范畴,但其非营利性并不代表不能从事营利性的事业,只是不能向自己的成员分配利益,因此我们应当鼓励支持义工组织自办实体创收。例如,我国台湾地区相关法律就允许非营利组织通过"附属作业组织"从事商业活动并获得经营性收入,"以期非营利组织获得可持续发展的能力"。[2] 但为了避免义工组织的商业化发展模式偏离慈善服务的初衷,应当对义工组织的营利性活动进行引导和规范。新加坡《慈善机构从事商业活动的指导》(以下简称"指导")对慈善机构从事商业活动就做出了限制性的要求,"若非必要,不鼓励慈善组织从事商业经营活动,即使从事经营活动,

---

〔1〕 参见《个人所得税法实施条例》第24条。

〔2〕 参见《台湾非营利组织税收制度及其启示》,载中华财税网,http://www.zgtax.net/plus/view.php?aid=400673,最后访问日期:2018年1月21日。所谓"附属作业组织"指由非营利组织控制,具有独立核算能力的组织。

最好也是提供托儿所、医疗服务等关乎公共福祉的活动;如果从事经营活动,则需成立一个子公司进行运营,避免慈善组织直接参与商业经营活动,滥用社会信任资源;在确保商业活动不会导致慈善组织蒙受巨大损失风险的前提下,慈善组织才可从事商业活动”。[1] 该“指导”对于义工组织自办实体创收从事商业活动有很大的借鉴意义,必须要保证义工组织不能偏离社会公益的目的。此外,对于符合要求的从事商业活动的义工组织,我们也应当在相关政策上给予扶持,如在税收方面,美国联邦税法对非营利组织自身收入的税收予以免除。我国台湾地区虽然对非营利组织通过“附属作业组织”获得的经营性收入原则上规定必须交税,但在我国台湾地区具体的税务实践中非营利组织获得的经营性收入,税务部门一般也难以向其征税。我国《企业所得税法》第26条规定:符合条件的非营利组织的收入为免税收入。但是《企业所得税法实施条例》第85条规定:“企业所得税法第二十六条第(四)项所称符合条件的非营利组织的收入,不包括非营利组织从事营利性活动取得的收入,但国务院财政、税务主管部门另有规定的除外。”因此在我国现行法中,义工组织从事的营利性活动所获得收益并不能免税,但这种一概否定的立法模式是值得商榷的。义工组织这类社会公益组织只要符合诸如上述新加坡“指导”的原则性规定,就应当对其免征税费。或者退一步来说,应当在税法规定允许义工组织从事商业活动的营利所得扣除该组织其他非商业项目收不抵支部分后,如果还有余额,才对其余额进行征税。若无余额,则该部分商业所得就不征税。或许这种做法对双方来说更具有正当性。

《国务院关于加快发展现代保险服务业的若干意见》中指出,“保险是现代经济的重要产业和风险管理的基本手段,是社会文明水平、经济发

---

〔1〕 陆波:《论新加坡公益慈善组织监管机制:以NKF事件为例》,载《河南师范大学学报》(哲学社会科学版)2014年第2期。

达程度、社会治理能力的重要标志”。[1] 随着我国义工人数的不断发展壮大，义工服务的领域和内容也在不断往外延伸，但义工和义工组织面临的风险也越来越呈现出广泛性和不确定性的特征。所以，无论是义工个人还是义工组织都需要加深对保险机制风险分担和损害救济特殊价值的认识，将保险作为志愿服务风险管理的重要手段。此外，政府、社会以及商业保险公司应给予义工群体应有的关怀和重视，加强保险产品的创新，针对志愿服务风险的特殊性开发合适的保险产品，进一步发挥商业保险公司的社会保障功能，为提高社会整体福利服务。

---

〔1〕 参见《国务院关于加快发展现代保险服务业的若干意见》（国发〔2014〕29号），载中国政府网，http://www.gov.cn/zhengce/content/2014-08/13/content_8977.htm，最后访问日期：2018年4月5日。

结语·社会企业:义工组织的发展趋势与路径

社会企业是以实现社会公益为基本目标,以商业活动为主要收入来源,不以利润最大化为目的的组织。作为社会公益与市场机制相结合的产物,社会企业以商业思维实现社会治理从“授人以鱼”到“授人以渔”的方法创新,运用商业手段实现社会目的,解决传统公益组织不能自我造血和可持续发展问题,并达成“渔场生态系统化改造”的跨越,其本质是一种社会治理的创新。以社会企业模式引领义工组织治理结构和运作方式,可有效解决义工组织经费匮乏、独立性差、治理结构松散和运作不规范等问题,是义工组织未来发展的方向和模式。

一、社会企业的判断要素

现代社会企业的孕育与发展,与非营利的社会组织的繁荣有着密切的联系。从理论上看,社会企业的兴起与公民意识觉醒、公共福利政策改革和社会治理创新具有直接的关联性,这些社会运动及其理论体系构成社会企业兴起的思想源流。社会企业在不同的国家和地区有着不同的孕育背景,各国对社会企业的认知是一个不断丰富和发展的过程。目前,社会企业的实践已在全球范围内展开,但受到不同国家的政治体制、法律政策、文化传统的影响,其实际操作模式和法律定位并不统一。在我国,社会企业尚属新生事物,无论是理论界还是实务界,人们对社会企业的认知较为模糊,即社会企业是用商业手段来解决社会问题的一种社会创新,对社会企业缺乏一套统一、明确的认定标准,甚至把社会企业与企业的社会责任相混同。[1] 事实上,任何企业均可能或多或少地解决一定的社会问题,但解决社会问题的企业并不一定是社会企业。同样,市场活动除法律明确禁止进入外并无明确的边界,不能认定进入市场领域活动的企业就是商业企业,公共领域活动的企业就是社会企业。社会企业与商业企业最根本的差异在于其目的性,社会企业以公益为目的,旨在改善民生福祉、增加社会福利;商业企业以营利为目的,旨在谋求资本利益最大化,企业盈余最终以红利或剩余财产等方式归于资本持有者。因此,社会企业的核心要义是运营收益回流公益宗旨。社会企业是公益性社会组织运用商业之道进行的自我革新,而不是商业企业侵入公益领域的结果,追求经济利益只是这些社会企业可持续发展的手段,而不是目标。

社会企业是应社会需求而产生的,[2] 日益增长的多样化社会需求不断挑战政府的财政能力,迫使政府开放公共产品与服务供给领域,把富有创新精神的私人企业和富有奉献精神的非营利性组织纳入公共产品与服务供给体系。然而,公共领域的核心要素是公共安全,私人企业可能因市场信息的非对称性和资本的逐利性而降低公共产品与服务的品质,甚至私人可能凭借其特定市场的垄断地位谋求垄断利益,进而损害公共物品与服务消费者的合法权益,危及公共利益安全。非营利性组织因受其成本、费用和非市场化运作等因素制约,其提供公共产品与服务的能力有限。私人企业与非营利社会组织的局限使得采用商业化手段谋求公共利益改善的社会企业备受政府青睐:一方面,社会企业受到非营利目的限制,不得向其投资者或成员分派利润或剩余财产,可有效降低社会企业运

---

[1] 基于摩拜单车入围“中国社会企业奖”引发的关于什么是社会企业的争论就是一个例证。参见林言:《摩拜单车是社会企业吗?——摩拜入围“中国社会企业奖”引发争议始末》,载百家号,http://baijiahao.baidu.com/s?id=1573406089086637,最后访问日期:2018年4月5日。

[2] 舒博:《社会企业的崛起及其在中国的发展》,天津人民出版社2010年版,第146页。

行成本和公共产品与服务的价格;另一方面,社会企业可运用市场机制、采用商业化手段向消费者收取一定的费用,换言之,"公共物品与服务的消费者必须以购买的方式满足自己的社会需要,可有效提升公共产品与服务的使用效率。社会企业在无偿向有偿蜕变的状态获得了特殊的'造血'功能,降低志愿失灵的风险"。[1]

社会企业作为兼具社会性和经济性的社会组织,是对传统社会组织理念与形态的变革。社会性是社会企业的基本属性,即社会企业必须具有明确的社会目标,以解决社会问题为导向,以实现社会使命为根本价值,其应致力于医疗卫生、教育环保、帮贫助残、促进就业等公共福利事业改善;社会企业是社会集体行动的结果,多由具有共同价值目标和意愿的不特定多数人共同创立,集体参与、民主管理是社会企业治理的基本方式,这与商业企业的资本控制形成鲜明的对照;社会企业一般不允许向其出资人或者成员分派红利或剩余财产,即使需要分红,也必须遵守法律的限制,防止其向商业企业倾斜进而丧失其社会属性。因此,社会企业的经济性从属于其社会性,社会企业离开社会性,亦即失去其存在的价值。

社会企业的灵魂和核心是社会目的性,商业化运营仅仅是实现其社会目的的有效手段和方式。但是,社会企业商业化运营极有可能混淆、模糊其社会目的性,并导致社会信赖的损害,例如,营利性企业可能会因其依法缴纳税收和提供就业岗位而主张其具有社会目的性,私人教育培训机构也可称其促进教育事业发展而具有社会企业的性质。因此,社会企业的社会目的必须依法界定,不能进行随意解释。同样,社会企业可以进行商业化运作,但商业化经营只是实现其社会目的的手段,若以社会企业之名行营利企业之实,社会企业可能成为资本逐利和逃避税收

---

〔1〕 Salamon, Lester M., *Partners in Public Service: Government-Nonprofit Relations in the Modern Welfare State*, Baltimore & London: The Johns Hopkins University Press, 1995, pp. 44 - 48.

规定的护身符。[1] 我国“当前既普遍存在商业企业标榜其为社会企业、披着民办非企业单位外衣从事营利性商业活动的问题,也有非营利的民办非企业单位无法合理、合法享有社会企业待遇的问题”,[2]定位模糊将制约社会企业健康发展。可见,仅仅对社会企业的本质特征进行概括性的抽象定义并不足以提供客观的评价标准,构建社会企业认定的具体要素和标准是各国社会企业立法的核心任务。

1. 社会企业必须具有社会目的或者社会目标

社会企业是现代国家解决社会问题的路径创新,其价值就是实现一定的社会目标。社会企业与一般的非营利的社会组织不同,这些社会组织仅依靠外部资金援助、扶持或接受捐赠,自身缺乏可持续发展的造血功能,社会企业采用商业化手段获取利润,借以达成其社会公益目的。但是,社会目的或者社会目标是社会企业区别于商事营利企业的根本标志,以章程记载一项或数项社会目标是各国法律对社会企业的基本要求,如芬兰的社会企业仅限于解决长期失业者和残疾人就业,且达到其雇佣员工30%以上;韩国则将社会企业的运营范围限于为弱势群体提供社会服务和解决劳动就业问题。英国、美国则明确要求社会企业必须致力于提高和改善社会公共服务,如解决就业、帮扶贫困、医疗保健、教育、教学和专业培训、环境和生态保护、文化遗产发展等,且以“记载于企业章程”为认定社会企业的要件。缺乏社会目的或社会目标的企业无论其是否解决社会问题,均不得认定为社会企业。

2. 社会企业必须以商业化手段获得主要收入来源

社会企业对传统的社会组织的创新之处在于其经济性,它以销售产

---

[1] 例如,新加坡全国肾脏基金会(NFK)事件,新加坡民间机构NFK时任执行理事长杜莱在庭审中承认自己的确乘坐过头等舱旅行、年薪高达60万新元、NKF照顾的实际病人人数大大低于他对外公布的数字、NKF的储备金够用40年而不是他声称的3年、杜莱用公款付自己私车的养护费用、他和NKF的合作公司有商业利益关系等。载http://blog.sina.com.cn/s/blog_4731ae920100s7t3.html,最后访问日期:2018年4月21日。

[2] 薛夷风:《社会企业对我国传统公司观念的挑战——再论公司的营利性》,载《当代法学》2011年第3期。

品或服务等商业化手段获得经营性收入，并将其经营性收入全部或部分投入社会产品或服务的再生产并实现其社会目的，因此，社会企业必须以商业化获得经营性收入，这是社会企业区别于传统的非营利社会组织的重要标准，也是社会企业持续实现其社会目的的基本方法。因此，社会企业可能也会接受社会捐赠和政府补贴、扶持，但不再依赖于外部资源供给，或者说接受捐赠、财政补贴或财政资金扶持等方式获得的收入不再是唯一的收入来源。从法律实践看，多数国家的法律均规定社会企业经营性收入应当达到一定的比例要求，旨在督促社会企业尽可能以商业化手段获得收入来源，防止其过度依赖政府补贴而丧失市场竞争能力。

3. 社会企业利润分配与剩余资产处置

社会企业的利润分配既涉及其可持续发展能力，也涉及社会公共利益安全和社会信赖，还涉及社会企业出资人的合理利益需求。因此，社会企业利润分配若不加限制或限制过宽，大量的企业利润用于红利分配，可能影响社会企业可持续发展能力以及社会目标的实现，而且社会企业利润的过度分配有可能损害社会信赖并导致营利性商事企业借社会企业的外壳骗取社会信任和政府补贴。同样，若社会企业完全禁止利润分配，完全不考虑社会企业出资人正当的利益需求，也可能挫伤社会资本参与的热情，进而妨碍社会企业健康发展。因此，社会企业利润如何分配，需要一个科学合理的制度设计。各国对社会企业利润分配并无统一要求，如果社会企业不享有政府补贴、财政扶持等优惠待遇，其收入完全依赖市场化运营，其利润分配也就完全不受限制。但是，为了维护社会企业的社会性特质，许多国家的法律都会对社会企业的利润分配设置上限，乃至完全禁止社会企业的利润分配，这种模式主要用于非营利社会组织转型为社会企业的初期以及社会企业不发达的国家，社会企业利润必须全部用于社会目的，禁止社会企业利润向其股东或成员分配。与之相适应，社会企业剩余资产处置模式亦可区分为 3 种："社会企业在终止时可自由处分其剩余资产；社会企业的投资人或创办者可以收回一定比例的剩余资产以及社会企业的剩余资产属于社会公益财产，其终止时的剩余资产应转交给具有相同或相似社会目的的社会企业或慈善组织”。[1]

二、我国社会企业的定位

社会企业的域外实践证明其在解决各种社会问题、社会治理创新等方面具有一定的制度优势,但这种制度优势的前提条件是社会企业定位准确、认证合理、激励适当、法律监督有效。正如我们反复强调的,社会企业以商业化手段谋求社会目的,其自身先天性地存在矛盾与冲突。社会企业既有企业的营利本质,也有社会组织的公益追求,资本利益和社会公益的不断博弈和平衡贯穿于社会企业运行的全过程,既不能放任私人资本过度消耗社会信赖和公共资源,也不能置公共利益、社会目的于不顾。因此,社会企业的法律地位和主体资格认定必须基于其社会公益性和经营性,必须准确把握社会企业制度的合理性和科学性。我国社会企业发展相对滞后,尚无针对社会企业的专门立法,在现行法框架内,社会企业主要适用《公司法》《合伙企业法》以及《民办非企业单位登记管理暂行条例》等法律、法规,《民法典》施行后,社会企业应依据其法人和非法人组织类型确立自己的法人形态和非法人组织形式。在社会企业尚未充分发展的条件下,强调社会企业专门立法缺乏现实的社会基础,但依据现行法规定和社会企业本质特征对其进行应有的认证、规范和引导,却是促进我国社会企业健康发展不可或缺的基本路径。

结合社会企业的域外实践和现阶段我国社会企业发展状况,国家可以政策引导方式确立社会企业的基本条件、识别标准和监管机制。(1)社会企业必须有明确的公益目的,这种目的限制是社会企业存在的价值基础,既不能过于狭窄,也不宜过于宽泛,前者可能影响社会治理创新和社会企业作用的发挥,后者可能造成社会企业泛滥、社会信赖消耗和社会资源浪费。社会企业章程应当明确记载其社会目的,且应设定达成社会目的的具体目标和措施。(2)社会企业必须拥有高度自主的资金来源,社会

[1] 王世强:《社会企业的官方定义及其认定标准》,载《社团管理研究》2012 年第 6 期。

企业区别于传统的社会组织的基本标志是以商业化手段实现其社会目的，拥有高度自主的资金来源可以有效地克服对社会捐赠、捐助和财政补贴的过度依赖，可有效激励社会企业不断创新、增强其市场竞争能力。从域外实践看，高度自主的资金来源通常以商业收入的比例限制方法实现，以法律形式要求社会企业的商业收入不得低于一定的比例，具体比例可根据实际状况确定。(3)社会企业可实行有限的利润分配，社会企业能否进行利润分配在不同的国家有着不同的处理规则，大致有完全禁止利润分配、限制利润分配和自由利润分配。我国对社会企业应实行有限制利润分配模式，这是因为，社会目的和商业手段是社会企业的核心要素，社会企业商业化运营在客观上要求必须充分考虑社会资本的利益需求，完全禁止利润分配可能导致社会力量兴办社会企业的热情丧失，也可能导致社会企业人才流失；而社会企业利润自由分配也可能导致完全放任利润分配，彻底丧失其社会目的。以法律形式实行有限利润分配模式，依法设定社会企业利润分配的比例，可有效实现社会目的和资本利益的平衡。(4)基于有限利润分配模式，社会企业终止时的剩余资产应当实行比例分配，除出资人依法享有的比例外，剩余资产应当基于法律或章程规定归社会所有，由监管机关交由与其性质、宗旨相同或相近的社会企业。(5)社会企业治理机制不完全实行民主控制原则，可适当实施利益相关方参与治理机制，提升社会企业治理效率。

三、义工组织与社会企业的路径契合

义工组织为传统的公益慈善组织，其发展面临的“瓶颈”问题是资金和人才资源流失问题：一方面作为公益性社会组织，义工组织提供社会服务是无偿的，不得向其服务对象收取任何费用，致使其可持续发展需要的资金只能通过接受社会捐赠、捐助和财政补贴、财政扶持，完全丧失造血功能；另一方面义工组织的人才资源流失严重，大量的“僵尸义工”存在并非完全是志愿服务愿景丧失所致，义工服务以无偿方式提供，义工组织甚至不能对义工付出的成本进行补贴，生活压力迫使义工放弃服务社会、奉献社会的美好追求。因此,义工组织要实现可持续发展,就必须有效地排除制约其发展的“瓶颈”因素,这有赖于社会治理创新情境下“凤凰涅槃,浴火重生”。

义工组织活跃于社会公共领域,如同社会公共领域的其他社会组织一样,其独立于政府,为社会目的而存在,具有强烈的“价值观导向”和社会创新能力,正因如此,社会组织“应同时具备致力于当今社会问题的意识和企业家的技能”。[1] 义工组织与社会企业具有高度的契合性,它们同处于一个需要创新、需要不断变革的社会公共领域,均必须具有社会目的,致力于解决一定的社会问题,同时需要具有独立于政府并可持续发展的能力。特别需要指出的是,无论是义工组织还是社会企业均以自愿为基础,具有志愿性,均基于人的善心、良知和社会责任,这种高度契合说明义工组织与社会企业具有极高的同源性,义工组织破解资金和人才资源流失困境难题时,汲取社会企业以商业手段解决可持续发展问题的经验,以社会创新和组织变革的方法迈向社会企业,既无理论上的掣肘,也无实践上的窘困,社会企业化发展是义工组织的历史选择和发展机遇。

“社会企业孕育于非营利社会组织的公益创新”,[2]这是由社会组织独特的法律属性决定的。从理论上看,社会企业以商业手段实现社会公益目标,意味着社会企业存在的伦理标准和价值理念与社会组织相契合,换言之,社会企业不以营利为目的、不谋求资本利益最大化,也不向其出资人或成员分派红利,这与社会组织的非营利目的高度吻合,社会企业以商业手段采用市场机制,可获取一定的利润,只要其利润最终不以红利或剩余财产方式流向其出资人和成员,这实际上减轻了社会组织运行资金对政府资助、社会捐助、企业捐赠的过度依赖,不仅解决了社会组织发展资金和独立性问题,更重要的是解决了社会组织的造血功能和可持续发

---

〔1〕 Mike Hudson, *Managing without Profit: The Art of Managing Third-Sector Organizations*, Penguin Group, 1995, pp. 26 – 30.

〔2〕 参见《2008 年中国社会企业调查报告》,载道客巴巴,http://www.doc88.com/p-99678802443.html,最后访问日期:2018 年 1 月 13 日。

展问题。故只要通过法律方式赋予特定的社会组织可以以适当的方式收取一定的费用，即可形成社会企业的运作模式。

义工组织以社会企业为组织形态亦即义工组织采用商业化手段提供社会服务，而商业化手段的采用必然会涉及收取一定的费用，这些费用既可能直接向服务对象收取，也可能以承接社会服务方式向政府收取或接受政府财政补贴。这可能涉及两个重大问题，即义工组织商业化手段的采用是否违背义工服务无偿性以及是否有悖于其非营利性的法律本质。其实，收费不等于有偿、无偿也不等于不收费，这里蕴含着一个基本的逻辑关系，即义工服务是无偿的，但义工服务是需要成本的，无论是义工组织的运行、义工时间成本、交通费用、误餐补贴等，均需要一定的成本，这些成本可以折算为一定的金钱，这种金钱付出必须以一定的方法予以弥补，否则，义工组织资金困境即为一个无解的死结。或谓义工组织可依法接受社会捐赠、捐助，基于捐赠、捐助获得的社会资金能否解决义工组织资金难题姑且不论，但捐赠、捐助以自愿为前提，在本质上是一种概率事件，义工组织可持续发展仅以一种概率事件维持，至少具有极大的不确定性。义工组织向服务对象提供服务，收取一定的成本费用并不违反义工服务无偿性的本质。

义工组织以商业化手段提供社会服务也不会违背其非营利的目的。从各国非营利组织实践和法律看，判断是否存在营利目的并不以是否收取一定费用为标准，换言之，是否收取费用与义工组织是否具有营利目的无关。现代法上的营利是一种运用资本并使其增值的行为，判断是否以营利为目的的基本标准是利润的归属，即是否向其所有者或出资人分配利润，剩余资产是否归所有者或出资人所有。如果既无利润分配，剩余资产也不归所有者或出资人所有，即可认定不存在营利目的。义工组织不以营利为目的，义工即使向服务对象收取一定的费用，或者承接社会服务接受政府的费用，只要不以利润分配或者剩余资产不归所有者或出资人所有，就不构成义工组织的目的违反。

既然义工组织收取费用不等于有偿服务、不等于以营利为目的，那么义工组织以商业化手段破解资金"瓶颈"问题也就不构成本质、目的违反。因此,义工组织可依法转型为社会企业,而作为社会企业的义工组织,其以商业化手段解决社会问题、实现社会目的也就成为当然的选择。鉴于义工组织所具有的非政府性、非营利性、独立性和自愿性的法律特征,义工组织以社会企业设立或者转型为社会企业时,不得改变其公益慈善组织的性质,因此,义工组织作为社会企业,其运用商业化手段进行市场资源配置时可能受到法律或客观条件的约束。(1)义工组织转型为社会企业受到客观条件的制约,义工组织作为慈善组织,其活动范围几乎遍及所有的慈善领域,扶贫济困、扶老救孤、恤病、助残、居家养老、救助生态、环境伤害、促进文化、教育、医疗卫生事业发展等,以商业化手段获取可持续发展的资金必然涉及其运营模式,即收费的方式、标准和对象如何确定问题。(2)义工组织转型为社会企业,其所提供的公共产品与服务的价格必须受到严格限制,义工组织提供服务价格以弥补成本为原则,可适当增加,其定价应接受政府指导。(3)义工组织转型为社会企业后,不得向其发起人、成员分配利润,其终止时剩余资产依法或依章程规定移交性质相同或相近的义工组织。

四、义工组织社会企业化的价值冲突与调适

义工组织转型为社会企业,即由公益慈善组织转变介于纯营利企业和非营利的社会组织之间,这在一定程度上"打破了传统的社会组织与营利企业的界限"。[1] 作为社会企业,义工组织的运营目标具有双重性质:一方面,义工组织以公益、慈善为社会目的,追求社会目标,实现社会可持续性;另一方面,义工组织采用商业化手段,具有谋求其个体私利的经济性,追求自身的经济利益,实现经济可持续性。由此,义工组织转型为社会企业,最大的变化是其价值追求由单纯的社会价值变成为社会价值和

[1] Alter: *Social Enterprise Typology*, Jan 23, 2017, http://ishare. iask. sina. com. cn/f/66910802. html.

经济价值并存,但这两种价值追求在形式上可能处于相互背离的状态,义工组织如果追求经济性,商业化手段的过度运用可能导致其忽略社会价值。同样,义工组织如果追求社会价值,商业化手段必然降低,忽视其经济价值,义工组织转型为社会企业可能面临的首要问题就是这种社会价值和经济价值的冲突,“社会价值追求可能提升社会效益,但却影响到其经济效益;经济价值追求可以提升经济效益,却可能危及社会效益”。[1]义工组织社会企业化运营机制的核心是平衡社会价值和经济价值的冲突。只有在相对平衡状态下,社会企业才能达成社会目的和商业化手段适度运用的一致性,才能不忘初心,达成义工组织的根本目标。[2]

另外,义工组织社会企业化可能影响义工参与社会服务的积极性,也可能引发社会公众对义工及义工组织的负面评价。义工服务是自愿的、无偿地、有组织地对陌生人有益的行为,它“并不是简单的无偿劳动,而是为了准确的理由而实施的无偿劳动。激发‘善行’的是美德,像慷慨、博爱、感恩、忠诚、勇气、同情心和对正义的渴望”,[3]是公民自觉实施的纯粹的公益活动,对义工付费或者给予适当的物质奖励,可能会降低义工服务的吸引力并伤害义工纯洁的积德行善的情感。利益激励是营利性企业提升劳动者热情最有效的手段,但在社会企业化的义工组织却有可能对义工造成伤害。同样,规范性模式支配人类行为,人们的惯性思维往往决定着对特定行为的合理、合法和正当性的判断,且这种经验法则具有超越某些社会变革的主观性,因此,义工组织商业手段的运营也可能导致社会公众的不理解和不信任,它在客观上要求社会企业化的义工组织在商业手段运用时必须渐进、谨慎、科学和合理,必须以实际行动诠释义工组织

---

〔1〕 刘佳怡、萧志同、刘仲戌:《社会企业之永续经营模式:以里仁公司为例》,载《管理与系统》2017 年第 3 期。

〔2〕 Nelarine Cornelius, Mathew Todres, Shaheena Janjuha-Jivraj, Adrian Woods, James Wallace, *Corporate Social Responsibility and the Social Enterprise*, Journal of Business Ethics, 2008 (81):355.

〔3〕 [美]马克·A. 缪其克、约翰·威尔逊:《志愿者》,魏娜等译,中国人民大学出版社 2013 年版,第 15 页。

社会企业化并非要改变社会目的和社会目标,而是为了更好地践行义工组织固有的价值观,可持续地为社会提供更好的义工服务。

义工组织社会企业化价值冲突的化解和调适,需要外部力量介入。政府对义工组织转型为社会企业给予积极的政策引导和辅助是其获得社会认同的基本途径。当公众对义工组织社会企业化不理解甚至抱怨、抵制或拒绝时,政府在义工组织转型满足积极的评价条件时,政府可及时发布引导性政策,辅导义工组织商业化手段的适当运用,并以适当的方式予以鼓励、扶持。社会舆论也应当对义工组织社会企业化予以正面的肯定性的报道和宣传。外部力量的积极介入和义工组织规范的运作,让社会公众接受、信赖义工组织社会企业化运营的转型。

义工组织转型为社会企业,这意味着义工组织的运营需要社会企业家精神,社会企业家最基本的精神是勇于探索、勇于创新,具有良好的毅力、容忍力和创造力,可基于实际情况对义工组织的资源、任务和营销手段进行整合,并通过义工组织的资源整合、工作整合、网络促进资源的整合,突破义工组织社会企业化运营的困境,真正地解决社会问题,实现社会目的。社会企业家精神的导入有助于改善义工组织的民主管理和民主控制。

附录一:开展研究的基础材料——长度访谈

——吕慧娜、丁娜、楼晴昊、李琦

"长度访谈即研究者用相对较短的时间,与有限的几个访谈对象进行深度访谈,从而获得所需的研究材料,作为质性研究方法,长度访谈不同于量性研究注重数据的收集与分析,它被看作一种经验研究,注重经验材料的收集"。[1] 长度访谈对于我们进行义工组织的研究助益良多,我们从所熟悉的十堰小草义工组织为突破口,通过加入全国义工组织负责人的微信群选择访谈对象,分别对宁夏义工联合会、庆阳市阳光志愿者协会、乌兰察布志愿者协会、郧阳小草义工等义工组织的负责人进行了访谈,并利用对上海市公益园区进行调研的机会,对其中的"手牵手生命关爱发展中心"进行了访谈,形成这个"长度访谈纪要"作为我们的研究材料。

在访谈之前,研究者对访谈问题进行了充分的讨论和准备,最终确定如下访谈提纲:

---

〔1〕 葛忠明:《长度访谈:经验社会研究的一种质性方法》,载《中国海洋大学学报》(社会科学版)2012 年第 3 期。

义工组织负责人访谈提纲

1. 是否存在某一事情或契机使您想到要参与或组建义工组织的? 多年来在组织义工服务过程中,令您印象或感受最深的是什么事情?

2. 您所在的义工组织在组织结构上是如何构建和管理的? (比如义工是否有专业分工、义工组织是否有章程等)是否有义工服务信息记录和服务质量评估?

3. 您所在的义工组织都提供哪些方面的服务? 义工的技能构成是否能满足实际需要? 还需要什么技能类型的义工? 在服务过程中是否存在义工流失现象? 对义工是否进行岗前和定期培训或教育?

4. 您所在的义工组织运作资金来源有哪些? 资金是如何管理的呢?

5. 您认为义工组织目前是否存在信任危机? 您是如何看待这种现象的?

6. 您所在的义工组织受哪些机构的指导和监督? 在指导和监督过程中存在的突出问题是什么?

7. 您所在的义工组织,在服务过程中是否曾经发生过义工遭受人身损害或损害过他人的情况? 你们一般是如何处理的? 此外,义工组织对于此类事件是否有针对性的保护机制? 若无,那么您有何建议?

8. 您认为义工组织生存面临的最大问题是什么? (比如义工流失严重、激励措施不够、社会关注度太少等)您认为国家政策或法律层面应在哪些方面提供一些支持?

9. 您对义工组织的未来发展,有什么期许? (开放性,随便谈)

我们通过电话、邮件、微信语音和现场交流等形式与七家义工组织进行了访谈。虽然,我们与这些奔走在“服务大众,奉献自我”道路上的好心人素未相识,他们也没有非要抽出宝贵时间配合我们访谈的义务,但是,他们内心的善良和淳朴,对义工事业的责任感,都使得他们敞开心扉,与我们交流在义工组织管理中所面临的困境和对未来义工组织发展的愿望，他们也渴望通过我们的研究成果激发更多的人参与到他们的队伍中来，共同壮大义工队伍。现将访谈的内容整理如下：

访谈一：十堰小草义工组织负责人　高希闻

1. 是什么事情或者契机使您参与或组建义工组织的？多年来在组织义工服务过程中，令您印象或感受最深的是什么？

参与原因：小时候家境不好，但获得街坊四邻帮助，心中留下帮助他人的种子；后来外出务工，发现在工作地的志愿组织，心向往之，参与了许多活动。在外工作，在志愿组织找到了归属感，虽然大家互不相识但是都能够自愿自主参与，氛围很好。之后回到十堰，发现当地并没有这样的组织，所以心中就萌生了创办这样的组织的理念，之后就建立了十堰小草义工组织。

主要的活动内容：助老助残助学为主，还参与一些大型活动的志愿服务。成名的是“关爱留守儿童”的活动，也就是我们所说的感动计划。第一，就是去山区里收集孩子们的信息，然后向社会募集相应的物资，送给孩子们。第二，就是设计微心愿。第三，就是提供助学金。

印象最深的事情：第一年去送爱心物资，很普通的学校，但当我们第二年再去的时候，我们送完物资要走时，孩子们都哭了，那时候就下定决心要把这个义工活动做下去。现在还发动其他孩子去看看这些山区的孩子，这些城市的孩子参与这些活动后，都有所成长，这也令我十分开心。

2. 您所在的义工组织在组织结构上是如何构建的？（如义工是否有专业分工、义工组织是否有章程等）

在义工组织内部有着一系列的管理办法。首先，我们有一个管理群，其次，我们还有小草义工管理守则以及激励机制。

3. 您所在的义工组织都提供哪些方面的服务？义工的技能构成是否能满足实际需要？还需要哪些类型的义工？在服务过程中是否存在流失现象？对义工是否有定期的培训或教育？

义工流失现象的确存在。举个例子，我们对义工进行分级，有的是爱心参与，参与一次就成为义工；其余就是义工还有内部的分级制度，来对义工的活动进行评价。

在我们内部有相应的培训机制以及会议制度，就有相应的培训。对不同的人员，有着不同的培训，诸如在助老助残过程中，还是有许多技巧，我们也会提供相应的手册，提供指引。

管理者之间也有着相应分工，与相应的人员、活动配套，起到一个管理规范的作用。

4. 您所在的义工组织的运作资金来源有哪些？资金如何管理？

以前是自己管理这部分资金，但是在《慈善法》实施之后，我们就改变了这种方式。现在的模式是，我们先行征集在志愿活动中需要的物资，之后再找爱心企业或者人士购买这部分物资。在购买过程中，我们也会有相应的人员参与，保障物资的质量。这是一种双方的互动。

5. 您认为义工组织目前是否存在信任危机？您是如何看待这种现象的？

现在没有，主要是组织成立初期。小草义工已经成立七年，这一路走来，小草义工已经在十堰有了相当的知名度。开始时，主要是号召身边的人，活动也比较简单，主要是提高参与度。在不断吸引人员的同时，我们开始着手做项目，通过项目吸引更多企业的参与。最后我们开始建团队，之后《慈善法》也实施了，对募捐做出了规定，那么我们团队就与企业达成合作。比如说，我们要开展活动，我们不需要捐钱，由企业购买后捐物。这样就逐渐形成了一个平台，对企业也进行评价，双方之间形成良好的互动关系。

6. 您所在的义工组织受哪些机构的指导和监督？在指导和监督过程中存在的突出问题是什么？

对于社团登记，我们也是有心无力。目前，十堰市志愿组织登记的寥寥无几。我们也想去登记，想成为真正的协会，对于我们的发展也是有利的。而且，一旦出现问题的话，我们组织也容易陷入被动，尽管目前没有出现这样的问题,但是我们也十分想尽快解决这个问题。

解决方案:还是处于探索之中。这方面政策的影响力还是不容忽视的。小草义工成立七年来,也都一直是遵纪守法,没有任何的违法行为,都是合理正当地开展公益活动。前几年有过让我们注册,但在注册的时候发现,这个门槛太高,对于我们义工组织而言,可能还是过于强求了。

(就政策和法律方面,您觉得有什么可以改进的地方)中央和地方政策和法律还是有一定的差异,就地方而言,是不是可以不需要有主管单位,而直接登记,这样的话,也好接受很多。但是,没有主管单位的话可能难以付诸实践,如果我们去找挂靠单位,这些单位又怕承担风险、责任。

7. 您所在的义工组织,在活动中曾经发生过义工遭受人身损害或损害过他人的情况吗?你们一般是如何处理的?此外,对于此类事件义工组织是否有针对性的保护机制?若无,那么您有何建议?

损害他人的没有,受伤的几乎没有。但是可以举个例子,比如说去山区送东西,容易出车祸。万一出了这样的事情,第一个是报警,第二个还有保险。目前,我们与保险机构也有合作,会给义工们买意外保险,尽可能降低这个风险。(万一出现严重事故)要是出了这样的问题,那后果还是很严重的。我们目前还是有着相应的制度去预防这类问题的发生。比如,每次活动我都会亲自去押车,在活动之前也会有相关的登记、教育。(社会监督方面)现在在十堰市,小草义工还是有知名度的,每次开展活动当地的媒体都会有跟进,做相关的报道。

8. 您认为您所在的义工组织继续运作所面临的最大问题是什么?(如义工流失严重、激励措施不够、社会关注度太少等)国家政策或法律层面应在哪些方面提供一些支持?

人员流失、经费不足是主要问题。人员流失的问题,有个人原因也有团队的原因。我们组织没有登记就是一个问题,大家在没有参与之前可能不知道,但是参与之后就会发现这个问题,进而有些疑惑,有的人就会退出。这个问题还是会随着社会知名度以及社会信任的建立而逐渐消失,像我们最近与一些大型企业合作,效果会好很多。

社会资金方面，我们尝试开展一定的市场化运作的项目。可以开展"爱心超市"与"爱心志愿活动"，超市的东西是社会捐赠的，销售之后有一定的盈利。

规范化、制度化、专业化建设也是未来发展方向之一。逐步建设相应的制度体系，助力我们团队未来发展。有了这些制度，就可以常态化发展，更高效地开展这些活动。

对于激励机制的建设，也有一些想法。就是与这些爱心企业合作帮助创业，由企业背书、承担风险，助力创业。之后这些企业成功之后就把利润捐赠出来。这也不是募捐，但也是我们的一种激励方式。这样的回馈机制就可以真正地实现自给自足。

补充：

运作经费：全部由企业承担。

义工评价：内部有相应的评价机制。企业与义工的评价机制也有所不同。

人员构成：学生、企业员工等。普通人群为主。

访谈二：宁夏义工联负责人　朱静茹

宁夏义工联合会2009年由企业发起成立，已经按照登记管理条例注册了，省级组织。

1. 组织结构：包括会员代表大会；理事会（执行机构）成员主要由出资者、媒体、高校老师等构成；秘书处，具体负责日常事务；内部有章程。

2. 服务对象：非常广泛，包括老年人、残疾人、贫困大学生、留守儿童、扶贫等。针对不同的服务对象，都有专门的项目设计和专业的义工服务队（如律师、心理咨询师），有针对性地提供帮助。

3. 义工培训：包括岗前培训，然后根据义工参与程度的不同，再进行相关的服务技能培训，一般都是义工组织内部有经验的人承担培训工作。

4. 义工流失：这是普遍现象，对所有的组织都存在，因为目前义工群体主体都是由青年学生构成，因此会因为工作关系的变动而产生流失。

5. 资金来源：由于宁夏义工联合会是企业发起成立的，所以大部分资金是企业自己提供的，此外还来源于政府购买服务、网络筹款以及通过有资质的机构作为中间平台向社会募集资金。

6. 资金管理：内部制定了财务制度，还设置了监事进行监督，年末有审计，通过募集或网上筹款得到的项目资金使用情况还要按有关程序进行公示。

7. 激励机制：专职义工有工资、义务临时的没有。开发了“全民义工”App，一方面可以登记积累义工的服务时长，另一方面还对接商场，为达到一定服务时长的义工提供一些优惠，甚至还和商业银行合作开发了一款义工专属银行卡。此外，义工内部有年底表彰大会，表彰那些优秀义工或团队。

8. 信任危机：这是普遍存在的，比如同行之间不良竞争，并表示既然选择了做义工，那么这种情况可以接受，也慢慢习惯了。

9. 监督与指导：目前国家对社会团体管得很严格，成立义工组织必须先要挂靠到一个政府业务主管部门下，才可以到民政厅注册。此外，义工组织受到多个政府部门的监督，比如组织部、宣传部、党建、团委、残联等，往往会出现管理职能上的重复甚至冲突，各部门为了自己的政绩考虑，有时会强行提出一些要求，例如，要求将志愿者注册到其部门名下。此外，义工组织和政府部门沟通地位的不平等是目前最大的问题。

10. 保险问题：对于专职义工会为其购买五险一金，但对于临时的社会义工要分情况考虑，并非每次活动都为其购买保险，要考虑活动的风险等因素，因为资金是最大的障碍。一般来说，购买保险的资金都是来源于义工组织本身，另外义工组织与保险公司有一些合作，例如，保险公司做一些慈善活动，义工组织会尽力帮助他们筹划和安排，反过来保险公司在义工组织购买保险的时候会提供一些优惠政策。

11. 责任问题：如果义工对服务对象或第三人造成伤害，以及义工自己受伤，这些责任应该都是由义工组织承担。

12. 最大的困难：资金是最大的问题，筹款一直都很困难，他们每次筹款主要靠项目的筹划，如果项目筹划吸引力比较大，社会反响比较好，那么筹款就相对容易些，否则就困难重重。每次出去活动，大多是义工自己开车，一些基本费用也都是义工自己承担，他们只提供一些餐补，一般只有大型活动才可能会报销油费。

最后朱老师说，明年他们宁夏义工联合会可能成立全国义工联合会，想要继续发展壮大自己的义工事业。另外，朱老师还向我们说明了宁夏义工联合会名字的由来，“义”一方面代表一种帮扶救济的义务，另一方面也包含中国传统文化一直以来强调的仁爱精神，“工”表达了他们一直强调的工匠精神。

访谈三：庆阳市阳光志愿者协会负责人

1. 是否存在某一事情或契机使您想到要参与或组建义工组织的？多年来在组织义工服务过程中，令您印象或感受最深的是什么事情？

契机：起初，在上海打工就是无偿献血志愿者，回到庆阳想继续做无偿献血，但是地方组织没有建立起来，于是从网络上搜索找到“阳光协会”。当时协会未注册叫“爱心协会”。加入协会后，参与协会注册筹备，2012 年 7 月协会成立，至今已经发展五年。

感触：我们工作者普遍面临假期不稳定、工作也不稳定、报酬很低等等苦难，但是大家都没有放弃，坚持做项目，发展协会。无论再苦再难，都坚持做下来。

2. 您所在的义工组织在组织结构上是如何构建和管理的？（如义工是否有专业分工、义工组织是否有章程等）是否有义工服务信息记录和服务质量评估？

作为已注册组织，章程、财务管理等都十分完备，有了自己的办公场所。政府部门已经予以认可，并且每年都得到政府资助；同时我们针对已经注册的志愿者收取会费，每年 100 元，一年一交。协会管理由理事会大家共同决定，而不是会长或某个人决定。

在内部考核上，我们采取积分制，每次参加活动积 3 分，积分主要用于评优秀志愿者。为了让更多的会员能够享受到这个荣誉,激发积极性,一般今年评选上的志愿者,后一两年不参评。

同时,我们设立特殊贡献奖,主要是针对每年捐款捐物多的志愿者。

3. 您所在的义工组织都提供哪些方面的服务?义工的技能构成是否能满足实际需要?还需要什么技能类型的义工?在服务过程中是否存在义工流失现象?对义工是否进行岗前和定期培训或教育?

(1)主要做传统的项目,比如助老、助残、助学。我们的特色项目是"一对一助学",小学400元、初中600元、高中800元、大学3000元额度,以现金补助。我们通过走访品学兼优而又家庭困难的学生家庭,在征得监护人同意后,将学生信息公布,帮助学生寻找资助人,双方签订助学协议。

(2)在培训方面,因为与中央财政项目对接,所以每年都有很多培训,都去参加。通过培训,我们的会员在联合救灾项目中拿到公益讲师资格证;在联合救灾环球计划项目中,会员已经是里面的助教,并且拿到无线电台操作资格证;为完善财务管理与自身管理,会员积极参加考试并获得财务方面的证件、义工证等。每年我们都会聘请专业公益讲师培训、大学教授进行培训,同时,内部有人员有公益讲师资质,会定期进行内部培训。

(3)现在比较需要专业性的人才,今年对接壹基金儿童服务站和中国妇女基金会项目,主要做项目,但是缺少专业人才。

(4)协会存在工作人员与义工人员流失。例如今年对接的两个大学生没有留下来,主要是报酬不高导致。

4. 您所在的义工组织的运作资金来源有哪些?资金是如何管理的呢?

资金来源有:会费和承接项目的资金。现在协会开始走商业化模式以获得更多协会生存的资金。

对于资金管理,我们主要是找到专业性志愿者管理财务,并且每年财务都要进行审计、公开。

5. 您认为义工组织目前是否存在信任危机？您是如何看待这种现象的？

存在,现在全国存在的问题是资金的运作不合法、不透明,例如一般正规协会财务资金管理都是公益账户,但是其他有很多都是会长个人账户,没有完备财务制度。我们协会的每一笔支出都要有合法凭证(发票),并落实到每个义工身上(具体是哪个义工花的)。

6. 您所在的义工组织受哪些机构的指导和监督？在指导和监督过程中存在的突出问题是什么？

指导和监督机构主要是团委、民政局、扶贫办三个。

存在的问题是和三个部门的关系有亲疏之别。

7. 您所在的义工组织,在服务过程中曾经发生过义工遭受人身损害或损害过他人的情况吗？你们一般是如何处理的？此外,对于此类事件义工组织是否有针对性的保护机制？若无,那么您有何建议？

大事件没有发生,小事件有,例如义工开车发生划蹭,一般自己修车(主要是有保险)。

对义工的保护主要是买保险——人身意外险,通过保险对义工进行保护,保险自愿(一般不买的自己本身有保险)。

8. 您认为您所在的义工组织继续运作所面临最大的问题是什么？(比如义工流失严重、激励措施不够、社会关注度太少等)您认为国家政策或法律层面应在哪些方面提供一些支持？

组织本身发展很好,我们主要面临的是人员问题,关键是工作人员生存问题,管理层要承担更多的责任。

关于国家政策支持:例如对会员、管理层无息或低息贷款或增加社会福利以此减轻个人生活压力。

9. 您对义工组织的未来发展,有什么期许？

多承接一些项目,管理团队能够增加工资或者增加社会福利。同时,组织不仅能够帮助其他人,还需要帮助困难会员解决问题。我们在内部开展“阳光家园计划”,大家互相帮助。

访谈四：乌兰察布志愿者协会负责人

1. 动机：曾经参加的义工组织不够完善，于是退出后自己组织了一个义工组织加以规范和完善。

2. 组织结构构建上比较完善，内部有理事会（会长、副会长、部长、秘书长）、监事会（监事长、副监事长、监事）、财务部、后勤部、现场执行部、外联部、网络部、助学部、党支部、团支部。

3. 主要提供的服务有关爱留守儿童、助老、大型赛事服务等，组织的活动主要是通过秘书长策划、理事会决策，然后网络部进行网上招募，招募人员参加活动，义工无专业化分工，主要以兼职为主。在助老、关爱留守儿童等活动之前没有培训，在大型赛事活动之前根据活动需要一般会进行培训2～3天，一般是内部人员进行专业化的培训，主要有礼仪、赛事讲解以及赛事的注意事项等。

4. 组织的运作资金来源：(1)会员缴纳会费（自愿）；(2)赞助商提供；(3)大型赛事一般是政府出资。在资金的管理方面，组织内部具有完善的财务制度，会在组织平台公开月报表，在一些其他的信息公示方面，也会将组织内部的人员变动情况进行公示。

5. 侵权问题。2014年国际马拉松赛事中，因司机失误造成义工受伤，解决办法主要是政府承担责任。在义工的保护机制方面，在每次活动前都会给义工购买意外伤害保险，监事会会进行监督、制止不当行为，违规者可能会被清除，现场执行部在活动之前会宣读组织的规章制度，与义工签定免责协议，以及及时纠正违规行为等。

6. 关于激励机制方面，因成立时间比较晚，内部的激励机制不够完善，主要会在年底召开表彰大会，表彰先进义工。认为政府应该提高对公益的认知度，在激励方面应该由政府进行引导完善，义工组织进行相应的配合和进一步完善。

7. 组织面临的最大问题还是资金问题，本组织也进行过一些义卖活动，所得善款全部用来进行公益活动，不盈利，组织本身也有一些造血项目。曾经考虑过进行商业化运作，所得收益会全部用于公益，但面临资金来源的困难，采用众筹的方式也不可取，并且认为如果过度商业化会给义工组织的社会信誉造成一定影响，影响组织的运行。

8. 对组织未来的期许：希望能够实现义工组织人员的专职化，从而解决部分就业问题，也可促进组织的自身的发展。

访谈五：郧阳小草义工组织负责人

1. 是什么事情或者契机使您参与或组建义工组织的？多年来在组织义工服务过程中，令您印象或感受最深的是什么？

我是一名乡村教师，经常在学校看到很多衣着破烂、因家庭困难等原因辍学回家的学生，只想帮助他们完成学业，但事实上需要帮扶的有很多，个人力量有限，我通过网络平台认识了麦田计划、十堰小草义工等公益组织，2012 年成立了郧阳小草义工协会，2016 年在民政局注册。

多年来在组织义工服务过程中，令我印象或感受最深的有很多，今天与您分享的是：2014 年春季走访的一个九年级女孩，她的家境比较困难，7 口人依靠父亲一人挣钱养家，她原本打算九年级毕业不再读书了，我得知情况后，组织了家访，并成功结对帮扶，使这个孩子以中考状元顺利进入高中学习，并考入大学。当时这个孩子对我说，老师，我长大后也要做一个像您一样有爱心的人，打动了我们众多走访志愿者。

2. 您所在的义工组织在组织结构上是如何构建的？（如义工是否有专业分工、义工组织是否有章程等）

义工组织在组织结构上有具体明确分工：会长、副会长、助学部、关爱部、项目部、文艺部、财务部、后勤部等，严格按照章程组织开展活动。

3. 您所在的义工组织都提供哪些方面的服务？义工的技能构成是否能满足实际需要？还需要哪些类型的义工？在服务过程中是否存在流失现象？对义工是否有定期的培训或教育？

目前我们应该可以提供助学、助老、环保、综合服务、关爱留守儿童系列教育服务，比如营养知识培训、宣教保护、健康教育等；义工的技能构成不能满足实际需要：一是技能型人才自身工作繁忙；二是组织目前缺乏吸引人才的项目。更多的是需要专业性强、有爱心的年轻义工。在服务过程中肯定存在流失现象：生活的需要，工作的需要，家庭的需要，对年轻人来说都有一定压力，已造成流失。对义工我们有定期的培训或教育，有外出学习机会，极力争取满足各种类型的培训。

4. 您所在的义工组织的运作资金来源有哪些？资金如何管理？

目前主要是自筹、政府购买服务、爱心企事业单位、个人捐赠，对于资金直接针对服务对象划账或发放，团队不直接经手现金，也有对公账号，打进账户资金定期公示、接受审计部门审核。

5. 您认为义工组织目前是否存在信任危机？您是如何看待这种现象的？

义工组织目前存在一定的信任危机，有来自各方面的，不一一举例，这种现象应该是短暂的，在政府主导下，各种服务会更加透明化、专业化、法制化、规范化、常态化，各种危机会迎刃而解。

6. 您所在的义工组织受哪些机构的指导和监督？在指导和监督过程中存在的突出问题是什么？

最早是团委、文明办指导和监督，现在属于民政局指导和监督，指导和监督过程中存在的突出问题是部门人员变动频繁，还没熟悉业务就换人了，这是我们很被动的。

7. 您所在的义工组织，在活动中曾经发生过义工遭受人身损害或损害过他人的情况吗？你们一般是如何处理的？此外，对于此类事件义工组织是否有针对性的保护机制？若无，那么您有何建议？

我们从成立到现在从未发生此类现象，因为我们一切行动都是在法律框架内操作完成的，依法依理。聘请有法律顾问具体处理涉法问题。有自己的法律团队，做事依法！

8. 您认为您所在的义工组织继续运作所面临的最大问题是什么？（如义工流失严重、激励措施不够、社会关注度太少等）国家政策或法律层面应在哪些方面提供一些支持？

义工组织继续运作所面临的最大问题是：义工流失严重，人才匮乏，国家政策或法律层面应在公益岗位、人才培训方面提供一些支持。

9. 您对义工组织的未来发展,有什么期许?

义工组织的未来发展:人人公益,自觉自愿服务,服务常态化、专业化、规范化、法制化。

访谈六:沈某(上海××义工组织负责人)

首先纠正一下提法,“义工组织”与“志愿者组织”实际上是一样的,只是称呼上不同,统称“志愿服务组织”,而不是称“义工组织”,我本身既发起过义工组织也管理过志愿者组织,感触比较深刻(以下我就直接称“公益组织”)。

组织初衷:做公益活动很偶然,2012年所在单位工作清闲,时间充裕。很偶然的机会认识了一个做公益的朋友,当时在内蒙古主要是去养老院、贫困家庭,观察半年没什么起色。加入之后借助网络宣传(如百度贴吧),短短三个月的时间就召集上百会员,团队就逐渐发展起来了。也由此认识到自己在组织协调方面比较有优势,能够实现自我价值,可以帮助别人,就觉得自己非常有责任感。从那时起一直到现在。

服务内容:南方和北方不一样,东部和中部、西部不一样,现在大多数公益组织基本上主要还是围绕着助老、助学、扶贫这三大块去开展的,像禁毒防艾、环保这种专业化的比较少。我这边现在主要就是结合疾病防治、防手游网游成瘾、防金融诈骗,逐渐地由大众化向精细化、专业化转型,正处于转型阶段。

义工培训:这确实是一个非常大的问题。当时2012年没有统一的手册/指南,也没有相关培训。这主要是因为不同地方的情况不同,往往是会做的人说不出来也写不出来,需要专人去归纳总结,但现在确实是没有。我现在的重点已经从助老和扶贫转向其他领域了,据我了解现在政府还没有统一的手册告诉你怎么去做的。上海、深圳某些组织应该是有相关培训的。

资金来源(募集方式):一般情况下有这么几种方法:通过政府专项资

金购买服务、企业赞助运作项目、义卖活动、其他平台合作项目(如腾讯公益)、志愿者自筹资金支持。

信任危机:不被社会承认的情况是没有的。

组织构建:我目前在三个不同的团队(组织)里面任职,互相之间的业务范围不太一样,我在其中主要是负责指导和管理培训这块。(1)正式注册:在民政部门备案了的,都会有自己的章程、办公场所、财务和组织机构,非常完备。一般和社区联系很紧密,社区可以提供办公场所作为组织阵地,开展工作,比如说慰老服务、组织大学生课堂、音乐,做得更好一点的可以对接一些专门的项目(发展的比较好的公益组织)。(2)还未注册:主要是因为注册资金、办公场所方面的要求,这两项硬性指标就卡住了很多组织,不同的地方的要求还不大一样,就像有的地方要求 3 万元注册资金,对一般人来说负担比较重,很多做了四五年还是没有注册下来。我们当时是这么解决这个问题的:11 个发起人自愿自我筹集,这也是一种非常有效的方法。除了资金问题之外,日常资金维护也是很大的一个问题,没有注册的话,一般是不具有这个条件的。

人身伤害:义工受人身伤害,有一次是在活动中自己不小心摔跤擦伤,还有一次是开车情况。这个现在应该不是什么问题了,因为现在共青团系统有个“志愿会”,提供人身保险赔付。

激励机制:现在政府相关的激励措施不是很完善,人员流失的实质是物质激励的缺失,单纯的荣誉奖励(优秀志愿者评选、道德模范评选)没有多大的吸引力。解决:强化明晰指标(不是“择优”“有可能”),奖励具体有针对性、可落实,比如说入学照顾、高考加分、入党、看病报销比例。

信息披露:资金流向会向志愿者、理事会公开,这个是没有问题的。公开途径:群(QQ 或微信)、公众号推送,不是所有的公益组织都有时间和精力去建设和维护网站的。

访谈七:手牵手生命关爱发展中心总监

1. 组织价值:机构成立时间是 2008 年,登记在浦东区民政局下,一直在从事临终关怀这项公益事业,主要涉及生死教育活动,引导公众正面面对死亡,探寻生命意义。在志愿者层面,组织从2008年开始一直在建立安宁疗护项目。上海市2012年出台一项政策,即在社区的卫生服务中心设立安宁病房,专门针对临终期的病人(生存期3~6个月),已经没有治疗价值了。现在各个医院都必须为这些病人配置医疗床位。

2. 志愿者招募:志愿者主要通过面向社会招募,有较高要求,包括年龄18周岁以上、时间的持续性(半年以上、每周一次、每月不少于三次)、服务对象隐私的保护、规范化的培训等,志愿者需要签署服务事项承诺书。每年通过线下线上报名的志愿者人数很多,但由于要求严格,平均每年通过考核的只有100人左右。志愿者群体有1/3是学生(好奇、生命活动的感召),年龄段大多在35~45岁(通过调研发现该年龄段的志愿者可以和被服务对象有共同的话题)。

3. 动机:有过大病经历;对自已离去家人的遗憾;被身边人感染等。

4. 现状:目前在上海,该组织在六家医院有志愿者从事该项公益服务,组织希望在上海市志愿者协会下设立安宁疗护志愿者总队,将这项服务的覆盖面进一步扩大。

5. 资金来源:主要是公募基金会、机构负责人向爱心企业募集;政府投入的资金不超过10%,但政府为志愿者组织免费提供办公场所。

6. 志愿者激励:除了提供服务时长的证明,目前只有医院提供的基本体检和每期半年的800元左右的团建费用。

7. 活动开展:先培训,再分组,组内有领队,具体负责相关事项,组内还有职责分工,比如行政笔记、文案宣传。平时组织与每一小组的交流大多在微信群里,群里还有医院对接的护士长和医生,传达病人的一些情况。

8. 保险:所有义工均注册为上海市志愿者,上海市基金会为其购买人身意外保险(仅此一险别);义工是经过家属的同意的前提下才进行志愿服务,没有发生过相关纠纷,也没有发生相关侵权案件。

9. 违约:义工如果违反签署的协议,需要其本人提出申请,说明具体的原因,针对无理由违约的志愿者纳入黑名单;若是其他省市的人员来学习经验,参与培训,中途违约的(没有经过半年的时间),需要补交培训费每人1200元。

10. 组织管理:组织有明确的部门架构,有专门的财务人员,每年需要进行年检、审计。

义工组织负责人访谈总结与分析

通过与七位来自不同地区的义工组织的负责人的交流,我们感受最多的是他们的无私奉献精神和满满的爱心,同时也体会到他们所在义工组织在当前发展中所面临的不同的困境和无奈。下面,针对采访的主要内容做一个简要的总结。

关于建立义工组织的初衷,有的人是与自己个人的成长经历或工作经历有关,比如小时候家境清寒获得许多好心人的帮扶;又或自己作为人民教师看到太多因家庭困难上不起学的孩子想要帮助他们,继而在心中埋下帮助他人的种子;也有的人是曾经一直在做公益活动,比如无偿献血或在其他类似组织中做义工,后来回到家乡想自己建立义工组织为家乡需要帮助的人服务;还有的义工组织是一些经常做慈善事业的企业专门发起成立的。总之,大家发起义工组织的原因可能不同,但初衷都是一样,即为社会需要帮助的人尽自己一份力量,无论是时间、体力、技能或是金钱,都是为了给这个社会增添正能量、正效应,实现个人价值。

关于义工组织的内部组织建设:一方面,正式登记注册的义工组织,内部组织结构很健全,都是按照注册时章程的规定设立的,比如宁夏义工联合会组织结构包括会员代表大会、理事会、监事会、秘书处等,分工明细,层级清晰;另一方面,对于没有登记注册的义工组织,虽然不如注册的那么完善,但基本的运行机制都有,如都有章程、执行机构、财务机构等,基本都能保证组织日常的正常运转。

关于义工组织提供的服务类型:目前绝大多数义工组织都是以助学、

助残、关爱留守儿童、扶贫、大型赛事活动等服务类型为主,少数组织还从事禁毒防艾、环保、疾病防治、防手游网瘾、防金融诈骗等服务,即由大众化向精细化、专业化转型,比如内部有专业的律师和心理咨询团队等。

关于义工流失和培训问题:几乎所有的负责人都表示义工组织普遍存在义工流失的现象,原因是多方面的,比如家人的不理解、工作的调动等。许多负责人表示,目前义工成员的构成大多都是在校学生和一些留守在家的照顾老人孩子的人,成员不固定。对于义工的培训,绝大部分组织都有针对不同义工的专门培训课程,负责培训的人有来自外部的专业人员,如高校老师、专业的技能讲师等,也有来自内部的,即通过有经验的义工进行教育培训。总体来说,虽然各个组织在培训的投入上可能有差别,但都有培训的意识,希望将义工向专业化、精细化发展。

关于义工组织的信任危机:各个负责人都表示,义工组织的信任危机是存在的,因为毕竟涉及资金和财务的使用、保管等问题,外界很多人都会质疑资金等的运作不合法、不透明,但是他们都表示这是可以理解的。他们也都建立了相应的财务制度,如在网上或特定平台公开资金等的流向、使用的凭证等,保证每一笔资金都落实到特定义工及服务对象身上;也有的组织(如十堰小草组织)转变了直接管理资金这种模式,通过事先列举好在服务活动中需要的物资,之后再由爱心企业或者人士自己购买这部分物资。在购买过程中,义工组织也会有相应的人员参与,保障物资的质量。这是一种双方的互动,降低了外界的信任危机。

关于义工组织的资金来源与管理:总结起来,义工组织的资金来源主要有政府专项资金、政府购买服务、企业赞助、个人捐赠、义卖活动、与其他平台合作项目、义工自己自费、网络筹款等途径。其中有一些义工组织也尝试做一些商业化的项目,如十堰小草义工组织开办了“爱心超市”,将社会捐助的物资销售,从而把获得的盈利作为活动资金。虽然看起来资金来源途径很多,但实际获得的数额却很少,主要原因是资金提供者特别注重项目的内容、创新度和吸引力,只有特别好的项目策划和实施方案才可以获得他们的青睐。资金管理,无论是已经注册的抑或还未注册的组织,都很注重这一点。做得比较好的组织,如宁夏义工联合会内部制定了财务制度,还设置了监事进行监督,年末有审计,通过募集或网上筹款得到的项目资金使用情况还要按有关程序进行公示。其他组织虽然没有这么完善,但也都是由专业性的财务人员管理,有的组织如郧阳小草义工组织还有对公账号,定期公示,年末接受审计部门审核。

关于义工组织接受指导和监督以及过程中的问题:我国《社会团体登记管理条例》对社会团体的设立确立了"双轨制"程序,即"成立社会团体,应当经其业务主管单位审查同意,并依法向登记管理机关申请登记。"采访中我们发现,登记的义工组织还是很少,其挂靠的业务主管单位大多不同,主要有团委、残联、扶贫办、文明办、民政局等。而更多的义工组织都是还没有登记的"非法"组织,限制他们登记的门槛主要是办公场所和注册资金。值得我们关注的一个现象是,登记的义工组织往往受到多个部门的职能管理,如宁夏义工联合会表示他们还受到组织部、宣传部、党建等指导和监督,导致的后果经常是管理职能上的冲突,从事的社会服务更多的是为了满足某个部门的需求(如政绩)。而那些还没有登记的"非法"组织虽然还没有注册,但当地政府却经常利用他们开展社会公益服务,甚至为这些"非法"组织进行考评,易言之,政府部门在形式上已经承认他们的合法地位,媒体也以合法组织的身份进行相关报道,如十堰小草义工组织。但是这些实质上还是"非法"的组织一直担心的问题,即一旦他们出现问题,政府部门是否会推卸责任。此外,义工组织反映最多的一个问题是,自己与政府部门沟通地位的不平等,自己往往都是接受指令的一方,而自身许多需求经常得不到政府有关部门的回应。

关于义工的"自害"和"致害"问题:从目前采访反馈的信息来看,义工"自害"和"致害"的情况并不是特别多,但也存在,比如义工在活动中不小心摔伤、义工组织去山区开展活动时发生车祸等。每个地方救济机制不同,沈波(参与三个义工组织的管理)表示其所在地共青团系统有个"志愿会"提供人身保险赔付;宁夏义工联合会的朱静茹表示,他们组织对于专职义工会为其购买五险一金，但对于临时的社会义工要分情况考虑，并非每次活动都为其购买保险，要考虑活动的风险等因素，因为资金是最大的障碍。一般来说，购买保险的资金都是来源于义工组织本身，另外义工组织与保险公司有一些合作，比如保险公司做一些慈善活动，义工组织会尽力帮助他们筹划和安排，反过来保险公司在义工组织购买保险的时候会提供一些优惠政策。可以看出，几乎所有的义工组织都强调保险这一救济途径，各自也都有不同的尽量把购买保险费用降到最低的方法，即使这样，各位负责人都表示这一块的费用支出让他们承受不了，往往能不买就不买。

关于义工组织的激励机制：我们知道义工开展社会公益服务是无偿的，但为了保护义工的慈善热情以提供更好的服务质量，适当的激励机制是必要的。从采访的义工组织来看，每个组织的激励机制各有特色，其中不乏一些创新。如宁夏义工联合会开发了“全民义工”App，一方面可以登记积累义工的服务时长，另一方面还对接商场，为达到一定服务时长的义工提供一些优惠，甚至还和商业银行合作开发了一款义工专属银行卡；十堰小草义工组织与企业合作，帮助和扶持那些优秀义工创业，由企业背书、承担风险，当这些义工成功后，从各自企业的利润中按一定比例捐赠出来，这样的回馈机制可以实现自给自足。此外，更多的义工组织是通过召开年底表彰大会，表彰那些优秀义工或团队，给予一些荣誉称号等精神上的鼓励。

采访中，有些负责人还表示，希望他们的一些内部表彰能够得到社会的承认，政府可以牵头制定明确的考核指标，为那些奉献爱心的优秀义工提供一些福利，比如入学照顾、疾病医疗费比例报销、免费或优惠参观景区、公园、动物园等。

对于未来的期许：各位负责人都表示，希望政府在政策上给予更多的支持，其中最重要的一点是加大资金的投入，因为资金问题是现在所有义工组织的首要棘手问题。也有的义工组织，如郧阳小草义工组织希望得到更多的专业化培训支持。此外，大家都希望未来我们生活在一个人人公益，自觉自愿提供义工服务的社会环境中，把义工服务向常态化、专业化、规范化和法制化方向发展，相信只要人人都付出一份爱，这个社会将会充满更多的活力和正能量。

附录二:本课题面向义工个人的问卷样本

——问卷制作者:吕慧娜、丁娜、楼晴昊、李琦

此问卷适用的对象:义工(志愿者)

本问卷调查是华东政法大学负责的国家社会科学基金项目“义工组织法律问题研究”的实践调研环节,问卷调查的目的是了解我国的义工组织发展现状提供实证数据和案例材料。请您依据实际情况进行填写,调查小组保证对所有被调查者的个人信息保密!感谢您的宝贵时间和倾情参与,让我们共同为我国的义工服务事业助力!

您的个人信息:

性别:□男　□女

年龄:□18 岁以下　□18 岁~25 岁　□26 岁~50 岁　□50 岁以上

受教育水平:□高中及以下　□专科　□大学　□硕士　□博士及以上

工作:□在家赋闲人员　□学生　□工作较清闲　□其他

1. 您从事哪类义工工作?

A. 管理义工　　B. 技术义工

C. 劳务义工　　　　　　　　D. 其他

2. 您参加过哪类义工服务？（多选题）

A. 体力劳动类（如清理街道、维持秩序、搬运货物等）

B. 知识学习类（如博物馆、图书馆、动物园讲解等）

C. 专业技能类（如支教、法律援助、心理疏导、医疗援助等）

D. 其他（如动物保护、环境保护等）

3. 您加入的义工组织有资格条件限制吗？（多选题）

A. 没有什么资格限制　　　　B. 性格

C. 身体素质　　　　　　　　D. 受教育水平

E. 特别知识或技能　　　　　F. 其他

4. 您觉得设置这些资格条件标准合适吗？

A. 合适　　　　　　　　　　B. 有些标准太高

C. 有些标准太低　　　　　　D. 其他

5. 您参加过哪些方式的义工服务培训？（多选题）

A. 义工组织内部领导自行培训

B. 义工组织聘请外部专家进行培训

C. 义工组织未开展过此类培训

D. 其他

6. 您参加义工服务的频次是？

A. 每月多次　　　　　　　　B. 每月一次

C. 多月一次　　　　　　　　D. 其他

7. 您参加义工服务，获得过哪些激励？（多选题）

A. 积分激励（如每参加一次义工服务，获得 3 积分）

B. 荣誉激励（如“最佳志愿者”等荣誉称号）

C. 福利激励（如免费乘坐公共交通工具、免费游览景区等）

D. 机会激励（如同等条件下，优先入党、获得工作等）

8. 您对这些激励措施满意吗？

A. 很满意　　　　　　　　　B. 大部分都满意

C. 大部分都不满意　　　　D. 没获得过这些激励

9. 这些激励措施对您参加义工服务有什么影响?

A. 影响很大,激励我继续提供义工服务

B. 影响很大,挫伤了我继续提供义工服务的热情

C. 影响不大

D. 没有关注过

E. 没获得过这些激励

10. 您所在的义工组织是否定期向义工公开下列信息?(多选题)

A. 组织管理人员信息　　　　B. 义工活动信息

C. 资金管理信息　　　　D. 义工信息

E. 没有公开过任何信息

11. 您在从事义工服务过程中是否受过伤害?

A. 受过较严重的身体伤害　　　　B. 受过较轻微的身体伤害

C. 受过较严重的精神伤害　　　　D. 受过较轻微的精神伤害

E. 没有

12. 自己受到伤害,一般通过什么方式处理的?

A. 默默忍受　　　　B. 义工组织承担责任

C. 致害人承担责任　　　　D. 保险赔偿

E. 没有受过伤害　　　　F. 其他

13. 您或身边的义工在提供服务过程中是否给服务对象或他人造成伤害?

A. 有过　　　　B. 没有

C. 不清楚

14. 您认为如果义工从事义工服务对他人造成伤害,应由谁来承担责任?

A. 义工组织承担责任　　　　B. 谁伤害的谁承担责任

C. 保险赔偿　　　　D. 政府承担责任

E. 不用承担责任　　　　F. 其他

15. 您在参加义工服务中是否享受过以下各项保障？（多选题）

A. 同相关机构签订相关书面协议，明确双方责任与权利

B. 对义工进行管理、监督、培训

C. 提供系统的义工服务评价及证明，为义工提供相应的安全、医疗保障

D. 为义工购买人身保险

16. 您认为谁应为义工购买义工服务的相关保险？（如认为没有必要购买，此题不答）

A. 义工组织　　B. 接受服务的对象

C. 相关政府部门　　D. 自己购买

E. 其他

17. 您参加义工服务的初衷是什么？

A. 服务社会　　B. 拓展朋友圈

C. 丰富生活　　D. 响应政府或其他组织号召

附录三：宁夏义工联合会义工培训框架

第一章　宁夏义工联合会专职义工培训大纲

一、义务工作的概念以及内容

（一）什么是义务工作者（志愿者）？

“志愿者”（英文 Volunteers）是一个无国界的名称，指的是在不为任何物质报酬的情况下，为改进社会而提供服务、贡献个人的时间及精力和物质的人。“义工”是有情有义的，完全出自欢喜的发心，用心甘情愿、满怀喜悦、无怨无忧的胸怀为他人社会服务，并且是全力以赴从事义务性的工作，以服务人群、造福社会为目的，因此虽然没有领薪，但是所从事的工作却是无价的；虽然默默耕耘，但是所得到的喜悦却是无穷的。义工无所为而为，是指不受私人得益的驱使、不受法律强制，是基于某种道德、信义、信念、良知、同情心和责任感，而从事社会公益事业的人或人群（我国港台地区，美国叫义工）。志愿服务或义务工作都来源于英文的 Volunteer service。

日常生活及人与人之间的交往中，人会表现出对别人的同怜心，会产生要帮助、协助他人的行为。所以，我们经常可以碰到一些热心助人的人，有的人还不惜牺牲个人的一切来换取别人的幸福。这种行为，称为

“利他行为”(在此比较一下利他行为和志愿者——义工间的异同)。

(二)什么是中国义务工作者(志愿者)?

在中国义工发展没有欧美国家的早,但是我们规模也是很大,共青团组织的志愿者估计是全世界人数最多的义工团队。从1993年后,全国各地的社会服务活动纷纷统一称为“志愿服务”,但1989年成立的深圳义务工作者联合会坚持使用原名,沿用与国外及中国港澳台地区接轨的“义工”称谓,逐渐形成两种模式并行发展的局面。但是中国毕竟只有一个共青团,而民间的NGO发展在中国还不到10年时间。以海外国际组织兴办的义工协会毕竟能力有限,在中国最需要的还是本地NGO。并且义工这个概念在国外已经发展得相当成熟了。

义工在国外和我国港台地区是个非常普遍的现象,像香港。美国,每年给社会奉献的时间是非常多的。通过这种奉献,一方面挖掘了资源,这个是经济上面的;另一方面,就是人们通过这种义务的奉献。就是我为人人,人人为我,变成一种非常好的人际的沟通。它的影响是非常深远的。一个社会要建立起这样的一种回报社会、关爱他人的理念,这个社会应该说是比较和谐的社会。在我们国家东边的日本,它的义工团队有一个机构类似我们现在国内的劳动局、劳动服务公司。它是有一个机构专门管理,义工每次参加活动,这些机构就会给义工证明你参加义工工作多长时间,到了你需要社会对你关心支持的时候,这个就是好像储蓄一样,政府包括整个社会就必须为你服务。

(三)如何成为一个志愿者(即义工)——志愿者需具备五大条件

1. 自愿。即主观自觉选择,没有强制性。

2. 不图物质报酬。即动机上不追求物质报酬,但不否定志愿服务需要一定的物质条件。

3. 服务于社会公益事业。即服务的内容应是社会公众的公共利益和困难群体的利益,不是社会非困难群体的小团体利益;同时属于政府职责范围内的事情、能够通过正常的市场交换获得的服务(困难群体除外),一般不能作为志愿者服务的内容。

4. 奉献自己的力所能及。奉献自己的时间、精力、智力、经验的人除志愿者外,出于自愿的献血、捐献骨髓、捐款捐物的人,也是志愿者。

5. 非本职职责范围内。比如煤气公司修理的职工,如果他正在值班、正在岗位上,为用户提供了优质的修理煤气服务,那是本职工作,不是志愿服务;如果他不在值班、不在岗位上,是利用业余时间自愿且不取报酬地为他人提供了修理煤气管的服务,那他就是志愿者了。

(从上述五个方面界定志愿者,可以帮助我们厘清很多思路。比如针对"自愿"来说,少年儿童就不能做志愿者,因为他们还不具备自主判断和选择的能力。再如志愿服务的对象、服务的内容也应按此进一步厘清,以使青年志愿者行动更加健康。)

6. 义务工作:

义务工作指的是任何人自愿贡献个人的时间及精力,在不为任何物质报酬的情况下,为改善社会服务促进社会进步而提供的义务服务。

7. 义务工作的五个特性:

自愿性、无偿性、业余性、公益性、组织性。

8. 义工的口号:

一份爱心、一份责任。

9. 义工的精神是什么?

奉献、友爱、互助、进步。

10. 做义工应该具备?

诚心、爱心、耐心、恒心、细心、信心。

二、义工应具备的素质

1. 义工应该以什么样的工作态度来开展工作?

(1)对团队:包括组织者在内,人人都是义工,大家既是参与者又是组织者。因此,义工对团队应抱建设性的心态,积极主动参与管理、策划和组织工作,增强主人翁意识。

(2)对工作:

①义工在决定参与某项服务前,必须清楚了解服务的内容和要求,与自身的兴趣、爱好、能力等是否相符,对工作应有充分的心理准备;

②义工不可轻率作出承诺,但对承诺了的服务必须尽心尽力完成,如因客观原因,确实无法履行承诺的,应做好解释工作;

③有责任心、恒心,认真履行服务承诺,尽力完成工作;

④主动学习和发挥自己的特长去参与服务;

⑤积极提供建议改善服务。

(3)对服务对象:

①应持互相帮助的平等精神,不应有"施予"的心理和"救世主"的态度;

②应尽量了解服务对象,明白其真正需要,设身处地为服务对象着想,在提供服务时,应尊重服务对象的意见,不要将自己的意志强加于人;

③要尊重服务对象的隐私权,不应随意公开服务对象的情况或资料;

④要尽量与服务对象保持良好的关系。

(4)对服务机构:

①尊重服务机构的文化及服务模式;

②要虚心听取服务机构的意见,在服务过程中要始终保持与服务机构的联系;

③对服务机构要尽可能地去了解,对服务机构的人和事,在没彻底了解之前不宜妄加批评;

④积极参与工作培训、交流等活动,并客观地对自己的工作进行评价,主动反映自己对机构的建设性意见。

2. 一个优秀的义工应该具备的心理素质条件:

(1)是一个成长中的人;

(2)具有自我分析的能力;

(3)有影响服务对象的能力;

(4)有协助他人的意愿;

(5)需要相当的勇气；

(6)应该有相当的敏感度。

三、义务工作的主要价值和意义

1. 义务工作对社会的价值主要体现在：

(1)传递爱心，传播文明，有助于建立健康社会。

志愿者在把关怀带给社会的同时，也传递了爱心，传播了文明，这种“爱心”和“文明”从一个人身上传到另一个人身上，最终会汇聚成一股强大的社会暖流；志愿工作，提供了社交和互相帮助的机会，加强了人与人之间的交往及关怀，降低彼此间的疏远感，促进社会和谐。

(2)有助于全面提升协会的服务。

义工来自各行各业，活跃在各个服务领域的第一线，开展积极的服务、宣传以及信息反馈。并通过他们提出的建设性的意见和建议，使义工团队的服务得以加强、改善和提升，促进社会进步。社会的进步需要全社会的共同参与和努力。志愿工作正是鼓励越来越多的人参与到服务社会的行列中来，对促进社会进步有一定的积极作用。

(3)有助于提高义工团队的知名度以及广大社会对弱势群体的认识。

来自社会各界的义工，在从事义务工作的时候，或多或少影响到亲人以及周围的朋友、同事，有助于社会各界对义务工作的认识，并且通过义工与弱势群体的亲密接触，让社会更加了解弱势群体不为人知的实际情况。使广大社会各界对弱势群体有个正确的、全面的认识，从而争取更多的人加入义工的队伍中来。

(4)有助于发掘和培养领导人才。

义工在多样的服务领域参与活动，从筹划到实施，都可以锻炼出大批对服务工作有一定专业知识、具有丰富义务工作经验的义工。团队对他们进行针对性的培养和锻炼，使之成为该服务领域独当一面的骨干力量。

2. 义务工作对义工自身有什么价值？

义务工作对义工自身的价值主要体现在：

(1)尽公民责任,无偿奉献以及回馈社会。志愿者通过参与志愿工作,有机会为社会出力,尽一份公民责任和义务。

(2)提升个人的精神境界,公益活动丰富生活体验。志愿者利用闲余时间,参与一些有意义的工作和活动,既可扩大自己的生活圈子,更可亲身体验社会的人和事,加深对社会的认识,这对志愿者自身的成长和提高是十分有益的。

(3)充实业余生活,丰富生活体验,扩大社会交际圈子,提供学习的机会。志愿者在参与志愿工作过程中,除了可以帮助人以外,更可培养自己的组织及领导能力。学习新知识、增强自信心及学会与人相处等。

3. 义务工作对服务对象有什么价值?

义务工作对服务对象的价值主要体现在:

(1)提供个人化的服务,创造解决困难的机会,志愿者服务在提供大量的人力资源的同时,更能发挥服务的人性化、个人化及全面化的功能,从而令服务对象受益。

(2)有助于融入社会,增强归属感,通过志愿者服务,能有效地帮助服务对象扩大社交圈子,增强他们对人、对社会的信心,同时,志愿者以亲切的关怀和鼓励,帮助服务对象减轻接受服务时的自卑感和疏远感,从而使其建立自尊心和自信心。

4. 义务工作对社会有什么价值?

义务工作对社会的价值主要体现在:

(1)传递爱心,传播文明;

(2)建立和谐的社会;

(3)促进社会福利事业的进步。

无论个人或社会都可透过参与义务工作而得益及进步:

个人:扩大生活圈子、肯定自我价值、学习新技能、得到满足感。

机构:提升员工士气及公司形象、促进团队精神和生产。

社会:帮助有需要的人,为他们带来希望、温暖和改变;并且善用社会资源,加强市民的归属感。

四、义工服务应有的态度、做义工的五层境界

做义工的五层境界

第一层：帮助别人，自己快乐。这是初为义工最深最直接的感受，在帮助别人后，看到别人因而获得快乐而自己因此也变得快乐。

第二层：身为义工，心是义工。不论身在何处，不管人到哪里，离开了服务场所也处处留芳，手有余香。为这个社会需要帮助的人们提供帮助，服务社会。

第三层：关爱他人，关爱自己。义工是爱的群体，把这种对服务对象的爱转化为对自己的朋友爱人同事家人的爱和关心，去让这个世界充满温暖。

第四层：发动社会，服务社会。用我们的影响力去让尽可能多的社会成员都来关心我们的服务对象进而关心我们这个社会。

第五层：生命不息，奋斗不已。送人玫瑰，传播文明，生命不止，奋斗不息。春蚕到死丝方尽，蜡炬成灰泪始干，做义工，一辈子！

五、如何做合格的义工

广大义工希望为大家营造一个温馨的大家庭，在我们的大家庭中，每个人都是平等、轻松的。同时请你也必须做到：

请您在服务中要保持一颗爱心、恒心和耐心，面对困难时拥有一颗平常的心。

请在工作中保持微笑及乐观的态度，并将其尽可能地传递给其他成员。

请您在能力所及范围内尽可能帮助他人。

我们所有的成员都是无报酬的、自愿的义务工作者，基于共同的理念而走到一起，您需要付出时间和心力，请您安排好自己的生活和工作。我们随时欢迎有爱心、甘奉献的朋友加入，也殷切期待大家能把这种高尚的行为坚持到底。同样对于因故离开本团体的成员不设置任何障碍。在决定接受某项工作前，必须全面了解工作的内容和要求，一旦选定必须尽心

尽力完成,如因客观原因无法完成者必须尽早提出以免耽误工作。尊重被帮助者的意见和隐私权,尽量了解其真正需要,设身处地为其长远考虑,我们的目的不仅是使其摆脱现在的困扰,更重要的是帮助对方自助自救。

义工队伍中人人平等,请同每一位成员保持良好的关系,及时交流,彼此分享所得所获,共同进步。工作过程中保持与组织机构的互动及虚心听取分会的建议,如有异议请务必善意提出。在工作中可能会遇到各种各样的问题,有的时候困难和问题甚至会使您灰心和气馁,这时请您以正确的心态、宽容的胸怀和不断的自我激励来面对,必要时请让其他义工协助完成。在服务中要不断提升作为义工的服务理念,掌握服务技巧,提高服务水平。我们有专门的成员负责对媒体发布消息,请不要在无授权的情况下接受媒体的采访,如媒体提出采访要求,请转交宁夏义工联合会理事会处理。

六、国外义务服务简介

1. 联合国义工服务徽号 UNITED NATIONS VOLUNTEERS(UNV)

联合国于 1970 年成立“联合国义工服务组织”(UNV),近 20 年来超过 2000 名来自世界各地拥有合格经验或专业的人士,义务地为全球有需要的国家及人士提供超过 6000 项的服务。

2. 国际义工日标志

1985 年,第四十届联合国大会通过决议,确定每年的 12 月 5 日为“国际义工日”,目的是鼓励全球各地政府及团体,于当天共同表彰义务工作人员对社会所作的贡献,并借此提醒社会人士积极支持及参与义务工作。

3. 美国义务工作特色

在美国,义工遍布每个角落,义工服务精神深入人心,做义工早已成为这个国家的文化传统。

(1)美国人把义工服务看作生活的一部分

美国人把义工服务看作是应尽的义务,把回报社会看作是最主要的信念之一,是生活中的重要部分。义工服务精神的养成和传承,靠家庭、学校、团体、教会和全社会的共同努力,人们注重身体力行、不图名利、以做好事为荣。美国社会有不成文的鼓励,义工服务时间长、表现特殊的人,在升学、就业等方面,会更被看重或被优先考虑。美国开办慈善机构的人很多,政府对慈善机构实行减免税政策,这都有利于使乐善好施形成风气。

美国人做义工服务往往是从少年就开始,一直做到老。参与的不仅是个人,而是全家。在俄亥俄州哥伦布市,贝蒂·帕奇一家四代都参加义工服务。她母亲和祖父现在仍在4个俱乐部做义工,女儿5岁时就被带到教堂参加义工活动。帕奇和3个孩子多年来一直积极参加消防营的义务服务,她还参加不少义务支援组。她说做义工是第二天性,能了解社会,获得其他地方不容易取得的知识、技能和经验,得到的好处甚至比自己付出的还多。就是说,她认为做义务服务既支持了社区,也有益于自己。

(2)互助的氛围使义务服务非常普遍

在美国闲暇漫步街头,稍有迟疑张望,就有人前来探问"需要什么帮助";旅途中车抛了锚,总有过路车主动停下相助;遇上车祸,人们争相全力抢救……

在这样一种社会氛围中,义工活动非常普遍。美国义工的活动范围很广,一般地说,义工的责任就是做支援社区的任何事情。从家庭、学校、机关、教堂、社区,到市、州乃至全国性的一些活动,都可以看到有义务服务人员在提供服务。在有些城市和社区,还有义工自发组织的协调机构,通过刊登广告,把各方需要义务服务的项目和联系方法公之于众,特别是节庆期间,让人们自行选择联系参与,服务时间从一两天到三四个月。美国政府还通过"美国自由工作团"(包含地方打击恐怖主义的"公民工作团"、派往海外服务的"和平工作团"以及为老人服务的"耆老工作团"等)扩大义务服务队伍。除在突发事故中救死扶伤外,义务服务的内容很多。有的面向家庭,比如帮生活和学习上有困难的人做家务,照顾小孩、老人或病人，当家庭教师，尤其是教新移民英语，帮助困难户粉刷房间、美化环境，给想购物、参观或听音乐会而缺车的人提供车辆接送。有的面向学校、图书馆、博物馆，比如给儿童念书讲故事、教手工，帮助学生学画、准备展出作品，到托儿所帮助照顾孩子，到医院或疗养院照顾老人、陪聊天、读报、玩牌，到剧院、展览馆、体育场馆帮助收票、引座、发资料，到儿童俱乐部主持比赛，以及为失散的宠物提供保护等。

还有不少义务服务是由教堂或慈善机构组织的，比如到这些机构帮助收集、整理、分发或义卖捐赠来的东西。特别是在圣诞节等节日期间，不少义工到教堂、慈善机构或社会福利团体，帮助制作食品、选购节日礼物及生活用品，再把它们包装和分送给老人、小孩、病人、单亲者和无家可归者。有人化妆成圣诞老人同孩子们照相、做游戏，有人到教堂、公园教唱圣歌、演奏音乐。

至于参加州乃至全国性的义务服务，更是不乏机会。以参加国家公园管理为例，全美每年就有 8 万多名义工。1995 年纽黑文市举办了世界特殊奥林匹克运动会，在这个不到 20 万人口的小城，竟有 4.5 万多名义工前往参与工作。

(3)捐助社会，成为自觉行为

义务服务能使社会充满爱心，使众多的人得到宝贵的帮助。美国义工们捐赠财物和贡献宝贵时间之多、之踊跃，让人感慨不已。我们曾参观过一家教堂义卖收集到的捐赠物品，其品种之丰富简直可比超市；我们也参观过很多顶尖富翁捐赠给国家的豪宅，其富丽堂皇让人惊叹。美国人为“9·11”事件遇难的消防队员家属捐款竟“造就”了大批的“富婆”。美国有很多富翁，不把家产传给儿女而捐赠给社会。麦考利大型筑路公司的老板鲍勃·汤普森，67 岁时将出卖公司所得的 4 亿多美元，一部分分给了 550 个员工，另一部分捐给社会；当今世界首富比尔·盖茨也决定把毕生经营积累的数百亿美元捐献给慈善事业。美国普通百姓的捐款与收入之比，甚至还高于富人。美国总统布什 2002 年 1 月对全国发表讲话，号召每个公民一生贡献 4000 小时当义工，以回报社会。今天，美国义工不仅活跃在美国，而且正走向世界，用义务服务的精神感染着世界。

4. 英国的义务服务

"社区服务志愿人员"(Community Service Volunteers, CSV)于 1962 年由艾勒克·迪克森博士创建。在此之前，他已建立了海外志愿服务队。CSV 可安排 16~35 岁的义务服务者参加活动。

(1)活动情况

所有的志愿人员都要直接为需要帮助的人服务，他们帮助无家可归者、年老体衰者、犯罪的青少年以及精神和生理不健全者。工作场所包括学校、医院、监狱及青年项目，其中 1/3 的工作是帮助残疾人，使他们能独立生活。有时由二三名义务人员对个别人进行每周 7 天、每天 24 小时的昼夜监护。有些志愿人员则替换那些坚持 7 天、每天为家庭成员或别人提供昼夜看护的人员。还有些志愿人员帮助了一些家庭，使他们不必把自己的亲人送到公共机构(如医院或养老院等)中去。

(2)成就

英国的卫生、教育和社区服务一直在发展，在 30 年里，CSV 展示了非职业性义工的独特、积极而有价值的效应以及义工活动对青年的价值。这一点在残疾的志愿者与其他志愿者共同参加活动时尤为突出。例如："伦敦行动"这一项目安置了用尽各种医学治疗与心理疗法都无济于事的各种药品滥用者。69% 的人因为感到别人信赖自己而找到了生活目的，从而克服了过去的恶习。"英女王陛下青年犯罪管教所"里的上百名人员在他们服刑的最后一个月里参加了 CSV，有一半的人在已获得自由并可以离开的情况下还继续为 CSV 工作。其他 20% 的人在各自的项目中找到了工作。

七、国内义工工作简介

1. 我国香港特区义务工作借鉴

义工运动简介

(1)我国香港特区是一个大都市，也有一般大都市的繁忙、人际关系疏离等特征。所以要致力于建立一个充满温情、爱心和互相关怀的社会，以提高市民的精神生活素质。这亦是社会福利服务界的重要使命。

(2)要加强社会上团结与关怀的气氛和实效，需要社会上每一分子的支持和参与。而义务工作正好是一个有效的途径提供给社会各界人士去积极投入、参与和建设社会。

(3)为了更系统地推动义务工作服务，使它发挥更大效能，我国香港特区社会福利署于1998年联合了我国香港特区社会服务联会及多家非政府福利机构，推行一项全港性的义工运动，它的目的包括：建立一个互相关怀的社区，肯定个人的自我价值，善用社区资源，加强个人对社会的归属感。

(4)邀请行政长官夫人董赵洪娉女士作为这次运动的“义工总领袖”。

(5)义工运动得到社会上不同界别的人士和政府部门的支持，成立了“义工运动督导委员会”。

(6)委员会制定了未来三年义工运动的整体推广策略。

第一，把“义工”的概念活泼化、趣味化和多元化，从而推动义工服务成为一种社会风气，成为市民日常生活方式的一部分；

第二，加强宣传工作，让更多市民认知义工对社会做出的贡献；

第三，争取更多不同阶层和行业的支持与参与。学生和青少年、工商企业和各类型的社区组织是我们的首要推广对象。

2. 任用义工的准则及指引

能否善用义工资源及发挥义工潜能，有赖于机构及工作执行者作出妥善安排，在实践及行事上作好部署，以达到特定之目标。下述各点，提供任用义工时的基本考虑及准则，希望任用义工的机构，能利用这项工作指引来作较全面的参考及研究；而任用义工的人员，亦须依据各机构特殊情况之需要，作这样策划，来订立其独有的实施准则。

(1)订立明确的工作目标

清楚界定义工服务计划之目的，及该目的达成标准的期望，以提供指引及评估准则，使义工易于明了其工作或计划的目标及意义，使更有效地认同工作方向及取得成就感。

(2)义务服务的服务范畴

义工的服务设计应配合机构的服务目的及实际需要;应根据每一单位的特定需要,来决定义工人数及工作性质;应考虑多元化的义工服务类别,善用义工的专才,让义工有更多的选择及展示的机会。

由于义工与机构是合作伙伴的关系,在安排义务工作时应考虑彼此的资源配合及整体合作,以达至加强及发展现有服务的效果,应给予义工机会,尝试多元化的工作。

(3)义工身份/名称的正名及职权范围

义工在整个机构人事体制内,应有明确的身份和地位,借此表明该机构对义工服务价值的认同及重视;须注重各专业人员、授薪职员与义工之间的互相合作,构成一个工作整体,并在可行的情况下应考虑给予义工合适的职衔,借此提高士气及服务精神;应发给义工工作人员身份证明或工作证,以培养义工对机构之归属感。

(4)制定义工工作指引的准则

应发给每位义工一份正式之委任书连同工作说明附件,包括工作的目标、职责、工作性质等,使义工明了其身份、工作性质及责任;每当义工开始服务时,应给予义工工作手册,载明机构服务简介、工作守则及义工服务的指引。

(5)组织及管理义工的系统及人力策划方法

应任用一名合适人员作义工协调员,以负责计划、执行及监察义工管理之策划及运作;应建立义工监督员制度;应制订出标准程序进行义工招募、挑选、任用、工作安排、督导及评检工作。

(6)加强义工训练及装备的准则

须安排迎新辅导会或工作简介会给予新任用的义工,使义工明白所属机构之服务宗旨、内容及情况;无论在理论或实务上的需要,应举行持续及经常的训练,借此提高义工服务的素质以获取更佳成就;训练内容可包括有关社会时事资讯介绍、社会服务发展动向、服务技能、解决问题方法、程序设计、行政事务管理等;应订立一套完善的训练纲领,除提供有系统及经常性的训练活动外,亦须按实际需要而作修订及发展;为义工所担任的工作岗位需要,提供适切的技能督导及锻炼,以装备义工以适应未来计划的需要。

(7)监察及评检服务素质的机制及指标

对每位义工的工作应有清晰的期望及目标,机构须有一套完善的管理制度及监察工作进度;须建立一套精简的档案管理制度,有利于保存记录及加强工作上的沟通及讯息传达;所应用的表格及有关文件应采用简易的系统储存方法,以方便管理上的运作;在推行服务过程中,应不断检讨服务成效力求进步;须与义工作个别或组别的定期督导会议,以了解义工工作的进展情况,提供适切的辅导及指引,以加强义工的参与及改善服务的素质;应依照整体计划的目标,对义工工作经常性的评核及检定;应订立有效的跟进制度,以改善及发展现有的服务情况。

(8)义工的福利及工作保障

应给予义工为服务所支付的交通或膳食费用;应给予义工适当的训练及进修的机会;应替义工设立工作保障;应提供义工适当的办公地方及充足的工作设备;要小心保障义工在服务时的安全及具备处理危急应变措施的指引。

(9)义工嘉许的标准及指引

评核工作是须依据计划与指标而完成,须依照既定明确的方式向义工表示感谢及嘉许,可包括作个人接触方式的鼓励及鸣谢;嘉许表现满意的义工,以作鼓励;义工能知悉本身的贡献及缺点,并使义工有机会发表意见,增加相互之了解,而使义工与授薪职员的关系更加紧密;应设立有关服务之记录系统,以供参考及证明之用;如有雇主或学校索取有关义工的服务证明,应立即办理;在服务过程中,应尽量协助促进义工的学习及成长;在适当时工作轮调及加重其职责范围,并可在机构内设立晋升的机会。

(10)资源调配、协调及统筹系统

可安排义工参与制订机构的工作方向及策略,采取开放的态度,尊重及接纳他们的意见；可通过一般正式或非正式的交流，如会议、小组讨论、个别面谈或闲谈等，能有效地作口头上传达讯息、互相交流及分享；使用备忘录、便笺、通告、传阅、布告板及办公室通讯系统等，可作有效之文书传递来互通讯息；可通过一些宣传及推广的活动，向外界传达讯息，使社会人士支持和认同义工服务的价值及意义。与其诅咒黑暗，不如亲手点亮一盏明灯。

第二章 宁夏义工联合会组织架构

宁夏义工联合会组织架构

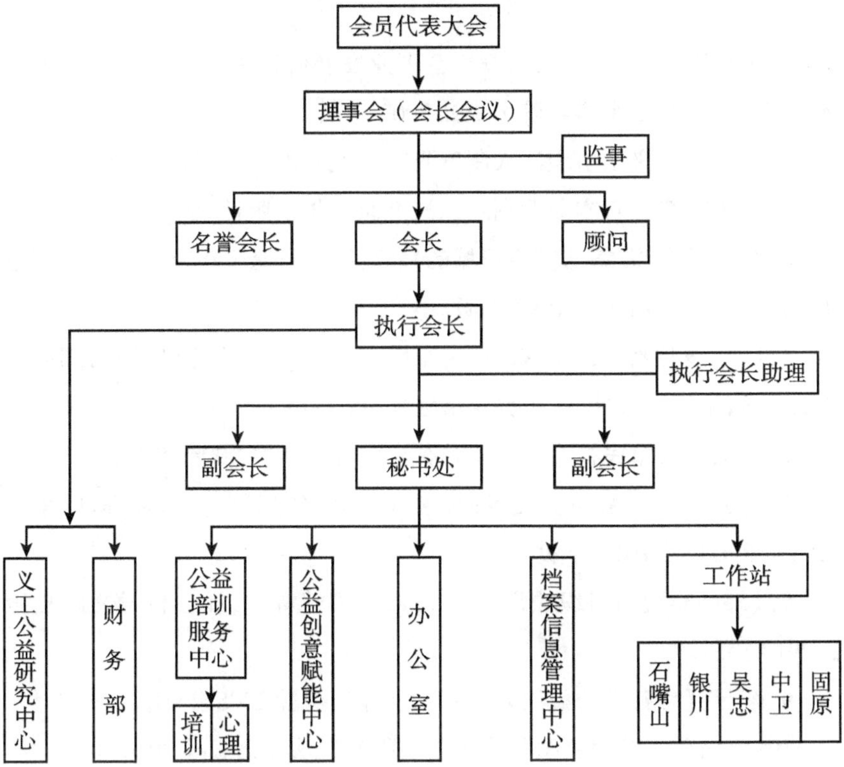

参考文献

一、著作

1. 上海市慈善基金会、上海慈善事业发展研究中心编:《志愿服务与义工建设》,上海社会科学院出版社2007年版。

2. 陈婉玲:《义工组织法人制度研究》,北京大学出版社2014年版。

3. 王名等编:《日本非营利组织》,北京大学出版社2007年版。

4. 李亚平、于海编选:《第三域的兴起:西方志愿工作及志愿组织理论文选》,复旦大学出版社1998年版。

5. [美]罗伯特·A.沃森、本·布朗:《美国最有效的组织》,彭彩霞、席瑞雪译,中信出版社、辽宁教育出版社2003年版。

6. 沈敏荣:《市民社会与法律精神》,法律出版社2008年版。

7. [美]马克·A.缪其克、约翰·威尔逊:《志愿者》,魏娜等译,中国人民大学出版社2013年版。

8.《外国非营利组织法译汇(二)》,金锦萍等译,社会科学文献出版社2010年版。

9. 李芳:《慈善性公益法人研究》,法律出版社2008年版。

10. 郭剑平:《社团组织与法律秩序研究》,法律出版社2010年版。

11. [波兰]彼得·什托姆普卡:《信任——一种社会学理论》,程胜利译,中华书局2005年版。

12. 民政部法制办公室编:《中国慈善立法国际研讨会论文集》,中国社会出版社 2007 年版。

13. 杨道波:《公益性社会组织约束机制研究》,中国社会科学出版社 2011 年版。

14. [德]卡尔·拉伦茨:《德国民法通论》,王晓晔、邵建东译,法律出版社 2003 年版。

15. 金锦萍、葛云松主编:《外国非营利组织法译汇》,北京大学出版社 2006 年版。

16. 何勤华、魏琼主编:《西方民法史》,北京大学出版社 2006 年版。

17. 龙卫球:《民法总论》,中国法制出版社 2001 年版。

18. 台湾大学法律学院、台大法学基金会编译:《德国民法典》,北京大学出版社 2017 年版。

19. 国务院法制办政法司、民政部民间组织管理局编著:《〈社会团体登记管理条例〉〈民办非企业单位登记管理暂行条例〉释义》,中国社会出版社 1999 年版。

20. 郭道晖:《社会权力与公民社会》,凤凰出版传媒集团、译林出版社 2009 年版。

21.《英国 2006 年公司法》,葛伟军译,法律出版社 2008 年版。

22. [美]菲利普·科特勒、艾伦·R. 安德里亚森:《非营利组织战略》,孟延春等译,中国人民大学出版社 2003 年版。

23. [德]卡尔·拉伦茨:《德国民法通论(上册)》,王晓晔、邵建东等译,法律出版社 2001 年版。

24. 郑也夫、彭泗清等:《中国社会中的信任》,中国城市出版社 2003 年版。

25. [德]西美尔:《货币哲学》(第 1 版),陈戎女等译,华夏出版社 2002 年版。

26. [美]詹姆斯·S. 科尔曼:《社会理论的基础》,邓方译,社会科学文献出版社 1999 年版。

27. 郑也夫:《信任论》,中国广播电视出版社 2006 年版。

28. [美]埃里克·尤斯拉纳:《信任的道德基础》,张敦敏译,中国社会科学出版社 2006 年版。

29. 张维迎:《信息、信任与法律》,三联书店 2003 年版。

30. 郑也夫:《信任:社会美德和创造社会繁荣》,海南出版社 2002 年版。

31. [德]马克斯·舍勒:《资本主义的未来》(第 1 版),罗悌伦等译,三联书店 1997 年版。

32. 民政部社会工作司编:《社会工作与志愿服务关系研究》,中国社会出版社 2011 年版。

33. [英]齐格蒙特·鲍曼:《现代性与大屠杀》,杨渝东、史建华译,译林出版社 2002 年版。

34. 若弘:《中国 NGO——非政府组织在中国》,人民出版社 2010 年版。

35. 王名、李勇、黄浩明编著:《英国非营利组织》,社会科学文献出版社 2009 年版。

36. 冯英、张惠秋、白亮编著:《外国的志愿者》,中国社会出版社 2008 年版。

37. 江汛清主编:《与世界同行——全球化下的志愿服务》,浙江人民出版社 2005 年版。

38. [法]让-雅克·拉丰:《激励与政治经济学》,刘冠群、杨小静译,中国人民大学出版社 2013 年版。

39. 丰霏:《法律制度的激励功能研究》,法律出版社 2015 年版。

40. [英]马歇尔:《经济学原理(上卷)》(第 8 版),朱志泰译,商务印书馆 1964 年版。

41. [法]托克维尔:《论美国的民主(下卷)》,董果良译,商务印书馆 1988 年版。

42. 俞文钊编著:《现代激励理论与应用》(第 2 版),东北财经大学出版社 2014 年版。

43. 蔡磊:《非营利组织基本法律制度研究》,厦门大学出版社 2005 年版。

44. 钟美瑞:《行为激励合约理论及应用》,上海交通大学出版社 2014 年版。

45. [英]休谟:《人性论》(上),关文运译,商务印书馆 1983 年版。

46. [英]边沁:《道德与立法原理导论》,时殷弘译,商务印书馆 2000 年版。

47. 郭志斌:《论政府激励性管制》,北京大学出版社 2002 年版。

48. [美]亚伯拉罕 · 马斯洛:《动机与人格》(第 3 版),许金声译,中国人民大学出版社 2012 年版。

49. 俞可平主编:《治理与善治》,社会科学文献出版社 2000 年版。

50. 俞文钊编著:《现代激励理论与应用》(第 2 版),东北财经大学出版社 2014 年版。

51. 王大敏:《行政法制约激励机制研究》,中国人民公安大学出版社 2010 年版。

52. [美]艾德里安 · 高斯蒂克、切斯特 · 埃尔顿:《胡萝卜管理策略》,于冬妮译,机械工业出版社 2005 年版。

53. [美]道格拉斯 · C. 诺思:《经济史中的结构和变迁》,陈郁等译,上海三联书店、上海人民出版社 1994 年版。

54. [美]约翰 · 康芒斯:《制度经济学》(上),于树生译,商务印书馆 1994 年版。

55. [英]G. M. 霍奇逊:《现代制度主义经济学宣言》,向以斌等译,北京大学出版社 1993 年版。

56. [荷兰]乔治 · 亨德里克斯:《组织的经济学与管理学:协调、激励与策略》,胡雅梅等译,中国人民大学出版社 2007 年版。

57. [德]康德:《法的形而上学原理:权利的科学》,沈叔平译,商务印书馆 1991 年版。

58. 王雪云、高芙蓉主编:《政府购买公共服务研究》,经济科学出版社2016年版。

59. [美]莱斯特·M. 萨拉蒙:《全球公民社会——非营利部门视界》,贾西津、魏玉等译,社会科学文献出版社2002年版。

60. 廖泉文:《人力资源管理》,高等教育出版社2003年版。

61. 梁宇东、房涛、朱小斌主编:《2014社会影响力投资在中国》,深圳市创新企业社会责任促进中心、深圳市慈善会、上海财经大学社会企业研究中心联合发布2015年版。

62. [美]莱斯特·M. 萨拉蒙:《公共服务中的伙伴——现代福利国家中政府与非营利组织的关系》,田凯译,商务印书馆2008年版。

63. [美]丽莎·乔丹、[荷兰]彼得·范·图埃尔主编:《非政府组织问责:政治、原则与创新》,康晓光等译,中国人民大学出版社2009年版。

64. 周志忍、陈庆云主编:《自律与他律:第三部门监督机制个案研究》,浙江人民出版社1999年版。

65. [美]何瑞思:《从一个基金会实践的视角看慈善法律制度》,载民政部法制办公室编:《中国慈善立法国际研讨会论文集》,中国社会出版社2007年版。

66. [美]詹姆斯·M. 布坎南、戈登·塔洛克:《同意的计算——立宪民主的逻辑基础》,陈光金译,中国社会科学出版社2000年版。

67. [美]厄尔·R. 威尔逊、苏珊·C. 卡特鲁斯、里昂·E. 海:《政府与非营利组织会计》,荆新等译,中国人民大学出版社2004年版。

68. [美]贝希·布查尔特·艾德勒、大卫·艾维特、英格理德·米特梅尔:《通行规则:美国慈善法指南》,金锦萍、朱卫国、周虹译,中国社会出版社2007年版。

69. 廖鸿、石国亮、朱晓红:《国外非营利组织管理创新与启示》,中国言实出版社2011年版。

70. 廖鸿主编、国家民间组织管理局编:《中国民间组织评估》,中国社会出版社2007年版。

71. [芬兰]克里斯廷·格罗鲁斯:《服务管理与营销:服务竞争中的顾客管理》(第3版),韦福祥等译,电子工业出版社2008年版。

72. 王名主编:《中国民间组织30年》,社会科学文献出版社2008年版。

73. [美]詹姆斯·P. 盖拉特:《21世纪非营利组织管理》,邓国胜等译,中国人民大学出版社2003年版。

74. 肖华:《中国证券市场信息披露伦理研究》,中国经济出版社2008年版。

75. 陈婉玲等:《经济法责任论》,中国法制出版社2005年版。

76. 史尚宽:《债法各论》,中国政法大学出版社2000年版。

77. [德]迪特尔·梅迪库斯:《德国民法总论》,邵建东译,法律出版社2000年版。

78. 林诚二:《民法债编总论:体系化解说》,中国人民大学出版社2003年版。

79. 王泽鉴:《民法学说与判例研究》,中国政法大学出版社1997年版。

80. 魏振瀛主编:《民法》,北京大学出版社2000年版。

81. 王利明、杨立新等:《民法学》,法律出版社2011年版。

82. 潘维大编著:《英美侵权行为法案例解析》,高等教育出版社2005年版。

83. 王泽鉴:《侵权行为》(第3版),北京大学出版社2016年版。

84. [美]史蒂文·J. 伯顿:《法律和法律推理导论》,张志铭、解兴权译,中国政法大学出版社2000年版。

85. [美]罗尔斯:《正义论》,何怀宏、何包钢、廖申白译,中国社会科学出版社1988年版。

86. 郑功成:《中国社会保障论》,湖北人民出版社1994年版。

87. 石兴:《保险产品设计原理与实务》,中国金融出版社2006年版。

88. 张洪涛、郑功成主编:《保险学》(第3版),中国人民大学出版社

2008年版。

89. 黎熙元、童晓频、蒋廉雄:《社区建设——理念、实践与模式比较》,商务印书馆2006年版。

二、论文

1. 民政部"日本NPO法律制度研修"代表团、文国锋:《日本民间非营利组织:法律框架、制度改革和发展趋势——"日本NPO法律制度研修"考察报告》,载《学会》2006年第10期。

2. 黄信瑜、石东坡:《台湾地区志愿服务立法评述及其启示》,载《江苏社会科学》2012年第6期。

3. 陈婉玲:《论义工组织法人化的制度障碍》,载《福建行政学院学报》2012年第4期。

4. 陈惠馨:《德国财团法人制度的发展——以德国〈民法典〉及柏林邦财团法为中心》,载《中国非营利评论》2011年第1期。

5. 葛云松:《论社会团体的成立》,载《北大法律评论》1999年第2期。

6. 陈婉玲:《制度困境的破解:义工组织生存不适及改善》,载《福建论坛》(人文社会科学版)2012年第11期。

7. 周江洪、范晓宇:《构建有效的中国公司治理结构——从法学与经济学的角度考察》,载《兰州大学学报》2001年第4期。

8. 汤璐、陈婉玲:《政府职能担当与义工组织规范化发展》,载《重庆社会科学》2012年第9期。

9. 朱希峰:《"遍地是志工"——台湾社会福利服务中的志愿服务》,载《社会福利》2007年第2期。

10. 陈婉玲:《义工组织社会信任培育构想》,载《东南学术》2016年第5期。

11. 张康之:《有关信任话题的几点新思考》,载《学术研究》2006年第1期。

12. 陈婉玲:《转型期中国义工组织社会信任脆弱性探析》,载《苏州大学学报》(哲学社会科学版)2015 年第 5 期。

13. 虞维华:《“去志愿化”:发达国家非营利组织的组织变革趋势分析》,载《学会》2006 年第 7 期。

14. 吴文洁:《国外非营利组织的发展及启示》,载《商业时代》2006 年第 29 期。

15. 赵康:《专业、专业属性及判断成熟专业的六条标准——一个社会学角度的分析》,载《社会学研究》2000 年第 5 期。

16. 徐彤武:《联邦政府与美国志愿服务的兴盛》,载《美国研究》2009 年第 3 期。

17. 敖带芽:《德国志愿体系对我国发展志愿组织的借鉴与思考》,载《探求》2014 年第 2 期。

18. 何为:《两岸志愿服务制度对比分析及其启示——以台湾地区高校志愿者培训制度为例》,载《社会工作》2010 年第 4 期。

19. 李敏行、齐维京:《台湾地区博物馆志愿者培训制度探析》,载《中国博物馆》2012 年第 3 期。

20. 赵宝爱:《慈善事业的专业化问题研究》,载《新疆社会科学》2012 年第 1 期。

21. 张冉:《国外非营利组织品牌研究述评与展望》,载《外国经济与管理》2013 年第 11 期。

22. 谭建光:《和谐社会需要志愿服务的创新发展——志愿者事业现状、问题与对策调查报告》,载《中国党政干部论坛》2007 年第 9 期。

23. 秦洪源、付建军:《法团主义视角下地方政府培育社会组织的逻辑、过程和影响——以成都市 W 街道社会组织培育实践为例》,载《社会主义研究》2013 年第 6 期。

24. 敬乂嘉:《社会服务中的公共非营利合作关系研究——一个基于地方改革实践的分析》,载《公共行政评论》2011 年第 5 期。

25. 黄晓春:《当代中国社会组织的制度环境与发展》,载《中国社会科学》2015 年第 9 期。

26. 李友梅：《深刻认识当前中国社会体制改革的战略意义》，载《探索与争鸣》2013 年第 3 期。

27. 黄晓春、嵇欣：《非协同治理与策略性应对——社会组织自主性研究的一个理论框架》，载《社会学研究》2014 年第 6 期。

28. 陈运华：《论经济法的人性基础》，载《河北法学》2002 年第 2 期。

29. 邓国胜、辛华：《美国志愿服务的制度设计及启示》，载《社会科学辑刊》2017 年第 1 期。

30. 贾西津：《"伙伴关系"——英国政府与社会关系的启示》，载《学会》2006 年第 6 期。

31. 李金玉、金博：《香港慈善组织法治监管机制及其启示》，载《湖北社会科学》2011 年第 11 期。

32. 张玉强：《从"双重管理"到"三层协同"——中国社会组织登记管理体制的重新构建》，载《天津行政学院学报》2017 年第 2 期。

33. 刘传铭：《社会组织绩效评估指标体系构建研究》，载《中国社会组织》2013 年第 4 期。

34. 何芸：《重塑我国慈善组织的公信力》，载《学习月刊》2011 年第 11 期。

35. 孙发锋：《第三方评估我国慈善组织公信力建设的必然要求》，载《行政论坛》2014 年第 4 期。

36. 杨龙军：《美国非营利组织的税收制度及其借鉴》，载《国际税收》2004 年第 11 期。

37. 潘左华：《转型时期我国第三部门缺失与构建》，载《公共管理学报》2005 年第 1 期。

38. 刘春湘、郭梓焱：《当前我国社会组织公信力危机及重构》，载《湘潭大学学报》(哲学社会科学版)2016 年第 4 期。

39. 胡建锋：《基于利益相关者理论的我国非营利组织治理机制的构建》，载《湖北社会科学》2012 年第 4 期。

40. 蔡宁、江伶俐：《利益相关者视角的非营利组织信息披露研究》，载

《财会通讯》2014 年第 3 期。

41. 石国亮、廖鸿:《慈善组织诚信建设的战略思考》,载《党政研究》2015 年第 6 期。

42. 袁文全、张方方:《志愿者致害责任保险的法理基础与制度回应》,载《西南民族大学学报》(人文社会科学版)2012 年第 5 期。

43. 曹艳春:《义工的雇主替代责任研究》,载《政治与法律》2008 年第 6 期。

44. 郭平宜:《好意施惠之法律思考》,载《法学杂志》2008 年第 1 期。

45. 黄锡生、关慧:《论好意施惠引发纠纷的处理》,载《河北法学》2005 年第 4 期。

46. 袁文全、杨天红:《志愿者侵权行为的责任分配》,载《天津大学学报》(社会科学版)2012 年第 2 期。

47. 袁文全、王文娟:《志愿服务行为的法律关系与法律责任解构》,载《西南大学学报》(社会科学版)2011 年第 4 期。

48. 田兴洪:《论志愿者侵权责任分配及免除——以社区矫正志愿服务为语境》,载《南华大学学报》(社会科学版)2015 年第 5 期。

49. 杨波、蔡峰华:《义工行为侵权责任制度研究——以义工行为法律关系为基础》,载《法学论坛》2004 年第 3 期。

50. 孔东菊:《从关系类型区分探析志愿者组织对义工服务侵权的责任》,载《广东行政学院学报》2011 年第 5 期。

51. 孙文灿:《养老志愿服务侵权责任研究》,载《老龄科学研究》2016 年第 10 期。

52. 尹飞:《论义务帮工责任的独立地位》,载《法学杂志》2009 年第 3 期。

53. 郭树理、肖浩:《奥运会志愿服务法律责任问题初探》,载《法学评论》2008 年第 4 期。

54. 张秀芹、岳宗福:《志愿者保险制度研究:一个初步的文献述评》,载《中共青岛市委党校、青岛行政学院学报》2013 年第 3 期。

55. 王忠平、陈和午、李迺昕:《广州企业志愿服务参与动机和运行现状调查》,载《青年探索》2016 年第 5 期。

56. 蔡静、冯文艳:《义工社会认同影响因素分析》,载《大连大学学报》2013 年第 2 期。

57. 孙婷:《政府责任视角下志愿失灵原因探析》,载《学术界》2011 年第 5 期。

58. 肖金明、张强:《志愿服务法律制度的基本构造》,载《法治论丛》2010 年第 5 期。

59. 王轶晗:《志愿服务强制责任保险初探》,载《河北北方学院学报》(社会科学版)2015 年第 2 期。

60. 王红艳、罗锐:《志愿服务主体法律关系探讨》,载《广西政法管理干部学院学报》2010 年第 6 期。

61. 纪莺莺:《当代中国的社会组织:理论视角与经验研究》,载《社会学研究》2013 年第 5 期。

62. 林敏华:《公共管理视角下的社会组织分类及信息化管理》,载《广州大学学报》(社会科学版)2017 年第 2 期。

63. 罗照华:《公益性社会组织税收监管政策创新研究》,载《财会通讯》2016 年第 1 期。

64. 陈思、凌新:《社会治理精细化背景下社会组织效能提升研究》,载《理论月刊》2017 年第 1 期。

65. 黄晓春:《中国社会组织成长条件的再思考——一个总体性理论视角》,载《社会学研究》2017 年第 1 期。

66. 郑江艳:《试论义工组织的发展现状及路径构想》,载《辽宁行政学院学报》2010 年第 1 期。

67. 吕蓉蓉、陈沙麦:《台湾义工慈善组织发展的思考与借鉴》,载《中共福建省委党校学报》2009 年第 8 期。

68. 杨酒:《台湾义工组织发展的法律分析与制度借鉴》,载《山西省政法管理干部学院学报》2013 年第 3 期。

69. 张茜:《义工组织的监管机制研究》,载《法制博览(中旬刊)》2014年第12期。

70. 汤玉枢:《英国义工组织慈善化及其制度供给》,载《兰州学刊》2016年第11期。

三、学位论文

1. 陈军:《变化与回应:公私合作的行政法研究》,苏州大学2010年博士学位论文。

2. 高嵘:《公民社会视域下当代中国志愿服务发展研究》,浙江大学2012年博士学位论文。

四、报纸杂志

1. 赵海东:《一个义工团体的成长烦恼》,载《中国青年报》2011年7月5日,第3版。

2. 史春树:《德国社会组织闹"义工荒"》,载《青年参考》2011年9月21日,第A15版。

3. 龚丹韵:《别再以感恩来理解慈善》,载《解放日报》2007年9月8日,第4版。

4. 杨涛等:《遭遇取缔的义工组织该何去何从?》,载《中国商报》2007年9月18日,第9版。

5. 李梁、陈小莹:《一个自杀救助者的惑与盼》,载《南方周末》2004年3月11日,第B12版。

6. 杨志闻、廖晓生:《义工之路为何走得这样艰难?》,载《南昌日报》2009年4月28日,第5版。

7. 陈正新、杜安娜:《广东第一个注册义工团体被撤背后》,载《广州日报》2008年5月1日,第A8版。

8. 钮小雪、刘智发、林巧:《恩友:NGO财务公信力的危机时刻》,载《南方都市报》2011年7月11日。

9. 朱晓萌:《慈善信息如何跨越公开透明这道坎》,载《人民代表报》2011 年 7 月 16 日,第 5 版。

10. 史祎:《北京 226 万志愿者上保险方案遭遇难产》,载《北京青年报》2013 年 12 月 6 日,第 A09 版。

11. 陈济朋:《新加坡:慈善监管借鉴企业治理模式》,载《经济参考报》2011 年 12 月 6 日。

五、外文资料

1. Banfield, E. C. 1967. (1958), *The Moral Basis of a Backward Society*, New York: Free Press.

2. Richard T. Ingram, *Ten Basic Responsibilitive of Nonprofit Boards*, Nonprofit Goverance & Management Center, 1998.

3. The Canadian Code for Volunteer Involvement: An Audit Tool (2006)

4. COC: Code of Governance for Charities and Institutions of a Public Character, Singapore: The Commissioner of Charities.

5. Benn, S. I. and Peters, R. S. 1997, *Social Principles and the Democratic*, State, London: Allen & Unwin.

6. Zand, D. E. 1972, *Trust and Managerial Problem Solving*, in: Administrative Science Quarterly, Vol(17). 230.

7. Seligman. Adam B, 1997. *The Problem of Trust*. Princeton: Princeton University Press.

8. Penner, L. A. *Dispositional and Organizational Influences on Sustained Volunteerism: An Interation Perspective*. Journal of Social Issues, 2002, 58(3).

9. Chong, D. 1992, *Reputation and Cooperative Behavior*, in: Social Science Information, Vol. 31.

10. Adrian Sargeant, Stephen Lee, *Trust and Relationship Commitment in*

the United Kingdom Voluntary Sector: Determinants of Donor Behavior, Psychology & Marketing, Vol. 21(8), August 2004.

11. Laforest R, et al. *Government-Nonprofit Relations in Times of Recession: Government, the Voluntary and Community Sector, Recession and the Compact in England*, 1997 -2012[M]. MQUP, 2016.

12. Domestic Volunteer Service Act of 1973.

13. National and Community Service Act of 1990.

14. National and Community Service Trust Act of 1993.

15. The Edward M. Kennedy Serve America Act.

16. 日本文部科学省:《諸外国におけるボランティア活動に関する調查研究報告書》(2007)。

17. Arah Dury, Liesbeth De Donder, Nico De Witte, Tine Buffel, Wolfgang Jacquet and Dominique Verte: To Volunteer or Not: *The Influence of Individual Characteristics, Resources, and Social Factors on the Likelihood of Volunteering by Older Adults*, Nonprofit and Voluntary Sector Quarterly, 2015, Vol. 44(6).

18. Thoits, *Volunteer Identity Salience, Role Enactment, and Well-being: Comparisons of Three Salience Constructs.* Social Psychology Quarterly, 2013, Vol. 76.

19. Stets, J. & Burke, *A Sociological Approach to Self and Identity, Handbook of Self and Identity*, NY: Guilford Press, 2005.

20. Erik van Ingen, John Wilson: *I Volunteer, Therefore I am? Factors Affecting Volunteer Role Identity*, Nonprofit and Voluntary Sector Quarterly, 2017, Vol. 46(1).

21. Penner, L. A., *Dispositional and Organizational Influences on Sustained Volunteerism: An Interation Perspective*. Journal of Social Issues, 2002, 58(3).

22. Shmuel Leshem, *Avraham Tabbach: Solving the Volunteer's*

Dilemma: *The Efficiency of Rewards Versus Punishments*, American Law and Economics Review, Advance Access Publication, 2016, Vol. 18(1).

23. Nesbit R., J. L. Brudney, *Projections and Policies for Volunteer Programs the Implications of the Serve America Act for Volunteer Diversity and Management*, Nonprofit Management &Leadership, vol. 24, no. 1(2013).

24. E. P. Weber, *The Question of Accountability in Historical Perspective*: *From Jackson to Contemporary Grassroots Ecosystem Management*, Administration & Society, Vol. 31, No. 4, 1999.

25. Banfield, E. C., *The Moral Basis of a Backward Society*, New York: Free Press, 1967.

26. Goddard A., Assad J. M., *Accounting and Navigating Legitimacy in Tanzanian NGOs*. Accounting, Auditing & Accountability Journal, 2006, 19(3).

27. Mitchell H. & Rubinstein, *Our Nations Forgotten Workers*: *The Unprotected Volunteers*. 9U. Pa. J. Lab. & Emp. L. 2006.

28. Farmer, S. M., Fedor, D. B., 1999. *Volunteer Participation and Withdrawal*: *a Psychological Contract Perspective on the Role of Expectations and Organizational Support*. Not-for-profit Management and Leadership 9.

29. Jeffrey D. Kahn, *Organizations' Liability for Torts of Volunteers*, 133 U. Pa. L. Rev. 1433 (1985).

30. Katerina Hadzi-Miceva: *Comparative Analysis of European Legal System and Practices Regarding Volunteering*. International Journal of Not-for-profit Law/Vol. 9, No. 3 June 2007.

图书在版编目(CIP)数据

激励、规范与社会信任 ：义工组织制度研究 / 陈婉玲著. -- 北京 ：法律出版社，2021
(棠树文丛)
ISBN 978-7-5197-5408-2

Ⅰ. ①激… Ⅱ. ①陈… Ⅲ. ①志愿－社会服务－法律－研究－中国 Ⅳ. ①D922.194

中国版本图书馆 CIP 数据核字(2021)第 041371 号

激励、规范与社会信任
——义工组织制度研究
JILI、GUIFAN YU SHEHUI XINREN
—YIGONG ZUZHI ZHIDU YANJIU

陈婉玲 著

策划编辑 解 锟
责任编辑 张 岩
装帧设计 李 瞻

出版 法律出版社
总发行 中国法律图书有限公司
经销 新华书店
印刷 北京虎彩文化传播有限公司
责任校对 解 锟
责任印制 张建伟

编辑统筹 重大项目办公室
开本 710 毫米×1000 毫米 1/16
印张 19.75
字数 300 千
版本 2021 年 4 月第 1 版
印次 2021 年 4 月第 1 次印刷

法律出版社/北京市丰台区莲花池西里 7 号(100073)
网址/www.lawpress.com.cn
投稿邮箱/info@lawpress.com.cn
举报维权邮箱/jbwq@lawpress.com.cn
销售热线/400-660-8393
咨询电话/010-63939796

中国法律图书有限公司/北京市丰台区莲花池西里 7 号(100073)
全国各地中法图分、子公司销售电话：
统一销售客服/400-660-8393/6393
第一法律书店/010-83938432/8433 西安分公司/029-85330678 重庆分公司/023-67453036
上海分公司/021-62071639/1636 深圳分公司/0755-83072995

书号:ISBN 978-7-5197-5408-2 **定价:**89.00 元
(如有缺页或倒装,中国法律图书有限公司负责退换)